中国钢铁工业竞争力提升战略研究

韩珍堂　著

北　京
冶　金　工　业　出　版　社
2017

内容简介

本书从战略高度多方面、多角度、多层次地进行研究和分析，聚焦于钢铁工业竞争力分析体系的建立，在世界平台上，以新经济金融时代下的钢铁工业为研究对象，提出提升钢铁工业竞争力的战略选择，以促进钢铁工业培育竞争优势，提升我国钢铁工业竞争力。全书共分6章，主要内容包括绪论、钢铁工业竞争力理论综述、世界钢铁工业不同时期竞争力分析、我国钢铁工业现状及存在的问题、提升钢铁工业竞争力的企业基础、提升钢铁工业竞争力的战略选择。

本书可供钢铁行业经营管理人员阅读，也可供其他领域相关人员以及高等院校有关师生参考。

图书在版编目(CIP)数据

中国钢铁工业竞争力提升战略研究／韩珍堂著．—北京：冶金工业出版社，2017.10

ISBN 978-7-5024-7688-5

Ⅰ.①中…　Ⅱ.①韩…　Ⅲ.①钢铁工业—竞争力—研究—中国　Ⅳ.①F426.31

中国版本图书馆 CIP 数据核字(2017)第 271492 号

出 版 人　谭学余
地　　址　北京市东城区嵩祝院北巷 39 号　邮编　100009　电话　(010)64027926
网　　址　www.cnmip.com.cn　电子信箱　yjcbs@cnmip.com.cn
责任编辑　贾怡雯　美术编辑　杨　帆　版式设计　禹　蕊　孙跃红
责任校对　郭惠兰　责任印制　李玉山
ISBN 978-7-5024-7688-5
冶金工业出版社出版发行；各地新华书店经销；三河市双峰印刷装订有限公司印刷
2017 年 10 月第 1 版，2017 年 10 月第 1 次印刷
169mm×239mm；11 印张；214 千字；167 页
58.00 元

冶金工业出版社　投稿电话　(010)64027932　投稿信箱　tougao@cnmip.com.cn
冶金工业出版社营销中心　电话　(010)64044283　传真　(010)64027893
冶金书店　地址　北京市东四西大街 46 号(100010)　电话　(010)65289081(兼传真)
冶金工业出版社天猫旗舰店　yjgycbs.tmall.com

前　言

钢铁工业是国民经济发展的基础性产业，是技术、资金、资源、能源密集型产业，产业关联度大，对国民经济、国家安全各方面都有重要影响，其产业竞争力的提升，对完善国民经济产业支撑，保障国家安全，提升国际地位有着极其重要的作用。

自新中国成立以来，我国钢铁工业随着经济的快速发展，钢铁产量迅速增长，在产量增长的同时，品种质量、装备水平、技术经济指标、节能环保等方面也都取得了很大的进步，但在钢铁工业的发展中仍然存在着“产能过剩日趋严重；产品结构失衡、高端产品质量水平不高；产业布局不合理，产业集中度低；创新体系不完善、自主创新能力亟待加强；能源消耗巨大、环境污染严重；资源瓶颈制约日益突出；产业服务化意识淡薄”等影响我国钢铁工业竞争力的问题，严重制约着我国钢铁工业的健康发展。十八届三中全会后，国家提出了“稳中求进，改革创新”的核心要求，《钢铁工业调整升级规划（2016~2020年）》也对未来一段时期内钢铁工业结构调整、转型升级提出了新的目标和任务，钢铁工业如何适应国家发展要求，以改革创新为方法，培育我国钢铁工业的竞争优势，分析竞争力提升战略，推动钢铁工业由大向强转变，保障国民经济的健康发展，就显得极为必要。

本书共分六章，第一章首先介绍了研究的目的和意义，其次在对钢铁工业进行概念界定和特征分析的基础上，提出了钢铁工业竞争力提升战略的研究方法，研究难点和创新之处。第二章以理论研究为基础，对国内外学者对竞争力研究的理论以及论文中涉及的相关理论进行综述和分析，提出本书研究钢铁工业竞争力的切入点。第三章首先从整个世界钢铁工业的发展与演进角度进行阐述，对世界钢铁工业发展历程进行详细描述；其次在对欧洲、美国、日本和韩国几个钢铁工业强国在不同时期发展过程研究分析的基础上，归纳总结出制约竞争力提升的因素及内在演变规律，为后面借鉴国际先进经验，探索我国钢铁工业竞争力提升的方法和途径奠定基础。第四章从我国钢铁工业的生产和消费、产业布局和产业集中度、技术装备水平、产品结构及差异化程度和进入退出壁垒等方面，阐述我国钢铁工业的发展历程和现状，并在现状分析的基础上，提出我国钢铁工业发展存在的问题和寻求解决的方法。第五章从企业角度对国内外竞争优势明显的钢铁企业进行深入分析，从产业竞争力的研究细分到企业竞争力的研究上，继而通过企业竞争力提升拓展到产业竞争力的提升上，从微观到宏观进一步探讨产业竞争力的提升问题。第六章在前几章分析的基础上，从影响钢铁工业竞争力提升的几个主要因素入手，提出在现阶段以“产能压缩和产业集中、质量控制、成本管控、效率提升、技术创新、绿色发展、资源控制和产业服务化转型”为着力点，提升我国钢铁工业竞争力的八种战略选择，从国家和企业角度提出提升我国钢铁工业竞争力的方法和途径，推动我国钢铁工业由大向强转变。

由于作者水平所限，书中不妥之处，敬请读者批评指正。

作　者

2017 年 10 月

目　　录

1 绪　论

1.1 研究的背景和意义

1.1.1 问题的提出及研究的背景

作为世界所有工业化国家的基础工业，钢铁工业的发展水平体现着国民经济的综合实力，是国民经济重要的基础产业。

自改革开放以来，随着我国工业化、城镇化进程的加快，钢铁工业迎来了难得的发展契机，钢铁企业也开始采用先进的国外生产技术和生产工艺、吸引外资、进口原料等，这些都极大地推进了我国钢铁工业的发展进程。

我国钢铁工业在经历了计划经济时期、改革开放时期后，步入了国民经济高速增长时期，在经济高速发展及强大需求的推动下，钢铁工业快速发展。解放初期粗钢产量仅为 15.8 万吨，到 1977 年达到 2374 万吨；进入改革开放时期，粗钢产量从 1978 年的 3178 万吨增长到 1995 年的 9536 万吨；1996 年突破亿吨大关，达到 1.01 亿吨，并超越日本成为世界最大的钢铁生产国；2001 年以来，在经历了连续的高投资、高增长后，粗钢产量由 2001 的 1.5 亿吨上升为 2007 年的 4.9 亿吨，2009 年达到 5.7 亿吨，2015 年虽然受到了经济形势及市场低迷的影响，但产钢仍然达到 8.04 亿吨，自 1996 年后连续 20 年位居世界第一。

自新中国成立后，我国钢铁工业随着经济的快速发展，钢铁产量迅速增长，在产量增长的同时，品种质量、装备水平、技术经济、节能环保等方面也都取得了很大的进步，但目前“大而不强”已经成为我国钢铁工业发展的明显特征，钢铁工业中存在的“产业布局不合理，产业集中度低，产能严重过剩；产品结构失衡，高端产品质量水平不高，市场占有率低；自主创新能力有待加强；能源消耗巨大、环境污染严重、原料供给制约；产业服务化意识薄弱”等影响我国钢铁工业竞争力的问题，严重制约着我国钢铁工业的健康发展。

在新经济金融时代下，国家提出了推进供给侧结构性改革、调整经济结构、转变经济增长方式、提高经济增长质量和效益的发展要求，钢铁产业中存在的诸多影响我国钢铁工业竞争力的问题，严重制约着我国钢铁工业发展质量和效益的提升。在当前经济形势下如何培育我国钢铁工业的竞争优势、分析竞争力提升战略，推动钢铁工业由大向强转变，保障国民经济的健康发展，就显得尤为重要和必要。

1.1.2 研究的目的与意义

1.1.2.1 我国现阶段及未来的发展要求

十八届三中全会提出了全面深化改革的思想，要求以“发挥市场在资源配置中的决定作用”为核心深化经济体制改革，坚持和完善基本经济制度，加快完善现代市场体系、宏观调控体系、开放型经济体系，加快转变经济发展方式，加快建设创新型国家，推动经济更有效率、更加公平、更可持续发展；要求以“坚持党的领导、人民当家做主、依法治国有机统一”为中心深化政治体制改革，加快推进社会主义民主政治制度化、规范化、程序化，建设社会主义法治国家，发展更加广泛、更加充分、更加健全的人民民主；要求以“建设社会主义核心价值体系、社会主义文化强国”为中心深化文化体制改革，加快完善文化管理体制和文化生产经营机制，建立健全现代公共文化服务体系、现代文化市场体系，推动社会主义文化大发展大繁荣；要求以“更好保障和改善民生、促进社会公平正义”为中心深化社会体制改革，改革收入分配制度，促进共同富裕，推进社会领域制度创新，推进基本公共服务均等化，加快形成科学有效的社会治理体制，确保社会既充满活力又和谐有序；以“建设美丽中国”为中心深化生态文明体制改革，加快建立生态文明制度，健全国土空间开发、资源节约利用、生态环境保护的体制机制，推动形成人与自然和谐发展现代化建设新格局；以“提高科学执政、民主执政、依法执政水平”为中心深化党的建设制度改革，加强民主集中制建设，完善党的领导体制和执政方式，保持党的先进性和纯洁性，为改革开放和社会主义现代化建设提供坚强政治保证[1]。

钢铁工业作为重要的实体经济主体，其发展与国家现阶段及未来的发展要求密不可分，如何在道路自信、理论自信、制度自信和文化自信的前提下，以推动供给侧结构性改革为抓手，以改革创新为驱动，以提高质量和核心竞争力为中心，以扩大高质量产品和服务供给为目标，转变发展方式，提高增长质量和效益，是适应新阶段新要求、振兴实体经济以及提升钢铁工业竞争力的关键。

1.1.2.2 钢铁工业调整升级规划（十三五：2016~2020年）的要求

钢铁工业调整升级规划中明确指出钢铁工业的发展目标：到2020年，钢铁工业供给侧结构性改革取得重大进展，实现全行业根本性脱困。产能过剩矛盾得到有效缓解，粗钢产能净减少1亿~1.5亿吨；创新驱动能力明显增强，建成国家级行业创新平台和一批国际领先的创新领军企业；能源消耗和污染物排放全面稳定达标，总量双下降；培育形成一批钢铁智能制造工厂和智能矿山；产品质量稳定性和可靠性水平大幅提高，实现一批关键钢材品种有效供给。力争到2025

[1] 十八届三中全会：《中共中央关于全面深化改革若干重大问题的决定》，2013年11月12日。

年，钢铁工业供给侧结构性改革取得显著成效，自主创新水平明显提高，有效供给水平显著提升，形成组织结构优化、区域分布合理、技术先进、质量品牌突出、经济效益好、竞争力强的发展态势，实现我国钢铁工业由大到强的历史性跨越。“十三五”钢铁产业发展的重点任务：积极稳妥去产能去杠杆、完善钢铁布局调整格局、提高自主创新能力、提升钢铁有效供给水平、发展智能制造、推进绿色制造、促进兼并重组、深化对外开放、增强铁矿资源保障能力、营造公平竞争环境❶。

钢铁产业调整升级规划的发展目标及重点任务都明确提出了通过产品结构升级、低端产能压缩、产业布局调整、提高资源保障水平等方法和途径，逐步改善我国钢铁工业发展水平，可见培育我国钢铁工业竞争优势，提高竞争力已经势在必行。

我国正处于工业化进程的加速发展阶段，纵观各发达国家的工业化发展历程，在这一阶段：在经济总量上表现为人均国内生产总值的快速提高；在产业结构上表现为工业部门逐步取代农业部门而成为国民经济的主体；从资源角度则表现为大量消耗能源和矿产资源。在这个阶段，城镇化随着工业化的发展而发展，居民消费结构升级，人们对汽车、住宅等高档商品需求逐步增加，这不仅导致建筑、汽车、船舶、机械制造等行业迅速发展并成为国民经济支柱性行业，而且又进一步加大了对不同种类钢材的需求，致使钢材结构的调整必将在消费结构升级的引领下进行，而我国现阶段一些高技术含量、高附加值产品的进口比例依然较高，线材等低端产品供大于求，钢铁工业如何进行结构调整、质量提升来满足城镇化推进带来的消费结构升级，具有重要的研究意义。

1.1.2.3 我国钢铁工业健康、持续发展的要求

钢铁产业是技术、资金、资源、能源密集型产业，产业关联度大，因此一国钢铁工业强大与否，是否具有国际竞争优势，对国民经济、国家安全各方面都有重要影响。而我国钢铁工业目前存在着产业布局不合理，产业集中度低，低端产能严重过剩，产品同质化竞争激烈；品种质量不能完全适应市场需求；自主创新能力亟待加强；能源消耗巨大、环境污染严重、原料约束制约、产业服务意识薄弱等问题，严重阻碍钢铁工业健康、持续发展，如何解决上述问题，成为提升我国钢铁工业的竞争力，实现钢铁强国梦的关键。

因此，要保证中国钢铁工业持续、健康发展，提升我国钢铁工业竞争力，实现我国成为由钢铁大国向钢铁强国转变的战略目标，本书的研究具有重要的理论意义和现实意义。

---

❶ 工业和信息化部：《钢铁工业调整升级规划（2016～2020年）》，2016年11月14日。

1.2 基本研究方法和思路

理论研究和实证研究相结合，定性分析和定量分析相结合，横向比较和纵向比较相结合的方法，在利用经济学、管理学理论分析方法，包括相关产业经济理论、规模经济理论、效率理论、质量管理理论、竞争战略理论等对影响钢铁工业竞争力提升的因素进行定性分析的基础上，通过相关数据的比较和分析，归纳和总结我国钢铁工业存在的问题及竞争力不强的原因。

运用比较研究的分析方法，首先比较研究世界钢铁工业在不同发展阶段的发展状况；其次比较研究各产钢大国钢铁工业发展历程；然后对全世界具有明显竞争优势的钢铁公司进行比较研究；在综合分析我国钢铁工业存在的问题以及对未来钢铁工业发展趋势判断的基础上，从战略角度探索和研究中国钢铁工业如何培育竞争优势，提升竞争力，为企业研究和实践奠定理论基础。

1.3 概念界定及基本特征

1.3.1 产业的概念界定及内涵

产业是社会分工的产物，以“畜牧业从农业中分离出来，手工业从农业中分离出来，商人阶级出现”为标志的三次社会大分工对产业进行了初次划分。以“蒸汽机的广泛应用，电力的广泛应用，原子能、电子计算机、航天技术等重大突破”为标志的三次工业革命，推动了世界经济格局的多极化，使得社会分工进一步深化，产业划分也更加明确。在传统的社会主义经济学理论中，产业主要是指经济社会的物质生产部门，从某种意义上来说，每个部门就是一个相对独立的产业部门，因为每个部门都专门生产和制造独立的产品，如“工业”、“农业”等。

产业概念既要考虑构成产业的同一性，也要反映构成产业的内在要求和条件，即必须是在社会经济活动中承担着不可或缺的功能，以及足以构成相当规模和影响的单元集合。我国的产业划分是：农业是第一产业，包括农业、林业、畜牧业、林业等；工业是第二产业，包括制造业、电力行业、采掘业等；服务业是第三产业，主要分为服务和流通两个部分。

本书所涉及的产业概念为：由国民经济中具有同一性质，承担一定社会经济功能的生产或其他经济社会活动单元构成的，具有相当规模和社会影响的组织结构体系。

1.3.2 钢铁工业的概念界定及内涵

为了便于经济研究和经济管理，国民经济产业划分常采用产业领域分类法（两大领域分类法或两大部类分类法），按生产活动的性质、产品属性对产业进行分类，将产业划分为物质资料生产部门和非物质资料生产部门。首先根据生产活动的性质，将从事物质资料生产并且创造物质产品的部门，包括工业、农业、建筑业、运输业等划入物质资料生产部门；然后将不从事物质资料生产而只提供非物质性服务的部门，包括科学、文化、卫生、教育、金融、咨询等划入非物质资料生产部门。

钢铁行业是一个国家重要的战略性工业之一，是以从事黑色金属矿物采选和黑色金属冶炼加工等工业生产活动为主的工业行业，具体细分为金属矿物采选、炼铁、炼钢、轧钢、钢材产品加工、铁合金冶炼等。

根据《国民经济行业分类》(GB/T 4754—2011）标准，钢铁产业属于第二产业，包括黑色金属矿采选业和黑色金属冶炼和压延加工业。其中，黑色金属矿采选业包括铁矿采选、锰矿、铬矿采选和其他黑色金属矿采选。而黑色金属冶炼及压延加工业则主要包括炼铁、炼钢、黑色金属铸造、钢压延加工和铁合金冶炼业❶。

根据《中国钢铁工业生产统计指标体系——指标目录》(2003）的有关规定，钢铁产业主要产品分为生铁、粗钢、钢材、铁合金四类。其中粗钢是指完成了冶炼过程但未经塑性加工的钢，按冶炼方法可分为电炉钢、转炉钢、其他钢三大类，钢材是指全国钢铁行业可以向社会提供的最终钢材。分优质碳素结构钢、碳素结构钢、低合金高强度结构钢、合金结构钢、不锈钢等共22大类❷。

本书对于钢铁工业的概念界定，以国家发改委对钢铁工业的定义为准：钢铁工业的范围包括铁矿、锰矿、铬矿采选，烧结、焦化、铁合金、碳素制品、耐火材料、炼铁、炼钢、轧钢、金属制品等各工艺及相关配套工艺。

1.3.3 钢铁工业的基本特征

(1）高度的产业关联性。

钢铁行业是国民经济的基础性产业，在国民经济中有着不可替代的地位。作为需求部门，钢铁行业是原料、材料的生产和加工部门；作为供给部门，钢铁行业是钢材产品的输出部门，在整个国民经济产业链中，属于中间部门，和国家的基础建设及工业发展有很强的关联性。与钢铁行业关联度较大的行业主要有煤炭、电力、基础建设、固定资产投资、房地产、机械制造、汽车、船舶、家电、石油、军工等，钢铁行业的兴衰与这些行业的景气与否息息相关。钢铁行业生产需要消耗大量的铁矿石、煤炭、电力、石油等原燃料，使用大量的大型化设备，

❶ 中华人民共和国国家统计局：《国民经济行业分类》(GB/T 4754—2011)，2011年11月1日。

❷ 中国钢铁工业协会：《中国钢铁工业生产统计指标体系—指标目录》，冶金工业出版社，2003年。

所以从上游行业联系来说，钢铁行业与采矿业、能源工业等联系紧密；从下游行业联系来说，钢铁行业提供的产品又是其他许多产业的基本原材料，与钢材深加工业、汽车制造业、汽车零配件业、钢结构建筑行业、设备制造业、船舶制造业等各种行业存在着密切的联系。在钢铁生产过程中产生的副产品如钢渣、矿渣、煤气等又联系着相对应的副产品行业。交通运输业在钢铁行业采购、生产到销售的全流程中发挥着至关重要的作用，同时钢铁行业也与金融业也有着高度的关联性。这些相关行业的发展为钢铁行业提供发展契机；而钢铁行业的发展也会促进这些相关行业的进步，如图 1-1 所示。

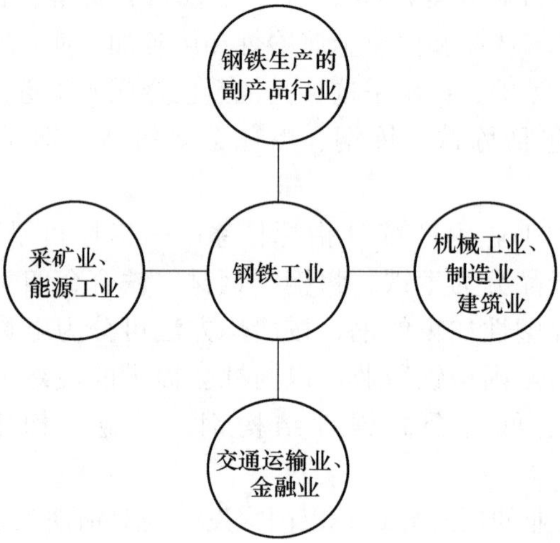

图 1-1 钢铁工业与其他行业的相关性

（2）受经济周期影响较大，属于周期性行业。

从世界钢铁工业和我国钢铁工业的发展史来看，国际、国内经济发展周期和市场供求关系的变化在很大程度上影响着钢铁工业的发展，总体来说与经济发展周期和市场供求状况保持同步动态。我国的钢材消费随国民经济增长水平变化和国家宏观经济政策调整的变动极为明显，通过研究表明，国民经济增长速度对钢材的需求变化有着重要影响。受经济发展的周期性影响，钢材产品的市场需求及钢材产品的销售价格随之变化，影响钢铁行业的盈利水平，进而影响一国钢铁工业在国际上的竞争力。钢铁行业作为产业链的中间行业，更容易受宏观经济形势变化和经济政策调整的影响，经济增长必然会带动钢材市场需求的增长，根据供求关系理论，也必然会带动钢材价格的上涨。一国钢铁工业的发展和扩张，国际竞争优势的增强，往往是处于本国经济发展的上升时期；而当一国的经济发展处于衰退时期，钢铁工业也相应衰退。图 1-2 显示了从 2000 年到 2015 年，中国钢材表观消费量与国内生产总值的关系。

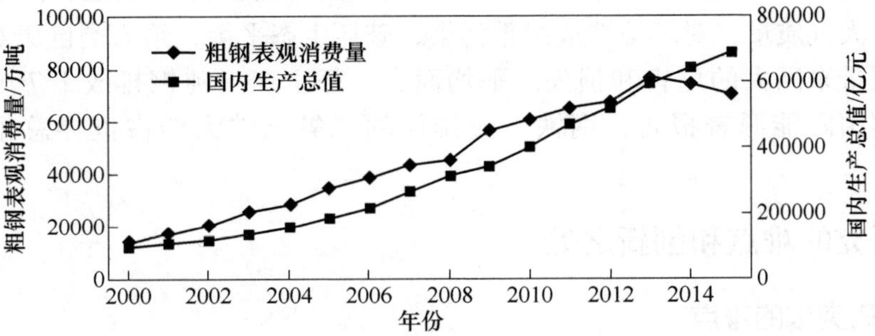

图 1-2 钢材表观消费量与 GDP 关系图

(3) 具有典型的规模经济特征。

作为经济学的基本概念之一，规模经济一般用来描述、衡量企业规模，检验企业的规模是否合理。它描述的是企业由于生产专业化水平提高等原因，单位成本下降，从而形成企业的长期平均成本随产量的增加而递减的现象。不同生产水平上的生产投入，会显示出不同的规模报酬。在产量较低时，它很可能会显示出规模报酬递增，即生产投入的增加为原来的 N 倍时，生产成本的下降幅度大于 N 倍，使得产量或者效益的增加大于原来的 N 倍，存在规模经济。当长期平均成本随着产量增加而增加时，存在规模报酬递减现象，规模不经济。

钢铁工业生产规模化、大型化的发展方向，是由其生产工艺决定的。如果想获得规模经济带来的利益，必须将产量保持在很高的水平上，规模是决定钢铁企业效益的关键因素。现代化的钢铁企业生产流程应具有的特征是：设备大型化，工艺连续化，生产紧凑化。不同的钢材产品，其生产的最佳经济规模是不同的，如线材生产的经济规模一般在 40 万吨，热轧板材生产线的经济规模一般在 300 万 ~400 万吨，冷轧板生产线经济规模一般在 100 万 ~200 万吨。按照国际标准，国际上普遍认为 800 万 ~1000 万吨是钢铁企业的最佳经济规模，300 万 ~500 万吨为最低经济规模。

(4) 负外部性。

外部性，当一个人从事一种影响旁观者福利而对这种影响既不付报酬又得不到报酬的活动时就产生了外部性。如果对旁观者的影响是不利的，就称为“负外部性”，也称为“外部不经济”，如果这种影响是有利的，就称为“正外部性”，也称为“外部经济”。

外部不经济也分为“生产的外部不经济”和“消费的外部不经济”，钢铁工业属于“生产的外部不经济”。钢铁工业的原料来源是不可再生的矿产资源，开发矿产资源必然要破坏土地和植被，对生态系统造成负面影响。同时，钢铁企业的生产对生态环境也直接造成负面影响并产生负外部性，钢铁工业生产过程中还要产生和排放出大量的“三废”，如果处理不当，则会侵蚀土地、污染江河水体、降低大气质量，对环境造成严重污染，破坏生态平衡，给人类健康和国民经济的发展带来巨大的危害和损失。平均而言，每生产1吨钢排放1.7吨二氧化碳。根据国际能源署报告，钢铁工业排放的二氧化碳大约占世界总排放量的4%~5%。

1.4 研究的难点和创新之处

1.4.1 研究中的难点

在中国钢铁工业发展历程与西方发达经济体进行横向比较中，不可避免地需要通过历史性研究，明晰和分辨不同地域、不同国情、不同政策、不同法律制度等对钢铁工业发展的促进或者制约，钢铁工业作为国民经济发展的重中之重，对外部环境及国家政策、法规等敏感性强，研究难点主要集中在比较研究、经验借鉴及战略制定方面，具体如下。

（1）要研究不同阶段、不同环境、不同因素对钢铁工业竞争力的影响，分析和总结其钢铁工业的发展经验和不足，寻求我国钢铁工业的健康发展路径。

（2）在经验借鉴上，既要考虑我国“地大物博，人口众多，经济总量庞大，人均水平较低”的基本国情，又要考虑“调整经济结构，转变经济增长方式，提高经济增长质量和效益”的时代要求，更要考虑坚持走中国特色社会主义道路的发展要求，以此为条件，借鉴有利于我国实际、适合我国钢铁工业竞争力提升的发展经验。

（3）在战略制定方面，要突破固有的计划经济思路，以改革创新为出发点，以现代市场经济体制和经济发展规律为指导，以经济发展及钢铁工业竞争全球化为背景，在政策建议和自身竞争力改善等方面，从根本上明确和明晰钢铁工业的战略发展方向。

1.4.2 创新之处

不同国情、不同社会政治制度下的钢铁工业发展道路是不同的，中国是世界上最大的发展中国家，同时也是世界人口第一大国，其钢铁工业的发展方向以及产业竞争力的突破方向与其他国家是迥异的，任何国家都不能照搬或者盲目模仿一种发展方式，只有符合本国实际才是最好的发展道路。

本研究的创新之处分为两个方面：

（1）研究对象是在区别于西方发达国家的资本主义体系和前苏联式社会主义模式下，在不同国情及经济发展水平下，走中国特色的社会主义道路，发展中国特色社会主义理论体系，坚持中国特色社会主义制度条件的钢铁工业竞争力提升战略；是在新型的社会环境下，吸收和借鉴西方发达国家钢铁工业发展经验和教训，以道路自信，理论自信、制度自信和文化自信为前提，以推动供给侧结构性改革为抓手，以改革创新为驱动，以提高质量和核心竞争力为中心，以扩大高质量产品和服务供给为目标，以充分发挥市场在资源配置中的决定作用和政府宏观的有效调控为手段，提出我国钢铁工业竞争力的提升战略。

（2）不同于以往学者针对单一因素对钢铁工业竞争力进行分析和研究，而是针对影响钢铁工业竞争力的多种因素，形成多维度的竞争力因素分析体系，进而从国家产业、企业层面，全方位、多视角、深层次地提出提升我国钢铁工业竞争力的八种战略选择，推动钢铁工业由大向强转变，实现钢铁强国梦。

2 钢铁工业竞争力理论综述

2.1 国外研究综述

2.1.1 比较优势理论

亚当·斯密（1977）提出了“绝对优势假说”，他认为，各国应该集中精力生产本国拥有绝对优势的产品，并将多余产品输出国外换取收入。进口并放弃生产那些不具有优势的产品，这样各国都能在国际贸易中获得比所有产品都自己生产更大的利益。

由于绝对优势理论的局限性，无法解释如果一国在所有产品生产中都不具有绝对优势的情况下如何参与国际分工的问题，大卫·李嘉图（1817）提出比较成本贸易理论。他认为，决定国际贸易的基础是生产技术的相对差别和生产技术相对差别带来的成本相对差别。为参与国际分工，每个国家都应该集中生产和出口其具有“比较优势”的产品，进口其具有“比较劣势”的产品。

在大卫·李嘉图的比较优势理论基础上，赫克歇尔和俄林于20世纪初，以资源要素比例为出发点，将国际贸易产生的真正原因归结于各国生产要素的丰缺，提出了“生产要素禀赋理论”。该理论认为：由于两国的要素禀赋不同，生产要素的供给不同和不同产品生产所需的要素比例不同，造成了成本的绝对差异，进而造成商品价格的绝对差异。随着钢铁生产从最初的手工作坊到现在的工业化、规模化，其生产过程的不断演进，所涵盖的范畴已经不仅仅是铁矿石、煤等有形生产要素，还包括了技术、信息化、人员素质等无形生产要素，这些有形和无形的生产要素组合才是决定钢铁工业竞争力高低的资源禀赋。

20世纪70年代末，经济学家克鲁格曼、布兰德、迪克西特和斯潘塞等人提出了内生比较优势论，该理论以规模报酬递增和不完全竞争为假设前提，认为各国完全可以通过投资、创新以及经验累积创造自己在国际贸易中的比较优势地位。

2.1.2 国家竞争优势理论

迈克尔·波特在1990年提出了“国家竞争优势理论”，聚焦于如何制定竞争战略和如何协调不同地域的竞争活动。他以“五力分析模型”和“价值链模型”为基础，提出了“钻石模型”，该理论认为：各个国家在不同产业都有不同的竞争优势，产业竞争优势的形成由四个方面来决定：第一方面是生产要素条件，主要是指某国在特定产业竞争中生产方面的相关表现，如人工素质、资源禀赋以及基础设施条件等；第二方面是需求条件，主要是指国内市场对该产业所提供的产品和服务的需求状况；第三方面是相关产业与支持性产业，主要是指与该产业相关的产业和上游产业是否具有国际竞争力；第四方面是企业战略、企业结构和同业竞争状况，主要是指企业在一个国家的基础、组织和管理形态，以及国内市场竞争对手的表现。波特认为，钻石体系是双向强化的系统，任何一项决定因素的变化都会影响到另一项因素的作用效果。除上述四大因素之外，“机会”和“政府”也对产业竞争力有影响，“机会”是指不由企业和政府控制，随机发生的、可能促进也可能阻碍产业竞争力提升的意外因素，而“政府”主要是指由政府主导的行为对产业竞争力的影响，如政策调整、经济结构变化等❶。

对钢铁行业来说，铁矿石是最重要的生产要素，在我国钢铁工业飞速发展的过程中，由于我国的铁矿石资源禀赋差，平均品位低于世界平均水平，且贫矿占总储量的98%，大幅增长的铁矿石需求只能通过进口来实现，而因话语权缺失造成的铁矿石价格不断上涨，不断挤压我国钢铁行业的利润空间，严重制约我国钢铁工业竞争力的提升。而对“钻石模型”中的第二个决定因素需求条件来说，随着我国经济的持续增长，消费升级、四化同步发展、基础设施建设等进一步拓展了钢材需求空间，在未来一段时间内将持续带动我国钢材消费继续增长，不断提高我国钢铁工业的竞争优势。但我国的钢铁工业由于体制等原因，市场化的优胜劣汰机制并没有充分发挥，同欧美日等钢铁强国相比，目前还处于产业集中度较低，规模效应没有充分发挥的阶段，成为影响我国钢铁工业竞争力提升的一个短板。

2.1.3 产品生命周期理论

1966年，美国哈佛大学教授弗农以美国跨国公司对外直接投资行为作为研究范本，对决定不同国家产业竞争力高低，影响国际贸易和国际投资流向的因素进行了分析，并提出了产品生命周期理论。该理论认为：任何一种产业和产品都要经历产生、成长、成熟、衰退的周期，而不同的阶段在不同国情、不同经济发展水平、不同技术水平的国家，发生的时间和经历的过程是不同的，其竞争力高低也是不同的，如某种产业即使在技术水平发达的国家处于衰退期，其竞争力也有可能强于技术水平欠发达国家处在成熟期的产业，这也就决定了不同国家同一产业国际竞争力的高低，也间接影响了国际贸易和国际投资的流向❷。

---

❶ 迈克尔·波特. 国家竞争优势［M］. 李明轩，邱如美，译. 中信出版社，2007。

❷ Raymond Vernon. International Investment and International Trade in the Product Cycle［J］. Quarterly Journal of Economics. May 1966.

2.1.4 国际生产折衷理论

邓宁于1977年首次提出国际生产折衷理论❶，并于1981年对该理论进行了修正。该理论认为决定产业竞争力高低的因素可以从“所有权特定优势”、“内部化特定优势”和“区位特定优势”三个方面来研究和分析。所有权优势是基于核心竞争力而提出的，指一国企业拥有或者能够获得的国外企业所没有或无法取得的特点优势。这种优势从技术优势、企业规模、组织管理能力和金融与货币优势等方面分析企业拥有的核心竞争力；内部化特定优势是为避免不完全市场给企业带来的影响将其拥有的资产加以内部化而保持企业所拥有的优势，企业可以通过内部转移资产的方式比通过与其他企业进行交易的方式获得更大利益；区位优势是指企业全球布局，可以在全世界范围内选择最佳的投资地点而占据的优势。这一理论说明在进行产业国际竞争力研究时，需要从所有权优势、内部化优势和区位优势三个方面进行分析❷。

2.1.5 动态能力理论和竞争动力学方法

企业所具有的核心能力在一定程度上是促进还是阻碍其竞争优势的形成，并不是一成不变的，是随着周围环境的变化而动态变化的。企业如何在动态变化的市场上动态调整其核心竞争能力，取得和保持竞争优势，核心能力理论是无法解释的。1997年，蒂斯等人在核心能力理论的基础上，提出了动态能力的概念，动态能力即改变能力的能力，并定义动态能力为：企业整合、构建、重新配置内部和外部能力以应对环境快速变化的能力。

2.2 国内研究综述

2.2.1 生产力、市场力学说

金碚（1997年）提出了工业品竞争力分析模型。他认为对一国某种工业产品的竞争力分析实质上是一种因果型分析。竞争力的高低最终是通过产品的市场占有率来体现的。市场占有率越高，表明产品市场竞争力越强。决定产业竞争力高低的主要因素可以分为两大类：直接因素和间接因素。某些因素的改善可以明显的提高产品市场占有率，如产品质量、价格、品种规格等，这些直接体现产品竞争力强弱的因素，称为直接因素；某些因素的改善虽然不能直接提高产品的市

---

❶ John H. Duning. International Production and the Multinational Enterprise. London：George Allen and Uniwin，1981.

❷ John H Dunning. Toward an Eclectic Theory of International Production：Some Empiricaltests ［J］. Journal of international business studies. 1977.

场占有率，但是能够提升产业的竞争潜力，长远来看有助于产品竞争力的提高，如成本控制、经营效率、人员素质、技术研发等，称为间接因素❶。并于2003年提出了生产力学说，他认为：产业竞争力的实质就是比较生产力。本国（本区域）某一产业相对于国外（外区域）这一产业比较生产力的高低，在市场上就表现为市场占有率和盈利率的高低，也就是说比较生产力优势决定了产业竞争优势。

2.2.2 比较优势、竞争优势学说

裴长洪（1998年）认为产业竞争力是区域产业的比较优势和它在一般市场绝对竞争优势的总和❷。

金碚（2003年）认为，各国产业在世界经济体系中的比较优势决定其不同国际分工，而竞争优势又决定其产业竞争力的高低。对一国来说，在国际竞争中比较优势和竞争优势共同作用，决定其各产业在国际竞争中的地位，并随着比较优势和竞争优势的动态变化，其产业的国际分工和竞争力也随之变化。他指出，要将比较优势和竞争优势的共同作用作为整体因素来分析和研究产业竞争力，不能将二者的作用区分开来单独计量和衡量其对产业发展的实际影响❸。

2.2.3 综合生产能力学说

盛世豪（2003年）认为产业竞争力是一种综合性能力，主要包括产业的供给能力、价格能力和投资盈利能力，具体来说是指某一产业在公平、合理的市场环境下，能够提供有效的产品和服务、有一定的定价并获得收益的能力❹。

2.2.4 产业集群学说

在经济全球化的大背景下，区域经济发展的主要模式和产业发展的主要形式已经由单一的产业类型演变成为产业集群。真正具有竞争力的企业，都具有明显的区域特征和群居特征。胡本田（2006年）认为，由于产业集群内企业之间的相互合作与竞争，企业和政府、公共机构之间的交流协调，规模经济、范围经济、集群经济、知识溢出、学习效应及网络效应等，通过发挥资源共享效应，产业集群这种产业组织形式加强了区域和企业的创新能力，提高了产业的整体竞争力❺。

---

❶ 金碚. 中国工业国际竞争力——理论、方法与实证研究［M］. 北京：经济管理出版社，1997.
❷ 裴长洪. 利用外资与企业竞争力［M］. 北京：社会科学文献出版社，1998.
❸ 金碚. 竞争力经济学［M］. 广州：广东经济出版社，2003.
❹ 盛世豪. 产业竞争论［M］. 杭州：杭州大学出版社，1999.
❺ 胡本田. 产业集群：提升安徽省产业竞争力的战略选择［J］. 安徽大学学报，2006（2）.

2.2.5 其他研究综述

狄照昂、吴明录等（1992 年）在国际竞争力定义的基础上，从经济能力、工业效能、自然资源、财政活力、创新能力、对外能力、人力资源和国家干预等方面分析了其对竞争力的影响，并提出了具体的评价方法和指标体系❶；任若恩（1993 年）与荷兰格林根大学的专家合作，以生产法对国内制造业各产业部门的劳动成本、相对价格、劳动生产率等历史数据进行了定量分析，研究和探讨了我国制造业不同行业的比较优势和竞争优势；刘桂萍（2000 年）在对世界各主要产钢国资源配置、生产规模、劳动生产率及市场竞争力等方面进行比较分析的基础上，提出了“结构优化”已经成为当前推动世界钢铁工业发展的主流模式，中国还不是钢铁强国❷；高铁梅、刘玉、胡玲（2004 年）以计量经济学、统计学模型为方法对中国钢铁工业的供需影响因素进行了动态分析，针对下游行业所受冲击的传递效应和对钢铁工业的贡献程度进行了定量分析，探讨了钢铁市场长期的需求规律❸。

2.3 钢铁工业竞争力影响因素研究综述

2.3.1 规模经济

国内外学者对中国钢铁工业规模经济相关问题做了一定的研究，主流观点认为，我国钢铁工业存在规模经济。Jefferson（1990 年）对中国钢铁工业的研究发现，钢铁工业的资本和劳动的产业弹性分别是 0.649 和 0.523，证明了中国钢铁工业存在规模经济❹。王敏（2006 年）认为，中国钢铁企业的产品结构不合理，具有规模经济的优势企业较少❺。我国已然认识到了规模对于钢铁工业的重要性，国家发展和改革委员会 2005 年发布了《钢铁产业发展政策》，明确要求“通过钢铁产业组织结构调整，实施兼并、重组，扩大具有比较优势的骨干企业集团规模，提高产业集中度”。

2.3.2 运营效率

Perelman（1995 年）用随机前沿分析法和数据包络分析法对经合组织 11 个

---

❶ 狄照昂，吴明录. 国际竞争力［M］. 北京：改革出版社，1992.

❷ 刘桂萍. 中国钢铁产业差距的国际比较［J］. 技术经济，2000（6）.

❸ 高铁梅，刘玉，胡玲. 中国钢铁工业供给与需求影响因素的动态分析［J］. 管理世界，2004（6）.

❹ 谢千里（Jefferson），高祥岭. 中国钢铁工业企业效率源泉和改革影响［J］. 冶金管理，1990（7）.

❺ 王敏. 中国钢铁产业竞争环境研究［D］. 大连：东北财经大学，2006.

国家从1970年到1987年间的全要素生产率、技术进步和技术效率的变动进行了测算，阐述了技术进步和效率的重要性，并建议纳入到政策制定的过程中。J. S. Han（2001年）以韩国制造业1980年到1994年的数据为研究对象，运用随机前沿分析方法，得出了运营效率的提升、生产率的增长，技术效率的提高存在明显的促进作用。Jung Woo Kim 和 Jeong Yeon Lee（2005年）运用随机前沿分析法对23个国家52个钢铁企业1978年到1997年间的技术效率进行了深入研究，得出韩国浦项钢铁和日本新日铁的技术效率最高，平均值超过了0.95，同时指出，可以从私有化、新技术、规模和新装备等方面入手，提高钢铁工业的技术效率❶。万燕鸣（2010年）运用数据包络分析法，对2002年到2008年间中国钢铁行业23家上市公司的效率进行了分析和研究，提出了我国钢铁工业整体存在效率偏低，规模不经济，行业集中度低等问题，我国钢铁工业应从改善规模效益、加强技术开发、转变发展方式等方面入手，推进钢铁行业由大向强转变❷。刘振江（2009年）指出人力资源是提升企业运营效率的重要方面，并在深化人事制度改革，完善分配制度方面提出了建议❸。

2.3.3 成本控制

标准成本法是由 F. W. Taylor 在1911年提出的，首先设定标准成本，然后将实际发生的成本与标准成本进行对比分析，揭示差异产生的原因，最后采取有针对性的措施实现对成本的有效控制❹。McKinsey（1922年）提出了通过预算进行成本控制，但当时的预算都是单项预算，并没有把企业的全部经济活动预算结合到一起，没有形成全面的预算控制❺。乔纳森·N·哈里斯（1936年）在成本控制方面提出了变动成本法，他认为产品成本应只包括变动成本，而固定成本则应视为期间费用，所以成本控制只是针对变动成本的控制。波特（1980年）提出了总成本领先战略，要求建设达到效率规模的生产设施，通过经验积累持续并大力推进降本工作，严格成本与费用控制，最大限度地减少研究开发、服务、营销等方面的成本费用；在此基础上（1985年）提出了运用价值链的概念，以纵向价值链、横向价值链和内部价值链为基点进行战略成本分析，提升竞争力❻。焦

---

❶ Jung Woo Kim, Jeong Yeon Lee. Technical efficiency in the iron and steel industry: A Stochastic Frontier Approach. East-West center for working papers. 2005.

❷ 万燕鸣. 中国钢铁行业效率研究——基于2002～2008年数据的数据包络分析［J］. 技术经济，2011（2）.

❸ 任静波. 中国钢铁大趋势［M］. 北京：经济日报出版社，2009.

❹ 泰勒. 科学管理原理［M］. 北京：机械工业出版社，2007.

❺ James Oscar McKinsey. Budgetary Control［M］. New York：Ronald Press，1923.

❻ 迈克·波特. 竞争战略［M］. 陈小悦，译. 北京：华夏出版社，2005.

跃华（2000 年）对现代企业成本控制战略思想进行了研究，他认为现代成本控制的特点就是强化成本控制战略，从战略角度强化成本控制，即利用成本资料从战略角度来分析、选择、优化企业战略的过程❶。刘红霞（2002 年）在分析产品生命周期成本理论的内容及管理理念的基础上，提出了目标成本管理、过程成本管控和不同产品生命周期质量成本管理的产品生命周期成本控制策略❷。殷俊明、王平心、吴清华（2005 年）借助产品寿命周期分析方法，从成本控制战略中涉及的控制环境、控制机制、控制形式、控制方法、控制内容和成本动因等关键特征变量进行了系统的梳理和阐述，构造了一个为预测成本控制战略发展前景和完善企业实践的分析框架❸。

2.3.4 质量管理

作为钢铁工业核心竞争力影响要素之一的质量管理，国内外学者进行了丰富的研究。质量管理的发展经历了三个阶段：质量检验阶段、统计质量控制阶段和全面质量管理阶段。F. W. Taylor（1911 年）提出的科学管理原理，提出在人员中进行科学分工的要求，将计划职能与执行职能分开，中间加检验环节，以便监督、检查对计划、设计产品标准等项目的贯彻执行❹。休哈特（1924 年）提出了统计过程控制理论（SQC），创造了“控制图”，把数理方法引入到质量管理中，推进了质量管理理论的发展❺。朱兰（1951 年）将帕累托原理引入质量管理，提出全面质量管理有三个环节：质量策划、质量控制和质量改进，认为质量管理就是不断的改进工作❻。戴明认为质量是一种以最经济的手段，制造出市场上最有用的产品，一旦改进了产品质量，生产率就会自动提高❼。Feigenbaum（1961 年）提出了全面质量管理的原理和方法，他指出“全面质量管理是为了能够在最经济的水平上并考虑到充分满足用户要求的条件下进行市场研究、设计、生产和服务，把企业各部门的研制质量、维持质量和提高质量的活动构成一体的有效体系”，质量管理不是质量管理职能部门的单独责任，而是全员广泛参与并各负其责的整个企业的活动❽。姚玉玲等（2006 年）认为 ISO 9000 创建了最基本的

---

❶ 焦跃华. 现代企业成本控制战略研究［M］. 北京：经济科学出版社，2001.

❷ 刘红霞. 产品生命周期成本管理理念及策略［J］. 中央财经大学学报，2002（1）.

❸ 殷俊明，王平心，吴清华. 成本控制战略之演进逻辑：基于产品寿命周期的视角［J］. 会计研究，2005（3）.

❹ F. W. Taylor. 科学管理原理［M］. 马风才，译. 北京：机械工业出版社，2007.

❺ Shewhart. Economic Control of Quality of Manufactured Product. D. Van Nostrand Company，Inc. 1931.

❻ 约瑟夫·M·朱兰，A·布兰顿·戈弗雷. 朱兰质量手册（第 5 版）［M］. 焦叔斌，译. 北京：中国人民大学出版社，2003.

❼ 戴明. 戴明论质量管理［M］. 钟汉清，戴久永，译. 海口：海南出版社，2003.

❽ 菲根堡姆. 全面质量管理［M］. 杨文士，译. 北京：机械工业出版社，1991.

质量管理架构和外部认同效应；六西格玛体现实实在在的内外部改进绩效，ISO 9000 基础上实施与六西格玛的整合，是一种较好的质量管理模式❶。钢铁行业是典型的制造业，产品质量对于钢铁工业来说至关重要，可以说采用何种质量管理模式和方法，提升产品质量，是整个钢铁产业生存和发展的前提。

2.3.5 技术创新

20 世纪 30 年代熊彼特首先提出了技术创新理论，此后波特和范德林德（1991 年，1995 年）提出了“波特假说”，认为设计适当的环保标准会激励企业进行技术创新，创新的结果不仅会减少污染，同时也会达到改善产品质量和降低生产成本的目的，从而增加生产力，提高企业竞争力。汉德森和卡拉克以创新的程度为出发点，对技术创新战略进行了分类，首先将企业的产品分为“核心产品”和“与核心产品相关联的部分”，然后依据创新的程度，把技术创新分为渐进创新、结构创新、模块创新以及重大创新。吴溪淳（2009 年）认为我国钢铁工业实现由大变强的一个显著标志就是较强的技术和管理创新能力，而且这种能力最终要体现在产品的竞争力上❷。翁宇庆（2009 年）提出了要在节能减排、环境优化、产品升级换代、资源节约和发掘等方面重点支持技术发展项目，因为这是提升钢铁工业竞争力，建设钢铁强国的重中之重②。邵云飞和谭劲松（2006 年）界定了区域技术创新能力的形成机理，在分析区域技术创新能力内还和系统结构的基础上，建立了区域技术创新能力形成的条件和形成机理模型，并用模糊数学方法对反映系统结构要素的具体指标进行了实证分析，分析结果表明界定的结构要素和机理模型可以解释目前我国区域创新能力的状况，基本上是从东部到西部，创新能力逐步降低的❸。陈溪（2009 年）通过对 20 世纪 70～90 年代浦项钢铁厂发展过程的回顾，指出技术创新是推动钢铁产业发展的核心力量，建议通过提高设备生产力、整合研发系统以及建立产业内部和产业间合作，提高我国钢铁工业的核心竞争力❹。沈文荣（2009 年）提出在社会主义市场经济新条件下，技术创新是企业的生存之本，发展之源。企业应具有超前意识、竞争意识和发展意识，不断推进二次创新和自主创新，实现生产要素的新组合，不断增强企业的

---

❶ 姚玉玲，张君，郭宇红. 我国企业质量管理模式研究［J］. 商场现代化，2006（2）.

❷ 任静波. 中国钢铁大趋势［M］. 北京：经济日报出版社，2009.

❸ 邵云飞，谭劲松. 区域技术创新能力形成机理探析［J］. 管理科学学报，2006（4）.

❹ 陈溪. 论技术创新对钢铁产业的推动作用——以 70～90 年代浦项钢铁厂为例［J］. 冶金经济与管理，2009（2）.

核心竞争力❶。

2.3.6　外部性约束

外部性概念的提出源于马歇尔（1890 年）提出的“外部经济”概念，他并没有明确提出外部不经济的概念，但是从其对内部经济和外部经济的论述上可以推出外部不经济的概念及其含义❷。庇古（1920 年）首次运用现代经济学的方法从福利经济学角度系统地研究了外部性问题，在马歇尔的基础上扩充了“外部不经济”的概念和内容，将外部性问题的研究从外部因素对企业的影响转向了企业或者居民对外部的影响上。他认为，存在外部不经济时，对边际私人成本小于边际社会成本的企业征税；存在外部经济时，对边际私人收益小于边际社会收益的企业给予补贴❸。但科斯认为，外部效应往往不是一方侵害另一方的单向问题，而是具有相互性。在交易费用为零的情况下，庇古税没有必要；在交易费用不为零的情况下，解决外部效应的内部化问题要通过各种政策手段的成本 - 收益比较才能确定，进一步表明，“市场失灵”不是政府干预的充要条件，政府干预不一定是解决“市场失灵”的唯一方法❹。吴溪淳（2009 年）指出，建设钢铁强国必须高度重视环境友好和发展循环经济，要放开大企业的现代化有竞争力的符合发展循环经济要求的产能扩张，同时强化市场机制，通过竞争加快淘汰落后的污染环境的中小钢铁企业[①]。殷瑞钰（2009 年）提出要有效实施循环经济，就要以减量化、再利用和再循环为基本原则，在一定条件下将物质、能量、时间、空间和资金等有效地整合在一起，实现经济效益、社会效益和环境效益协同发展的经济模式，提升企业的竞争能力[①]。李旭亚通过分析企业竞争力体系，提出了在钢铁产业负外部性约束条件下，提升企业竞争力的三大战略，即资源控制力提升战略、环境保护力提升战略和技术创新能力提升战略❺。

通过对已有文献的梳理和回顾，可以看出国内外关于钢铁工业竞争力做的大量研究，基本上都是从某一方面或者某一角度对影响钢铁工业竞争力的因素进行研究分析，其已有研究结论可以归结为六点：（1）从规模经济来说，钢铁工业存在规模经济，其规模大小是决定竞争力高低的重要因素；（2）从运营效率来说，对钢铁行业运营效率的重要影响因素，如技术、企业组织结构、人力资源、

❶ 任静波．中国钢铁大趋势［M］．北京：经济日报出版社，2009.

❷ 马歇尔．经济学原理（中文版）［M］．北京：商务印书馆，1965.

❸ 亚瑟·塞斯尔·庇古．福利经济学［M］．何玉长，丁晓钦，译．上海：上海财经大学出版社，2009.

❹ 科斯．社会成本问题—现代制度经济学［M］．龚柏华，张乃根，译．北京：北京大学出版社，2003.

❺ 李旭亚．论资源环境约束下钢铁企业竞争力的提升［M］．当代经济，2012（23）.

信息化、产业服务化转型等都对企业竞争力提升有重大影响；（3）从成本费用控制来说，如何加强成本费用控制是企业取得竞争优势的关键因素；（4）从质量管理来说，企业应如何推进质量管理，采用何种管理模式，是提升企业核心竞争力的重要因素；（5）从技术创新来说，技术创新是钢铁工业竞争力提升的重要推动力量；（6）从外部性约束来说，如何在外部性问题与企业发展方面找到平衡点，对于提升企业竞争力至关重要。

本书将以上述六点为研究方向，在政府层面主要按照迈克尔·波特提出的国家优势理论中政府的政策调整、经济环境变化等对产业竞争力的影响进行分析和探讨，而从企业层面则按照金碚教授提出的“生产力、市场力学说”重点分析影响企业竞争力的品种、质量等直接因素和效率、技术、成本等间接因素，从国家和企业两个层面提出提升我国钢铁工业竞争力的战略选择。

3 世界钢铁工业不同时期竞争力分析

3.1 世界钢铁工业的发展演进及现状

钢铁工业又称为黑色冶金工业，是所有工业化国家的基础工业，是发展国民经济和国防建设的物质基础，其发展水平在很大程度上决定着一个国家工业化水平的高低，钢产量和人均钢产量也被作为重要指标用来衡量各国经济实力。钢铁工业在不同国家，不同历史时期的发展过程中，产业布局、产业规模、生产工艺、产品结构等方面都发生了较大的变化。

3.1.1 粗钢产量

粗钢是以炼铁工序的最终产品——生铁为原料，经炼钢工序脱碳、去杂质、添加合金、浇注成型后得到的中间产品，是钢铁工业最终产品——钢材的加工原料。美国等一些国家用粗钢重量来统计钢产量，世界及主要产钢国历年粗钢产量见表 3-1。

表 3-1 世界及主要产钢国历年粗钢产量 （万吨）

年份	世界	独联体国家	美国	日本	德国	法国	英国	中国	其他
1970	59543	11589	11931	9332	4504	2377	2690	1800	15320
1972	63029	12559	12087	9690	4371	2405	2422	2338	17195
1974	70900	13620	13220	11713	5323	2702	2667	2600	19055
1976	67546	14481	11612	10740	4241	2323	2227	2046	19876
1978	71680	15144	12431	10211	4125	2284	2031	3178	22276
1980	71614	14793	10146	11140	4384	2318	1128	3712	23993
1982	64501	14715	6766	9955	3588	1840	1370	3716	22551
1984	71010	15423	8394	10559	3939	1900	1512	4347	24935
1986	71400	16055	7403	9828	3713	1787	1473	5221	25920
1988	78012	16304	9065	10568	4102	1912	1895	5943	28223
1990	77046	15444	8973	11034	3843	1902	1784	6635	27431
1991	73359	13284	7974	10965	4217	1843	1647	7100	26329
1992	71968	11773	8432	9813	3971	1797	1621	8094	26467

续表 3-1

年份	世界	独联体国家	美国	日本	德国	法国	英国	中国	其他
1993	72755	9781	8879	9962		13219		8956	21960
1994	72511	7792	9124	9830		13891		9261	22613
1995	75226	7880	9519	10164		15580		9536	22553
1996	75001	7688	9554	9880		14657		10124	23098
1997	79895	8086	9849	10455		15987		10894	24627
1998	77733	7395	9866	9355		15989		11559	23669
1999	78897	8566	9743	9419		15521		12426	23253
2000	84767	9849	10180	10644		16336		12850	25034
2001	85027	9962	9010	10287		15850		15163	24827
2002	90405	10121	9159	10775		15869		18237	26256
2003	96992	10647	9368	11051		16098		22234	27594
2004	106125	11336	9968	11272		19419		28291	26850
2005	114658	11321	9490	11247		18721		35324	28300
2006	124899	11991	9856	11623		19846		41915	29481
2007	134700	12417	9810	12020		21018		48929	30464
2008	134121	11435	9135	11874		19823		50049	30620
2009	123583	9765	5820	8753		13934		57218	27604
2010	143166	10820	8050	10960		17278		63723	32184
2011	151830	11266	8640	10760		17765		68528	35011
2012	154501	11096	8870	10723		16859		72388	34565
2013	165035	10841	8688	11060		16636		81314	36496
2014	166990	10608	8817	11067		16930		82231	37337
2015	162041	10155	7885	10513		16612		80383	36493

注：数据来源 World Steel《世界钢铁统计年鉴》，以上数据以最新统计年鉴为标准。独联体国家钢产量在 1991 年及其之前为前苏联钢产量。欧盟从 1993 年正式成立开始为欧盟 12 国，1995 年开始为欧盟 15 国，2004 年开始为欧盟 25 国，2007 年开始为欧盟 27 国，2013 年开始为欧盟 28 国。中国粗钢产量参照中国统计年鉴修改。

炼铁、炼钢的工业化生产分别始于 17 世纪 20 年代和 19 世纪 70 年代的英国，之后在其他西方发达国家陆续发展。1870 年的第二次工业革命成果被迅速应用于工业生产，在 1875～1913 年间，由于转炉和平炉工艺的优化和完善，加之西方各发达国家工业化进程加快，需要大量的钢铁产品，推动了生铁和粗钢产量的迅速增长，到 1913 年生铁产量达到 0.8 亿吨，粗钢产量达到 0.77 亿吨。在

1914～1950年间，全球钢铁工业受两次世界大战的破坏和经济危机的影响，发展缓慢，到1950年全球生铁产量仅比1913年增长0.5亿吨，钢产量仅增长1.12亿吨。在1950～1975年间，钢铁工业生产工艺和生产装备不断更新，如氧气顶吹转炉炼钢工艺、连续铸钢工艺、带钢热连轧机和冷连轧机等，大幅度提高了钢铁生产能力，而各国为消除战后影响，迅速恢复和发展经济，又使得钢材需求量大幅增加，全球钢铁工业迅速复苏。

受1973年第一次全球性的石油危机影响以及西方国家经济衰退，全球钢铁工业发展减缓，在1973～1979年间，全球钢产量从6.98亿吨增长到7.46亿吨，增长了7%。

1982年，钢铁行业陷入深度衰退，全球钢产量下降8.8%，钢产量为6.8亿吨。1982之后逐渐恢复，到1999年，全球钢产量一直低于8亿吨，2000年全球钢产量才突破8亿吨。从2001年开始，全球钢产量开始高速增长，到2007年钢产量的年平均增长率为8.0%。2009年受全球金融危机的影响，全球钢产量大幅下降7.9%。之后迅速恢复，2014年再创新高，达到16.7亿吨。

从各钢铁生产国来看，英国钢产量在1885年以前，一直居世界首位；美国钢产量在1886～1970年间保持世界第一长达85年之久，直至被苏联超越，1970年粗钢产量1.19亿吨，占全球钢产量的20%；1971年苏联钢产量超越美国，成为世界钢铁生产第一大国，当年钢产量达到1.21亿吨，占全球钢产量的21%，并保持第一达22年；直到1993年被日本超越，世界第一产钢大国易主，当年日本产钢约1亿吨，占全球钢产量的14%；随着发展中国家经济飞速发展，中国钢产量在1996年突破1亿吨，超越日本成为世界第一大产钢国，并且一直保持至今，当年产钢1.01亿吨，占全球钢产量的13%。可以看出，随着全球钢铁工业的发展，钢铁生产集中在某一国家的程度大幅削弱，但随着中国经济的迅速发展，钢材需求不断增加，钢产量也随之大幅度升高，占全球钢产量的比重也不断上升，2002年达到20%，2005年达到31%，2009年达到46%，2015年为49.61%，可以说中国钢铁生产占据了全球的半壁江山，并持续上升。在主要产钢国家中，钢产量从2000万吨到1亿吨，日本增速最快，钢产量从1960年2214万吨到1973年11932万吨用了13年，年均增长748万吨；苏联从1949年2329万吨到1967年10222万吨用了18年，年均增长439万吨；中国从1971年2132万吨到1996年10124万吨用了25年，年均增长320万吨。

3.1.2　粗钢表观消费量

表观消费量指当年产量加上净进口量（当年进口量减出口量）再加上库存变化量（年初库存减年末库存）。粗钢的表观消费量，就是全国粗钢产量加上净进口量的总和，但是这些钢材可能并不全都被消费掉，要扣减其他损耗和仓储等才是真实的实际消费量，本书选用世界钢铁统计年鉴数据，表观消费量为国内产量与进口量之和减去出口量。

受 1974 年第一次石油危机的影响，全球钢铁工业从 1975 年起出现衰退迹象，产量急剧下降，全球粗钢表观消费量环比下降 8.8%，这是到现在为止粗钢表观消费量下降速率最高的一年。1982 年钢铁行业再次出现深度衰退，粗钢表观消费量环比下降了 7.8%，粗钢表观消费量下降到自 1975 年以来的最低值 6.5 亿吨。粗钢的表观消费量与世界经济紧密相关，同步增长，同步降低。2004 年全球粗钢表观消费量突破 10 亿吨。从 1970 年到 2000 年，全球粗钢表观消费量在同步于全球经济的波动中波动增长。从 2001 年开始，全球经济快速发展，粗钢表观消费量高速增长，受 2009 年金融危机影响，全球粗钢表观消费量下降了 7.6%，其下降速率仅次于 1975 年的 8.8% 和 1982 年的 7.8%。之后粗钢消费量快速恢复，2014 年创历史新高 16.68 亿吨。表 3-2 为世界及主要产钢国历年粗钢表观消费量。

表 3-2 世界及主要产钢国历年粗钢表观消费量 （万吨）

年份	世界	独联体国家	美国	日本	德国	法国	英国	中国	其他
1970	59544	11024	12730	6988	4060	2324	2543	2250	17625
1972	63042	12124	13841	6889	3997	2434	2295	2609	18853
1974	70619	13755	14412	7575	3486	2494	2427	2982	23488
1976	67247	14517	12995	6018	3678	2355	2117	2703	22864
1978	71359	15345	14645	6151	3221	1953	2005	4271	23768
1980	71892	15033	11443	7901	3480	2016	1605	4301	26113
1982	65115	15034	8429	6950	2792	1720	1518	4077	24595
1984	71729	15937	11171	7437	3105	1549	1433	6010	25087
1986	72349	16154	9529	6994	3063	1452	1482	7644	26031
1988	78520	16462	11070	8687	3548	1698	1749	6928	28378
1990	77344	15258	10305	9903	3555	1803	1637	6828	28055
1991	72864	13187	8960	9915	3907	1653	1402	7018	26822
1992	70184	9966	9737	8404	3868	1603	1344	8594	26668
1993	72253	6690	10436	8059	13219			13306	20543
1994	72142	3413	11747	7933	13891			12088	23070
1995	73644	3304	11258	8434	15580			10024	25044
1996	72528	3109	11943	8361	14657			11242	23216
1997	78088	2881	12359	8600	15987			11445	26816
1998	76574	2174	13463	7119	15989			12299	25530

续表 3-2

年份	世界	独联体国家	美国	日本	德国	法国	英国	中国	其他
1999	77319	2524	12514	7063	15521			13640	26057
2000	84290	3954	13335	7960	16336			13809	28896
2001	85349	4250	11440	7520	15850			17065	29224
2002	90981	3984	11827	7360	17669			20572	29569
2003	97288	4242	10578	7640	18509			25858	30461
2004	106027	4535	12381	8050	18915			28731	33415
2005	113507	4901	11333	8290	18079			36195	34709
2006	123716	5742	12852	8330	20634			39340	36818
2007	131857	6559	11403	8590	21964			43586	39755
2008	132053	5773	10243	8320	20431			46548	40738
2009	121958	4089	6240	5610	12677			57442	35900
2010	140013	5568	8699	6740	16010			61206	41790
2011	148475	6272	9634	6960	16950			66793	41866
2012	153727	6562	10201	6880	15208			68758	46118
2013	165190	6657	10630	7090	15685			76575	48553
2014	166811	6342	12160	7290	16249			74038	50732
2015	161681	5672	10833	6780	16749			70035	51612

注：数据来源 World Steel《世界钢铁统计年鉴》，以上数据以最新统计年鉴为标准。独联体国家粗钢表观消费量在 1991 年及其之前为前苏联粗钢表观消费量。欧盟从 1993 年正式成立开始为欧盟 12 国，1995 年开始为欧盟 15 国，2004 年开始为欧盟 25 国，2007 年开始为欧盟 27 国，2013 年开始为欧盟 28 国。

从表 3-2 可以看出，在全球钢铁工业的发展过程中，经历了三次增长重心的转移。

第一次增长重心由欧洲向美国转移。作为最早进入工业化阶段的国家，英国钢铁工业在 1885 年以前一直是世界钢铁工业的中心；自 1886 年钢产量超越英国后，美国处于世界钢铁工业的领导者地位长达 85 年，占据世界总产量 35% ~ 60%，并在 1973 年达到历史最高点 1. 37 亿吨。

第二次增长重心由美国向日本和韩国转移。受 1974 年第一次石油危机影响，美国钢铁工业在全球的领导者地位逐步下降，钢铁工业增长重心由美国向东亚地区（日本、韩国）转移。1973 年，日本粗钢产量超过 1 亿吨，1993 ~ 1995 年粗钢产量一直保持全球首位。

第三次增长重心由日本和韩国向中国转移。自1996年中国粗钢产量突破1亿吨，并且超越日本成为世界第一大产钢国后，粗钢产量持续、高速增长，连续保持全球第一，2015年粗钢产量8.04亿吨，占全球产量的49.61%。

3.2 欧洲钢铁工业核心竞争力的演进

现代钢铁工业起源于欧洲，在欧洲工业历史上占有重要地位，一直是世界钢铁工业发展历程中举足轻重的角色。

3.2.1 二战前欧洲钢铁工业的发展期

发生在19世纪70年代的第二次工业革命，极大地推动了欧洲各国的工业化进程，也间接推动了钢铁工业的发展，可以说，近代钢铁工业的发展始于欧洲。英、法、德三国粗钢产量在1875年达到135万吨，占全球粗钢产量的70%以上。1870~1913年，世界各国工业化迅速发展，工业化进程的加快使得世界粗钢需求高速增长，在需求的拉动下粗钢产量也迅速提高。1880年，英国是世界最大的产钢国，粗钢产量为132万吨，占世界粗钢产量的30%。到1890年，世界粗钢产量为1240万吨，比1880年增长800万吨；虽然此时英国全球粗钢产量最高的地位已被美国所取代，但西欧的钢铁工业仍然在世界钢铁工业中占有重要的地位。由于转炉和平炉工艺的优化和完善，炼钢技术不断提高，在新技术和新工艺的推动下，欧洲粗钢产量迅速增长。到1910年西欧的粗钢产量达到2000多万吨，占世界粗钢产量的30%以上。

纵观第二次世界大战以前的钢铁工业，可以看出在这段时间内，钢铁工业的发展主要集中在西欧和美国，先进的生产技术、丰富的煤铁资源、方便的运输条件是推动钢铁工业发展的主要原因，钢铁工业发展呈现出产量不高，生产国较少，分布集中的特征。

3.2.2 二战后欧洲钢铁工业恢复期

第二次世界大战严重破坏了西欧各国的工业、交通等基础设施，战后急需进行恢复和重建。为支撑整个经济的恢复，钢铁工业作为基础工业，必须得到快速地恢复发展。在这样的背景下，西欧六国成立了欧洲煤钢共同体，推出了“欧洲煤钢共同体条约”，开始了西欧钢铁工业的战后初建。该条约以1950年法国外长舒曼提出的“欧洲煤钢联营计划”（即“舒曼计划”）为基础，“舒曼计划”建议各国将本国工业中的煤钢部门管理权委托给某一个独立的机构，成立欧洲煤钢共同市场，实现集中管理。以“欧洲煤钢联营计划”为基础，1951年4月德、法、意、荷、比利时、卢森堡在法国签订《欧洲煤钢共同体条约》，期限为50年。1952年7月，以“负责协调各成员国煤钢生产，保证共同体内部有效竞争”

为主要任务的欧洲煤钢共同体（ECSC）成立，《欧洲煤钢共同体条约》正式生效❶。战后西欧多数国家在对本国钢铁工业进行国有化改造的基础上，基本上都采取了扶植、资助和补贴等行政干预手段，在特殊时期内促进了钢铁工业的发展。

之后，在西欧经济快速恢复和发展，钢材需求量持续增加，同时炼钢、轧钢技术不断更新：氧气顶吹转炉炼钢、连续铸钢技术开始发展，带钢热连轧机和冷连轧机也开始应用，这些都极大地提高了西欧钢铁生产能力，从供需两方面的推动西欧钢铁工业以较快的速度恢复发展起来。1950～1965 年 15 年间，德国钢产量从 1200 万吨增长至 3600 万吨，增长了近 200%，年平均增长率达 13.3%；法国的钢产量从 800 万吨增长至 2000 万吨，增长了 150%，年平均增长率 10%；英国钢产量从 1600 万吨增长至 2700 万吨，增长了 69%，年平均增长率 4.6%。

3.2.3　二战后欧洲钢铁工业改扩建期

20 世纪 60 年代至 70 年代末期，为了促进当时钢铁工业的发展，西欧各国都对钢铁工业进行了大力扶植和资助，但是不同国家的扶植和资助政策并不完全一样，具体见表 3-3。

表 3-3　二战后西欧各国行政干预手段

国家	行政干预手段
英国	执政党政策
法国	对钢铁工业进行行政指导，直接干预钢铁工业的投资和规模的发展、控制钢材价格
意大利	对钢铁工业发展实行计划经济，把推进钢铁工业发展作为支持地区重工业发展的直接体现和政策手段
德国	不采取直接补贴，通过税务优惠政策来鼓励
荷兰	只控制钢材贸易
比利时	
卢森堡	

由于西欧各国采取的一系列行政干预手段，在一定程度上对陈旧、落后产能起到了保护作用，在这段时期内，钢铁工业迅速发展，钢铁产量和从业人员都快速增加，但随着钢铁工业整体竞争力的不断降低，钢铁行业的矛盾开始逐步明朗

❶《欧洲煤钢共同体条约》明确规定该共同体的基本任务是建立煤钢单一共同市场，取消相关关税限制，促进各国之间的公平竞争，为钢铁工业积极采用新工艺、新技术、实现现代化改造提供条件，推动各成员国钢铁工业健康发展。在之后的发展过程中，欧洲煤钢共同体为西欧的经济发展做出了重大贡献，并带动了欧共体的成立。

化。20世纪70年代起，西欧钢铁行业出现了产能严重过剩、生产效率低下、劳动成本高昂、国际竞争力降低等问题。各国政府只能以直接生产补贴或出口补贴等政策来保护其钢铁工业，继续维持高成本的企业开工率。1973年第一次石油危机后，由于受政府大力扶持所带来的生产能力增长过快、生产能力远高于实际需求的矛盾问题逐渐暴露出来。钢铁工业陷入了投资消费失衡、产能过剩、生产成本高昂、产品竞争力、无序竞争激烈低下、企业亏损严重的困境。在此情况下，为了维持社会稳定、保持高就业水平，西欧各国政府以不同方式大规模注资钢铁行业。因此，尽管需求急剧下降，依靠着政府补贴，各钢铁企业仍然全力生产，新建钢厂，继续扩大产能，进一步加剧了供求矛盾。

3.2.4　二战后欧洲钢铁工业调整期

钢铁行业的情况持续恶化，落后产能被保留，新建项目上马，西欧粗钢产量进一步增长，钢材产能过剩的形势更加严峻，钢材价格进一步下跌，企业的利润空间继续收缩。而各国实施的行政支持政策，破坏了市场竞争，进一步加剧了西欧钢铁形势的恶化。

为解救危机中的钢铁工业，从1980年开始，欧共体采取了一系列行政干预手段，如限制各成员国粗钢产量；规定产量限额；对大部分品种的钢材贸易量设置最高限额；设定最低价格；评估各钢铁企业竞争力，完善钢铁行业补贴制度；淘汰落后产能，稳定市场秩序等。

20世纪90年代初期，受到经济不景气的影响，钢铁需求进一步萎缩，欧洲钢铁工业生产能力再度出现大幅过剩局面。因此，欧盟继续采取削减产能的行政干预手段，1993~1995年削减过剩产能1900万~2600万吨。

20世纪80年代，国有化体制开始退出西欧钢铁工业，私有化浪潮开始冲击西欧各国钢铁工业基础。80年代中期，欧共体的自愿限制体系也逐渐走向消亡。钢铁工业受保护程度极大地被削弱，之前得到的支持与扶持从1985年开始大幅减少，只是在某些特殊情况下可以争取到政府的资助。“国有企业”逐步退出舞台。1988年，欧盟国有钢铁企业的钢产量占全国产量比例不到5%。

欧洲钢铁行业在经历长达20余年的衰退后，各国政府意识到：要使钢铁工业走入良性发展的轨道，只能遵循市场规律，化解过剩产能，并且实现钢铁行业整体的转型升级，过度的行政干预既降低了市场效率，又阻碍了钢铁工业的健康发展。自20世纪90年代中期后，德国联邦政府就停止了各类针对钢铁工业的补贴，回拢原先介入钢铁企业生产的资金，开始实行以市场调节为主、宏观调控为辅的产业政策。

3.2.5　二战后欧洲钢铁工业稳定发展期

20世纪90年代末期后，西欧钢铁工业私有化开始有序进行，真正意义上的跨国钢铁公司在这一时期应运而生。起初的合资和兼并还只是局限于国内，从20世纪90年代后期开始，向跨国并购方向发展。随着钢铁工业全球化的时代的到来，世界钢铁工业的发展趋势是：将出现一批地理位置相对集中、生产规模大的企业集团。

20世纪末期，在世界经济全球化的发展趋势下，私有化逐渐取代国有化，并购难度降低，欧洲钢铁企业并购的规模急速扩大，钢铁行业兼并重组达到高潮，其中以蒂森和克虏伯公司的合并最为世人所瞩目，发生并购的公司粗钢生产能力共计4300万吨，达欧洲产量的30%。进入21世纪，欧洲钢铁工业兼并重组案例不断涌现，并形成数家具有国际竞争力的大型钢铁公司，欧洲钢铁工业目前逐渐形成以蒂森克虏伯公司、安赛乐米塔尔欧洲公司、塔塔钢铁欧洲公司三家大型钢铁企业为主导的钢铁行业格局。

此外，世界经济全球化成为推动欧洲钢铁工业兼并重组的主要动力。从需求拉动方面来说，主要下游行业——汽车制造业并购活跃，从而对钢铁工业形成了多基地、跨国、规模供应的需求，间接推动了钢铁工业的更大规模、更大地域范围的并购重组。从外部环境变化来说，1999年1月1日欧元的启动对欧洲经济形成压力，使得欧洲市场更加开放，竞争也愈加激烈。单一货币制度使得钢材价格的透明度更高，在市场规律的作用下，欧元区国家钢材的价格趋于统一，因此钢铁工业生产中规模效益的优劣和分销网络的大小成为决定企业生存的重要因素。自此开始，欧元区内的钢铁企业都加速进行规模结构和经营战略的调整，以实现规模效益最优和分销网络覆盖最大，提升其竞争能力。

2008年下半年开始，全球金融危机爆发，欧洲粗钢产量大幅下降，进入2009年上半年，欧洲各大钢企对粗钢产量继续进行限制，直到2009年中期才逐渐开始恢复。随着欧盟规模的不断扩大以及各成员国之间政治经济的不断融合，欧盟内部钢铁贸易更加通畅，因此欧盟钢铁行业具有更加光明的前景，并逐渐呈现出以下四大趋势[1]。

（1）产能更加集中。随着安赛乐米塔尔这样的超级钢铁公司的建立，欧洲其他传统的本地大型钢铁企业受到强大的挑战。为了提高自身竞争力，防止被收购，今后欧洲钢铁行业仍将会不断的兼并重组，产能集中度也将不断提高。

（2）倾向高附加值产品。面对更加激烈的市场竞争，为了保持在国际上的竞争优势，欧洲钢铁行业将主要通过降低成本、技术创新来生产高附加值产品。

（3）积极走出去。欧洲大部分地区已完成了工业化，对钢材的需求将相对稳定，而欧洲自身缺乏原料，劳动力成本也相对高昂，因此欧洲钢铁企业会积极向全球发展。会加大在中国、印度、巴西等原料丰富、成本低廉、市场广阔的国

---

[1] 刘彪. 欧洲钢铁工业的发展与展望［J］. 冶金信息导刊，2009（12）.

家的投资力度，努力抢占市场份额，扩大全球影响力。

（4）环保需求紧迫。环境问题已成为全世界关注的问题，钢铁行业作为排放大户，节能减排也成为其被关注的焦点。未来欧盟的环保法规将更加严格，欧洲钢铁工业将面临更大的环保压力，其工艺结构的调整将会不仅仅局限在成本降低、产品开发等方面，而会逐步将研发重心转移至各类先进环保技术开发；甚至其生产重心在环保压力加大的情况下，也会适度向外部转移。

欧洲钢铁工业的发展大致可分为五个阶段。第一阶段：第一次工业革命后，蒸汽时代到来，钢铁生产进入规模化生产时代，欧洲钢铁工业得到了飞速的发展。第二阶段：第二次工业革命后，随着炼钢、轧钢工艺技术的不断优化和完善，各国工业化进程的加快，推动钢材需求量和钢材产量的持续增加，欧洲钢铁工业步入加速发展期。第三阶段：第二次世界大战后，为恢复遭受严重破坏的基础设施，通过组建煤钢共同体，国有化钢铁企业，采取扶植和补贴等政策，促进了欧洲钢铁工业的快速恢复。第四阶段：20 世纪 80 年代后，钢铁工业产能过剩、成本高昂、效率低下、亏损严重，为摆脱困境西欧钢铁工业进行了私有化改革，钢铁工业逐步好转。第五阶段：20 世纪末至 21 世纪初，欧洲钢铁工业通过大规模的兼并重组，建立起数家具有国际竞争力的大型钢铁集团，并依靠其先进的生产工艺，成熟的产品市场，前瞻性的产业布局，在世界钢铁工业中上占据重要的地位。

3.3 美国钢铁工业核心竞争力的演进

美国的钢铁工业中心由邻近五大湖区的五个州组成，即伊利诺伊州、密歇根州、印第安纳州、俄亥俄州和宾夕法尼亚州。美国钢铁工业中心的有利条件主要是靠近原料基地和市场、交通便利。苏必利尔湖沿岸的大铁矿储量近 80 亿吨，占美国全部储量的 80%，宾夕法尼亚有丰富的煤炭资源，伊利湖附近有丰富的石灰石矿；靠近苏必利尔湖，交通便利，铁矿石以水运方式可直接送至各钢厂，而且运费低廉；临近产品销售市场，沿湖地区是著名的机器制造工业区、汽车工业区和金属加工工业区。具备以上发展钢铁工业的优势，美国五大湖区形成了匹兹堡、克利夫兰、芝加哥、布法罗和底特律五大钢铁基地，构成了美国钢铁工业的发展中心[1]。

3.3.1 1864 ~ 1880 年产业革命时期

1864 ~ 1880 年，美国钢铁产量的年增长速度达 40%，从而使美国钢铁工业迅速具备了庞大的生产能力，且品种全，质量好，技术先进。

---

[1] 罗汉. 美国的钢铁工业 [J]. 鞍钢技术，1986 (6).

美国于1864年在密歇根州的怀安达特兴建了第一家连续批量生产转炉钢的工厂，这种炼钢工艺同时也被称作酸性转炉法。随后，采用这种炼钢法的厂家迅速增加，到1876年，先后已有13家转炉炼钢厂建成投产，1880年全美转炉钢产量增加到100万吨，美国钢铁工业的基础就此形成。

美国早期生产的钢，几乎全部用于生产钢轨，来取代铁轨。1880年钢轨产量达到80万吨，共耗用当年转炉钢产量的91%。

3.3.2　1881～1920年工业化初期

1881～1920年，美国粗钢年产量的增长速度达到了10%，远超英、法、德等欧洲国家。

19世纪80年代到90年代，因致力于修建横贯本土的铁路干线，美国钢轨需求量猛增。各钢铁企业的产品主要供应钢轨和机车制造用钢。到1890年后，造船工业和建筑行业也逐步成为了钢材产品的需求大户。自19世纪90年代中期美国粗钢产量一直保持世界首位，直到1974年才被前苏联超越。

随着钢铁工业的规模发展，单个企业不可能只依靠单一的炼钢技术就可以生存，而建设包括高炉、转炉、平炉和轧机等的钢厂所需的资金也无法由个别企业独自来负担，从而推动了许多小厂家的联合，表现为钢铁厂家减少，生产规模扩大。到20世纪初，美国的钢铁工业为适应国内需求而进一步迅速发展，形成了国家钢公司、阿姆科钢公司、共和铁钢公司等许多大的钢铁联合公司，在1901年组织成立了美国钢公司，该公司包括了卡内基钢公司及摩根财团的公司，莫尔及盖斯特的股份，洛克菲勒财团的苏必利尔湖联合矿山，拥有14亿美元资金，成为当时世界上最大的一家钢铁联合企业。

这段时期内，美国的钢铁工业发展主要表现为三个特征[1]：

（1）保持钢铁工业的技术进步。在钢铁工业发展上，重视新技术的引进和采用，并在此基础上加以发展和创新。和英、法等欧洲国家相比，美国的资本主义发展要晚得多，但其在工业化初期，不仅充分利用了国外的先进工艺技术，引入了先进的装备，还加以改进，创造出许多新工艺和新设备，推动了当时钢铁工业的发展。

（2）钢铁基地布局合理，交通条件便利。美国是世界上铁路里程最长的国家，1910年的铁路里程就达到将近40万千米。铁路的大量修建与钢铁工业的快速发展相辅相成，从钢材消费来说，铁路建设所需要的大量钢材，从需求方面极大地拉动了钢铁工业的发展；从运输方面来说，发达的铁路交通网络，为钢铁工业的原材料和产品的运输提供了便利。同时，五大湖地区的水运和海运优势也促

---

[1] 李拥军，史慧恩，高鹏. 美国钢铁工业发展对我们的启示［J］. 中国钢铁业，2008（7）.

进了钢铁工业的发展。

(3) 多次合并，高度集中。这是美国钢铁工业生产发展史上的一大特点。从1889年五家独立钢厂以2500万美元资金在芝加哥组成美国第一家伊利诺伊钢公司开始，卡内基钢公司通过兼并和吸收组成钢铁联合企业、斐德雷尔钢公司和国家钢管公司等几家企业联合组成美国桥梁公司、莫尔公司兼并8家独立钢厂组成国家钢公司，最后成立世界最大的钢铁联合企业美国钢公司等一系列兼并重组，适应了当时钢铁产业规模化的资金需求，也避免了大部分钢铁公司间的恶性价格竞争，推动了技术和资源共享，极大地提高了美国钢铁工业的竞争力。

3.3.3 1920~1955年工业化中期

20世纪初，随着酸性转炉炼钢法逐步被平炉炼钢法取代，蜂房炼焦法被焦干馏法取代，在生产工艺变革的推动下，钢铁工业生产能力进一步扩大。并且首次试轧成宽缘工字钢，在高层建筑中得到了初步试用。过去的钢铁企业主要以生产钢轨、建筑钢材、中厚板及钢管为主，但随着汽车工业从1920年产量220万辆到1929年产量530万辆，年平均产量达到400万辆的水平后，汽车制造业飞速发展，薄钢板的需求量急速增加，手工操作的薄板轧机生产能力已经无法满足日益增长的汽车工业薄钢板需求。在此情况下，美国轧机公司、布特勒锻钢轮公司相继开发出了热带钢轧机和热带钢轧机工艺，极大地提高了薄规格钢材产品的生产效率。到1929年薄规格扁平轧材产量达到915万吨，是1920年的420万吨的2.2倍。连续热带钢轧机的开发是钢铁工业生产工艺的一次革命性变革，既满足了急速增长的钢材需求，又推动了钢铁工业技术水平的不断进步。

在这一高速增长之后，1929~1933年的资本主义世界经济危机席卷了全世界，美国国内的工业大部分减产或者停工，1932年美国的钢产量为1235万吨，比1929年的5200万吨下降了3965万吨。汽车产量从1929年的530万辆下降到1932年的140万辆，对钢铁工业造成了严重影响。

美国钢铁工业的快速复苏受益于20世纪30年代爆发的第二次世界大战，自1941年美国参战以后，钢铁工业发展突飞猛进，在1944年粗钢产量达到7325万吨，是当时日本钢产量的9倍。由于为全球战争提供装备及原料，美国钢铁工业积累了雄厚的资金，并利用这部分资金加上联邦政府的投资，在1940~1945年间新增了1150万吨的粗钢生产能力。当第二次世界大战结束时，由于免受战火侵袭，与其他遭受战争破坏的国家和地区钢铁工业破坏严重相比，美国的钢铁工业生产规模更大，效率更高，竞争优势明显。

20世纪40年代后期，美国的钢铁产量占全世界产量的50%以上。进入50年代，朝鲜战争的爆发使钢铁的需求量增加，加之国内的经济快速发展，美国钢铁生产能力新增超过4000万吨。

通过工业化初期的兼并重组和第二次世界大战对钢铁需求的影响，美国的钢铁工业有了飞速的发展。在 1935 年美国年产钢能力超过 40 万吨的钢厂有 44 家，其中年产钢能力超过 100 万吨的钢铁企业有 18 家。1953 年全国钢产量突破亿吨大关，在世界范围内长期处于领先地位。

3.3.4　1956 ~1975 年工业化完成后期

20 世纪 60 年代的美国钢铁工业，开始从扩大生产能力向设备和工艺的现代化转变，兴建了 12 套新型连续式热带钢轧机，淘汰大部分已经过时的平炉炼钢设备。1959 年美国发生了钢铁工人大罢工，为期 116 天，在此期间钢铁生产几乎停滞，国内的需求者只能购买国外市场的钢材，使美国的钢铁工业第一次意识到来自国外市场的激烈竞争，而美国第一次变成了钢材净进口国家。

在原料供应方面，美国钢铁工业开展了世界性铁矿资源的探查工作，1950 年前后钢铁公司和矿业公司在西非、委内瑞拉和加拿大找到了储量丰富的高品位铁矿，60 年代在巴西和澳大利亚发现了储量可观的铁矿床和富铁矿。为满足迅速增长的原料需求，美国钢铁工业提出了以进口富铁矿搭配境内贫铁矿加工使用的原料战略，不仅在世界范围寻找丰富的铁矿石资源，还大规模投资国内选矿设备，对美国境内特别是苏必利尔湖区的贫铁矿，增加了破碎、浓缩、精选和球团等多道工序和设备。

上述事实表明，20 世纪 60 年代是美国钢铁工业集中资金和技术进行设备工艺现代化和原料开发保供的 10 年。到 1970 年，美国自身钢铁工业的总生产能力已经达到 1.3 亿吨，原料供应充足。

在这段时期内，美国粗钢产量的年均增长率仅为 0.5%，大大低于 1920 ~1955 年的 7%。1973 年其粗钢产量达到 1.37 亿吨，是截至目前美国钢铁工业历史上最高的产钢纪录。

从 1973 年后，美国粗钢产量开始滑落。以 20 世纪 70 年代为分界点，由于即将进入后工业时代，美国钢铁工业在美国经济中的地位发生了变化，由重要的支柱产业转变为重要的基础产业，一直受到美国政府的贸易保护。

3.3.5　1975 年后"衰退期"

1973 年和 1980 年先后出现的两次全球性的石油危机，引起了世界性的经济大萧条，直接导致了 1975 年以后全世界钢铁工业严重衰退，美国钢铁工业由于受国外廉价钢材冲击的影响，于 1977 年首次出现亏损，产能扩张计划被迫搁浅。一些钢铁生产企业被迫关闭，到 1980 年生产能力减少 1150 万吨。到 1982 年美国粗钢产量仅为 6766 万吨，产能利用率仅为 50%。

1980 年以后，美国经济的核心逐渐由传统的制造业向以信息化为代表的现代产业转移，标志着美国进入了后工业化时代。美国的钢铁工业在信息化产业迅速发展的带领下，通过应用现代化产业发展的新成果，进行了大范围的管理革新和工艺技术改革，有效推进了钢铁企业管理效率的提高和生产工艺的优化，促进钢铁工业发展方式的转变。

近年来，美国年粗钢产量一直保持在 9000 万吨左右，随着钢铁企业经济效益的不断改善，国际竞争力有所提高。在美国经济结构调整、经济核心转移的影响下，美国钢铁工业的管理、技术创新和工艺改革又焕发出了新的活力，成为支撑美国钢铁工业发展的动力。

1864～1880 年的钢铁工业是美国经济的支柱产业，在这段时期内先进的炼钢工艺和旺盛的钢材需求是钢铁工业迅速发展的主要推动力。在 1881～1920 年美国钢铁工业结构优化的调整时期，钢铁工艺的技术进步、便利的交通条件以及钢厂合并后的规模经济优势是美国钢铁工业保持高竞争力的主要原因。在 1920～1955 年的钢铁工业大致可以分为三个阶段：初期技术革命的升级，推动了钢铁工业的高速发展；中期 1929 年发生的世界经济危机严重打击了美国钢铁工业，钢材产量和消费量急速下滑；后期受第二次世界大战的影响，钢材需求量大幅增加，钢铁工业得以迅速复苏，且生产规模更大，效率更高。在经历高速发展后，1956～1975 年美国钢铁工业发展重心开始由生产规模扩大向设备工艺更新、原料开发保供方面转移，由于受经济结构调整，在美国经济中的地位由支柱产业转变为重要的基础产业。1973 年后的世界性石油危机造成了美国钢铁工业的衰退，但是由于 20 世纪 80 年代后期的信息化迅速发展，使得管理效率提高，生产工艺优化成为钢铁工业新型的发展方式。

3.4 日本钢铁工业核心竞争力的演进

近代日本钢铁工业的发展源于新日铁的前身——八幡钢铁厂的建立，经过 100 多年的发展，在先进的工艺技术和管理模式推动下，克服国土面积狭小，资源能源匮乏等先天禀赋不足的影响，钢铁工业发展一直位居世界前列，1980 年粗钢产量达 1.11 亿吨，超越美国位居世界第二，1993～1995 年粗钢年产量保持世界第一，而且在工艺技术开发和生产装备制造方面始终处于世界领先，既大且强是日本钢铁工业的真实写照。其钢铁工业的发展，主要是在战后经济恢复时期，受益于合理的产业政策，得以飞速发展，所以本书研究其钢铁工业始于战后重建时期。

3.4.1 战后恢复时期（1946～1950 年）

停战后初期，美国对日本重工业建设进行了战略限制，将用于军备用途的钢铁生产设备全部拆除作为战争赔款，钢铁生产处于停滞状态。但 1946 年底以后，世界局势发生了变化，美国开始大力扶持日本经济的发展，日本抓住这个有利时机，首先恢复农业和轻工业，之后走上了以重工业和化工行业为重心的工业现代化之路，钢铁行业成为了重中之重。政府加大了对钢铁工业的扶持力度，在从1947年7月份起的三年半时间里，补贴达916亿元，该数额几乎是同期钢铁投资总额的七倍。

在美日政府的大力扶持之下，从1947年日铁轮西四号高炉点火开始，日本钢铁工业得到了快速发展。1950年朝鲜战争爆发后，在美国大量军事需求的支撑下，日本钢铁工业一年的生产增加了50%，实现了战后第一次收支平衡。1951年钢产量增加了166.3万吨。钢材出口量从1949年的29万吨增加到1951年的199万吨。为美国提供大规模军火、军需器材和给养，极大发展本国工业，这种“战争推动”型的发展不仅给钢铁工业带来了高额利润，也为其他工业的发展提供了发展契机，为其快速推进现代化提供了资金来源，极大地支撑了原燃料进口，先进设备和工艺技术的引进。

3.4.2　第一次“合理化计划”（1951～1955年）

到1950年底，日本钢铁工业结束了恢复时期，在合理的产业政策引导下，迎来了飞速的发展。

朝鲜战争爆发后，面对美国的大力扶持，日本政府提出发展现代化工业方案，即通过对钢铁、电力、煤炭和海运四大工业设备进行技术改造，实现工业现代化。1951年，日本陆续制订了第一次钢铁工业合理化计划和其他工业合理化计划，1952年制订了“企业合理化促进法”，以作为制度保障鼓励投资，同时制订了进口机械免税制和特别偿还制，鼓励引进先进设备和技术。这一期间，日本共投资1282亿日元（折合3.6亿美元），其中61%用来进口机械设备。

第一次“合理化计划”旨在扩大钢铁产能，主要是对原有生产设备进行技术改造并新增设备。此次计划重点投资关键企业和部门。企业方面，政府重点支持八幡、富士、日本钢管、川崎、住友、神户六家钢铁公司。生产部门方面，重点对在钢铁工业现代化过程中其核心作用的普钢轧钢部门进行投资。此次计划投资的95.5%用于普钢投资，其中50.4%用于轧钢，而轧钢部门安排40%投资用于引进冷、热轧带钢轧机。1955年，轧钢能力达到1598万吨，比1950年增加25.8%。其中热轧带钢能力和冷轧带钢能力分别增长4.5倍和7.7倍[1]。

经过第一次“合理化”，日本钢铁工业有了较大增长。一方面产量大幅提升，1955年钢产量比1950年增加了一倍。一方面质量和技术得到较大提高。在这期间，日本先后引进带钢热镀锌设备和热轧硅钢板技术、宽幅冷轧带钢轧机设

---

[1] 曲殿喜. 战后日本钢铁工业及其技术改造（四）［J］. 鞍钢技术，1985（9）.

备和技术、连续轧机设备和技术、连续铸钢法生产技术等先进设备和技术。

3.4.3 第二次“合理化计划”（1956～1960年）

第二次“合理化计划”期间，日本工业投资踊跃，共计投资6255亿日元（折合17.4亿美元），比第一次“合理化计划”增加了3.8倍，并超过同期的英国投资总额和西德投资总额。由于第一次“合理化计划”效果显著，此次计划的资金借款部分比重下降，外资比重显著增加。

通过第二次“合理化”计划，日本钢铁工业取得历史性进展，实现了整个工厂现代化，生产体制由平、电炉为主转变为以高炉－转炉为中心，并涌现出一批现代化沿海钢铁联合企业，如和歌山（住友金属）、水江（日本钢管）和户烟（八幡）等企业。这些企业不仅从国外引进先进技术和设备，同时对标美国先进企业管理模式，引进岗位责任制、工程管理制等先进管理制度，对充分发挥先进技术和设备的作用起到了推动作用。

经过第二次计划，钢铁工业各工序产能得到不同程度的提高，其中炼铁能力年产量达到2733万吨（高炉平均日产能力1961年达到1000～2000吨，比1955年增加了1400～1500吨）。而随着产量的增加，管理水平的提高，劳动生产率得到明显提高，成本得到明显改善。

3.4.4 第三次“合理化计划”（1961～1970年）

第三次合理化计划以池田内阁提出的“国民倍增计划”为依据，规划在10年内实现国民收入翻一番，并以工业结构（包括企业规模、设备能力和技术水平）最先进的美国为目标，推动日本工业向结构高度化方向发展。而钢铁工业是整个工业的基础，为此日本特别重视对钢铁工业的投资。第三次“合理化”共投资32566亿日元（折合90.4亿美元），投资额为前两次合理化计划投资总和的4.3倍。1970年，钢铁设备投资第一次超过美国，达到18.9亿美元，成为世界最大的钢铁投资国。而此次计划所需资金的内部筹措比例进一步增加，1966年到达了70%。

同前两次“合理化”通过对设备进行技术改造和扩建来提高产能不同，此次“合理化”重点是通过填海造地，建设年产钢1000万吨以上的现代化大型钢铁厂。在此期间，日本从国外引进了中央处理计算机提升自动化水平，并在1966年进入实用化阶段。另外一个重要的进展是实现了钢铁设备的国产化，进口设备比例由第一次合理化期间的18%降低到1%以下。经过这次“合理化”，日本已从钢铁技术输入国变成输出国，从出口单向设备发展到成套设备，并具备为国外设计和建造现代化大型钢铁厂的技术能力。经过第三次合理化计划，除轧钢和特钢外，日本钢铁设备在数量、规模和技术水平上都已赶上甚至超越世界先进水平。

3.4.5　1970 年后

20 世纪 70 年代初期，日本钢铁工业发展速度依旧保持较高水平。1973 年粗钢产量达到 1.2 亿吨，创造了日本自产钢以来的最高纪录。但之后受石油危机（日本生产所需石油 100% 进口，石油价格暴涨冲击日本石油进口）和国际货币体系动摇的影响，钢产量开始下降，年产量 1 亿吨左右，1982 ~ 1983 两年连续下降到 1 亿吨以下，1984 年才恢复到 1 亿吨以上。

尽管如此，日本钢铁工业设备投资依旧保持增长。在从 1971 ~ 1977 年的 7 年时间里共完成投资 206 亿美元，比三次“合理化”投资总额高出接近一倍，比同期的美国钢铁设备投资高出 30% 以上。在此期间，二次“合理化”期间建设的大型沿海钢铁厂进行扩建，继续扩大生产能力。福山厂于 1971 年和 1973 年建设的四号高炉（$4197m^3$）和五号高炉（$4617m^3$），新日铁大分厂于 1976 年新建的 $5000m^3$ 高炉都是当时世界最大的。

但是受 1973 年石油危机的严重影响，能源几乎全靠进口的日本钢铁工业成本升高，同时产能严重过剩，企业举步维艰。在这种不利形势下，日本钢铁业从 20 世纪 70 年代后期开始转型升级，从以产量为中心转移到以提高生产效率、降本增效、提高自动化水平和环境保护上，从而提高国际竞争力，如 1980 年日本在节能设备上的投资占到钢铁工业总投资的 50% 以上。设备方面，降低设备数量，增加设备容量，向大型化方向发展。

因此，20 世纪 70 年代以后日本钢铁工业的发展，并不表现在钢铁产量的增长上，而是表现在提高竞争能力：提高生产效率；降低消耗，降低成本；提高自动化水平；加强环境保护。70 年代以后日本钢铁工业，为适应国际竞争环境，以提高操作技术和提供技术情报、海外建厂或提供技术合作、系统采用电子计算机、出口设备、开发钢铁应用技术等为方向，向着知识集约型发展。

二战后的日本钢铁工业经历了内外部经济环境优化，产业规模和产量的快速增长。通过战后恢复期的“倾斜生产方式”政策，钢铁工业迅速恢复和发展，而 1951 ~ 1970 年的三次“合理化”计划，完成了从炼铁、炼钢到轧钢整个生产过程的设备更新和技术改造，钢铁工业装备水平不断提高，其竞争优势更多地体现在劳动生产率提升、钢材质量提高方面。20 世纪 70 年代以后受世界石油危机影响，日本钢铁工业开始淘汰落后产能，这段时期内日本钢铁工业的竞争力主要表现在能源结构优化、节能技术开发、成本降低。日本政府制定的产业政策大多是有利于大企业发展的，使得钢铁企业不断发展壮大，在获得规模经济的同时，成为日本钢铁工业的核心，提高了整个钢铁产业的核心竞争力。

3.5　韩国钢铁工业核心竞争力的演进

韩国粗钢产量在 1999 年世界排名第六，但其人口相对较少，人均产钢量排在世界前列。在钢铁工业发展过程中，韩国采取计划经济与市场经济相结合的运作方式，加大国内原燃料的采购力度，提高国内的消费需求，打破了原燃料靠进口、产品消化靠出口的不利局面，韩国的钢铁工业取得了突飞猛进的发展。在短短的25年间，韩国钢铁工业取得了增长25倍的发展；受1997~1999年金融危机的影响，世界各国经济普遍下滑，然而，就在这两年间，韩国浦项取得了空前的发展，一举取得了世界最大钢厂的头衔。

韩国钢铁工业起步于20世纪60年代，先后经历了四个阶段。

3.5.1　起步阶段（1962~1972年）

韩国工业经济的起步阶段也是其经济发展史上最为重要的转折时期，在这期间，韩国一方面走发展替代进口消费品的一般工业化道路，另一方面积极发展劳动密集型工业，走出口主导型的发展战略道路，从20世纪60年代后期积极发展石化、机械、钢铁工业等重化工工业，以此来替代重化工产品的进口。在这一时期，韩国经济的发展实现了最终消费品的进口替代和重化工产品的进口替代。

60年代，韩国已经意识到钢铁工业在发展工业化社会中所起到的作用，曾两次试图向西方国家借款集中发展中小钢厂（产能为50万~100万吨/年），最终均未如愿。最后在1969年向日本贷款1.24亿美元，在日本八幡制铁、新日铁和NKK全力配合与支持下，浦项钢厂于1970年4月份开工建设，并于1971年7月份建成投产。

到1972年，仅仅经过10年的发展，韩国国民生产总值已达304美元/人，第二产业所占比重首次超过第一产业所占比重，上升到33.9%，而第一产业已下降为30.2%，在制造业中，重化工业发展迅速，10年间翻一番，所占比重上升为41.3%，但对韩国来说，为了加速工业经济的发展，提高其出口能力以及出口产品附加值，韩国首先需解决的问题是加快技术设备研发和原材料替代进口，减少对国外技术、原材料的依赖。

3.5.2　重点发展重化工业阶段（1973~1981年）

20世纪60年代后期，韩国开始实行重化工业发展政策，也就是推行生产资料进口替代。朴正熙总统在1973年1月发表“重化工业宣言”中指出，设立以国务院总理为直接领导的重化工业促进委员会。根据这个“宣言”，韩国制定了长达10年的重工业发展计划。该计划确定了以钢铁、化工为主的韩国六大战略工业，并制定了确保10年后重化工产品所占比率翻两番的保护政策。其中仅1978年一年，六大重工业部门就获得出口利息补助324亿元、获得直接税收减免441亿元。

为了支持和鼓励发展钢铁工业，政府专门颁布了扶持钢铁工业发展的法律——《钢铁工业育成法》。1970年4月份开工建设浦项钢铁厂，并于1971年7月份建成投产，不断发展壮大，产能逐步扩大到年产一千多万吨。浦项钢铁厂一期工程投产的结果是——韩国钢材自给率迅速提高，进口钢材比重明显减少。但面对韩国支柱工业如汽车、造船业的迅猛发展，韩国急需大量钢材，浦项钢铁厂当时的生产能力完全满足不了韩国工业发展的需求，最终促成二期、三期、四期工程的投产、竣工。经过十几年的施工建设，最终年生产粗钢已到1087万吨。

浦项钢厂投产的直接结果就是韩国钢产量的日益升高，这不仅扩大了国内钢材的需求，而且其钢材出口也大幅增长。仅仅十几年，浦项钢厂就显示了其国际化钢厂的规模和实力，其钢材产量占韩国钢材产量的一半，其出口比例高达60%。浦项在韩国的领头地位是韩国政府政策支持的必然结果。针对钢铁行业韩国专门颁布的《钢铁工业育成法》中明确指出："除浦项钢厂外，其他钢厂不得建设高炉冶炼，只允许建设电炉冶炼。"也就是说，由于韩国政府的政策倾斜，给予了浦项钢厂最大的支持就是紧缺的冶炼用焦煤和铁矿石只供浦项钢厂使用。

实践证明《钢铁工业育成法》20世纪在70～80年代极大地促进了韩国钢铁工业的发展，仅仅10年间，使浦项钢厂成为韩国的核心企业，也确认了其在国际上的领头地位，同时又极大地促进了众多低成本、高效益的电炉钢厂的发展。

3.5.3 调整经济结构，实现技术立国和稳定增长阶段（1982～1991年）

韩国的钢铁工业在20世纪70年代取得了突飞猛进的发展，特别是其产能有了极大的提高，与此同时，韩国政府意识到钢铁工业的发展离不开新兴技术，因此韩国在20世纪80年代将发展工业经济的重点目标定义为调整产业结构，开发新兴技术产业，实现技术立国和稳定增长。调整产业结构，即以产业比较优势为标准将韩国的产业划分为三个大类，他们之间相互协调发展。第一大类为传统的优势产业，主要包括汽车、石化、钢铁、纺织、家用电器、水泥以及造船等工业，发展的重点为提高产品附加值，减少进口比率；第二大类为韩国重点培育的、发展尚不成熟的主导产业，主要包括计算机、电子、精密化学、机械、材料以及航空等；第三大类为韩国的"未来产业"，他们均属于新兴技术产业，是发展知识技术密集型产业的前提条件，主要包括新材料、生物工程、信息以及新能源等。韩国政府本着技术立国这一基本目标，在进入20世纪80年代以后，发展工业经济的重点开始向技术与资本密集型转变，但为了保证工业生产规模的稳定扩大和国内需求，劳动和资本密集型的产业仍处于比较重要的位置。

在20世纪80年代初，韩国钢铁产能持续不断的扩大，这主要得益于美国限制日本钢材进入美国市场，从而给韩国钢材打进美国这一需求大市场创造了条件，韩国政府抓住这一时机，鼓励各个钢厂不断扩大产能，而且还专门成立了钢材出口公司——浦项公司光阳钢厂，经过15年的发展，韩国钢铁工业取得了空前的发展，粗钢产量翻两番，品种钢完全自给。

光阳钢厂以多且快，好且省为总建设原则，于 1985 年填海建设，获得速度快、质量好双丰收。主要体现为以下几点：

（1）造价、维护费用大大降低。第一，这得益于光阳钢厂冶炼系统采用了浦项钢厂成熟的大高炉冶炼技术；第二，光阳钢厂 61% 的设备都是由国内的厂商参与制造。

（2）产品品种以畅销国际市场的薄板、涂镀为主，年轧机能力达 1229 万吨。

（3）光阳钢厂采取国际招投标方式采购所需物资设备，所购设备必须集技术先进、环保、节约于一体，据统计，光阳钢厂环境保护投资金额约占总投资额的七分之一。

光阳钢厂的生产模式为批量大、品种少，那些批量比较小、品种比较杂的钢材任务由浦项钢厂承担。为此，浦项公司对浦项钢厂进行了改造，增设了产能为 100 万吨/年的厚板轧机 1 座、产能 30 万吨/年的不锈钢电炉 1 座、产能 25 万吨/年的热轧不锈钢轧机和产能 5 万吨/年的冷轧不锈钢轧机各 1 座，从而进一步提高了浦项公司高附加值产品的比例。

韩国政府大力发展钢铁工业的政策和投资的倾斜，进一步推动各大财团对钢铁行业投资的热情，这一段时间内其他钢厂也得以快速成长，各电炉钢厂的产量从 1985 年的 400 万吨水平提高到 1995 年的 1320 万吨规模，形成了品种齐全的钢材产品，实现了整体结构调整的任务，钢材出口档次得以同步提高。

3.5.4 工业腾飞阶段（1992 年后）

1992 年以后，韩国钢铁工业的产能仍然在膨胀。浦项公司在资产负债率保持 50% 的条件下，除新建光阳 5 号高炉、扩大浦项钢厂不锈钢产量外，还注重新技术的研究开发并陆续新建了海外工厂。

当国际薄板坯连铸连轧技术在欧洲成熟后，浦项公司就在 1996 年引进，建成光阳小钢厂 1 号，产能 180 万吨/年；1997 年还采购了 2 号小钢厂的装备（后因金融危机而缓建）。浦项还会同奥钢联以 COREX❶ 技术为基础，研究开发了 FINEX❷ 技术，并计划到 2005 ~ 2010 年逐步取代中小型高炉。浦项的技术开发还体现在连铸比达到 98.6%、高炉利用系数达到 2.35、喷煤比达到 143.5kg/t、镀锡基板厚度可达 0.15mm 等多项居于世界钢铁业领先的指标上。同时，浦项顺应采购、销售两头在外的现实特点，加大在海外市场就地生产、销售的力度，陆续建设了 24 家合资的冷轧厂、涂镀厂和板卷剪切中心。浦项还在海外合资办矿，

---

❶ COREX 是由奥钢联开发的一种使用块矿或球团矿作原料、使用非焦煤作还原剂和燃料的熔融还原炼铁工艺，优点在于减少了烧结和焦化工序，1977 年研究，1989 年应用于生产。

❷ FINEX 是直接用粉矿和非炼焦煤粉冶炼铁水的新工艺，第一座装备于 2007 年在浦项投产。

开设直接还原铁厂和铁合金加工厂等实体，试图进行全球经营。

韩国钢厂的出口传统市场一直是日本、中国和东南亚地区。浦项将中国作为其出口市场和向第三国出口的生产基地，在沿海的大连、天津、张家港、顺德、广州等地陆续合资新建企业，分别经营不锈钢产品加工、热镀锌板卷生产和板卷加工剪切中心等业务。浦项当时还计划到2005年拥有50家海外钢铁生产和销售企业。与浦项类似，鉴于当时韩国金融管制相对松散，其他钢铁企业也大兴基建，鼎盛时总资本负债率高达434%。后来，韩宝、三美、起亚、丸永等企业陆续因债台高筑而纷纷陷入困境，加速了危机的到来。受1997年东南亚金融危机的爆发，韩国钢材出口全面下降，内需同步下滑，韩国金融形势的恶化抑制了出口信贷的执行，也间接抑制了钢材出口，韩国内外市场的接连恶化，深深打击了韩国的钢铁工业。虽然国际组织给予高额货币支撑，韩国钢铁行业直到1998年年底才恢复元气，到1999年4月达到经济危机前的生产规模。这期间，韩国钢铁行业进行了较为彻底的重组，进一步提高了韩国钢材在国际市场的综合竞争力。

从韩国钢铁工业短短30年的发展历程来看，其竞争力在不同发展时期的变现方式是不同的，在起步阶段规模扩大是竞争力提升的主要方式，在重点发展重化工业阶段和调整经济结构阶段，更多的体现在技术研发能力的提高和产品附加值的提高，进入工业腾飞阶段后，经营方式的改变以及全球性的产业布局是其竞争力提升的主要途径。

可以看出当市场环境好的时候，市场机制会充分发挥作用，优胜劣汰的压力促使钢铁企业不断进行技术创新和产品升级，提升竞争力；当市场环境不好时，完全依靠市场机制，并不利于行业的健康发展，而需要政府的有效干预。当然，不同情况下的政府干预是不同的，当行业丧失自我调节能力，就需要强有力的政府措施进行市场供需的平衡调整；当行业具备自我调节能力，政府需要做的就是建立健全法律法规，维护市场的公平合理，推进产业发展。

3.6　启示

从各国钢铁工业的发展历程来看，在不同的产业发展时期影响钢铁工业竞争力的因素是不同的，而产业政策的合理与否，在很大程度上促进或阻碍了钢铁工业竞争力的提升。

欧洲钢铁工业作为世界钢铁工业的发源地，其产业革命带来的技术进步和工业化迅速发展带来的旺盛需求极大地推动了钢铁工业初期的发展。在二战后的钢铁工业恢复期，政府宏观调控的作用开始显现，诸如扶植、补贴等一系列强有力的行政干预手段，在一定时期内促进了当时钢铁工业工艺、技术水平的提高，同时也在一定程度上保护了陈旧和落后产能，致使后期出现了产能的严重过剩。但是后期政府采取的补贴和注资行为，进一步破坏了市场竞争机制，钢铁工业竞争力持续下降，政府迫不得已采取了长时期的产能削减政策，并放开对钢铁工业的保护，通过私有化钢铁企业和充分发挥市场优胜劣汰作用，促进钢铁企业的兼并重组，进行新一轮产业布局和规模调整，提升钢铁工业竞争力。

美国钢铁工业长期保持竞争优势的基础是其合理的产业布局，而技术进步则是推动钢铁工业竞争力提升的关键因素。在美国钢铁工业发展初期，先进的炼钢工艺是推动钢铁行业快速发展的重要因素，在进入工业化时期后，合理的产业布局优势凸显，并通过引进、吸收和创新国外先进的工艺技术，受益于第二次世界大战带来的旺盛需求，加之市场化的并购重组带来的规模优势和技术资源共享优势，极大地提高了钢铁工业的竞争力。进入工业化末期后，以原料开发保供和设备工艺现代化更新为发展方向的资源保供战略和生产效率提升战略成为美国钢铁工业竞争力提升的战略导向。进入后工业化时代，美国钢铁工业的发展方式转变为更加注重运用现代化产业发展的新成果，推进钢铁工业管理效率的提升和生产工艺的优化，用以保持竞争优势。

日本和韩国的钢铁工业发展得益于两国合理的产业政策，日本钢铁工业发展初期，政府支持下的生产规模扩大和生产成本降低是钢铁工业迅速发展的重要动力，之后更新陈旧设备和优化生产工艺是其竞争力提升的关键，在生产能力达到瓶颈后，日本钢铁工业的发展重心转变为依靠信息化带来的管理效率提升和技术进步。进入产能过剩时期后，在相关产业政策引导下，日本钢铁工业的竞争优势表现为生产效率的提高、环境保护水平的改善和先进技术的输出。韩国的钢铁工业竞争力的演变历程可以归结为规模扩大，技术进步和产品附加值提高，全球性产业布局三个阶段，在发展初期，在政策引导下的生产规模扩大奠定了其钢铁强国的发展基础，在产能快速扩张后，政策引导方向侧重于钢铁工业的结构调整，由规模转变为技术进步，依靠技术进步，实现了钢材产品的多样化，提升了产品质量，提高了产品附加值。当其钢铁工业发展水平在国际上领先后，政府调控逐渐趋弱，市场调控占据主导，为化解国内需求不足的影响，韩国钢铁工业的发展方向转变为进行全球化的产能布局，在原料采购市场和产品出口市场开设工厂，实现全球化经营。

从世界钢铁工业增长重心转移来看，钢铁行业的竞争力演变大致可分为三个阶段：（1）在快速增长阶段，钢铁行业的竞争力更多地体现在自然资源的获取难易程度及产量规模的大小上；（2）在低速增长阶段，质量和成本因素是决定竞争力的关键因素；（3）在产能过剩时期，技术创新、产品结构和外部约束又成为企业以及行业能否取得和保持竞争力的决定因素。

4 我国钢铁工业现状及存在的问题

4.1 我国钢铁工业发展历程回顾及现状

新中国成立后，我国经历了不同的经济时期，在不同经济时期我国钢铁工业的发展状况也是不同的，可以概括的将钢铁工业的发展历程分为四个阶段，分别是 1949～1978 年的计划经济时期；1978～1992 年的改革开放初期，也可以称为计划经济向市场经济的转轨期；1993～2000 年的社会主义市场经济初期；2001 年至今的国民经济高速增长期❶。

（1）第一阶段（1949～1978 年）。

从新中国成立到改革开放前的 30 年间，中国钢铁工业的发展经历了“苏联模式向中国模式转变时期”、“两个高速发展时期”、“三次大规模基建投资时期”和“产业发展停滞时期”。

1）苏联模式向中国模式转变时期。

1949～1956 年间，在苏联的大力支持下，中国钢铁工业的发展模式几乎全盘照搬苏联。在 1956 年毛泽东主席发表《论十大关系》后，中国钢铁工业的发展从“照搬苏联模式”向“以中国实际国情为基础，总结学习苏联经验教训，充分发挥中央和地方的积极性，走大、中、小结合的发展之路”转变，对当时中国钢铁工业的发展起到了积极的指导作用。

2）两个高速发展时期。

1953 年到 1957 年第一个五年计划期间，是我国钢铁工业第一个高速发展时期，在这五年中，粗钢产量平均每年增长 80 万吨，平均增长率 31.6%，到“一五”末，粗钢产量达到 535 万吨。

1963 年到 1965 年国民经济调整时期，是我国钢铁工业第二个高速发展时期，这段时期内，粗钢产量年均增长 185 万吨，平均增长率达 22.4%，1965 年末粗钢产量达到 1223 万吨。

3）三次大规模基建投资时期。

第一次大规模基建投资时期在 1953～1957 年第一个五年计划期间，苏联 156 个援建项目开始实施，其中有关钢铁项目的有 8 个，主要为新建武钢、包钢、承钢、齐齐哈尔钢铁厂、吉林铁合金厂、吉林炭素厂、改扩建鞍钢和本钢等。与此

---

❶ 中国钢铁工业协会. 纪念新中国钢铁工业 60 年［J］. 中国钢铁业，2009（10）.

同时，对大冶钢厂、太钢、唐钢等近20个企业也实施了改扩建工程。

第二次是1956年后进入全面建设社会主义时期，中国钢铁工业规划并开始建设“三大、五中、十八小”，这也是我国钢铁工业的产业布局基础。三大是年产钢规模320万吨的鞍钢，年产钢300万吨的武钢和包钢；五中是新建、扩建年产钢规模50万~100万吨的五个中型钢铁企业，即扩建太钢、重钢、马钢、石景山钢铁厂和新建湘潭钢铁厂，选定这五个地方的原因是由于装备、交通、资源等具有一定优势，本身就有一定的钢铁生产基础；十八小是新建十八个小型钢厂，以临近煤、铁资源地为布局原则，即邯郸钢铁、济南钢铁、临汾钢铁、新余钢铁、南京钢铁、柳州钢铁、广州钢铁、三明钢铁、合肥钢铁、江油钢铁、新疆八一钢铁、杭州钢铁、鄂城钢铁、涟源钢铁、安阳钢铁、兰州钢铁、贵阳钢铁、通化钢铁等。当“三大、五中、十八小”完成后，我国已经初步建成有一定规模和技术水平的钢铁工业体系。

第三次是20世纪60年代中期开始的以“备战备荒为人民”“好人好马上三线”为口号的三线建设，我国进行了一次由东向西的大规模工业迁移，钢铁工业布局也随之调整。新建了攀钢、长城特钢、峨嵋铁合金厂、水城钢铁厂、遵义金属制品厂、乐山轧辊厂等；恢复建设了酒钢、兰钢、略钢；扩建了成都无缝钢管厂、重钢、重特、昆钢、贵钢、遵义铁合金厂，还有鞍钢援建宁夏石嘴山钢绳厂。可以看出，这次的工业布局调整是典型的计划经济产物，建设地点都比较偏僻，资源得不到有效配置，效率低下。这三次基本建设高潮的开展，为新中国钢铁工业日后发展打下了重要基础。

4）产业发展停滞时期。

1958年“大跃进”的高指标、大办钢铁、浮夸风，“文化大革命”中的破坏、整顿、再破坏，以及其后的“闹翻番”、“洋跃进”等脱离实际、违背钢铁工业发展规律的行为，使中国钢铁工业在十几年的时间里，走了一段坎坷、曲折的道路，使中国钢铁工业付出了沉重的代价。

在1949~1978年这段时期内，粗钢产量由15.8万吨增长到3178万吨，年平均增长109万吨，年均增长率20%。除产量迅速增长外，钢材品种结构优化也取得了一定进展，如1952年板管比为12.3%，1978年达到32.3%；低合金钢、合金钢比例也由1962年的10%增长到1978年的16%。吨钢综合能耗持续降低，钢材自给率大幅提升。国家对钢铁工业的总投资达到615.28亿元，其中基本建设投资526.46亿元，更新改造投资88.8亿元，分别占比85.6%和14.4%。通过将近30年的努力建设，到1978年我国已初步建立起要素结构比较完善、辅助部门比较齐全、产业布局较为合理、企业规模大中小相结合的具有3500万吨钢生产能力的中国冶金工业体系，为中国钢铁工业未来高速、稳定发展奠定了坚实的基础。

（2）第二阶段（1978～1992 年）。

自 1978 年改革开放后到 1992 年的 14 年中，利用外资、引进和应用国外先进装备及技术成为驱动我国钢铁工业发展的重要因素。在利用国外先进装备和技术新建了宝钢和天津无缝钢管公司两座现代化大型钢厂外，还对部分老钢厂进行了技术改造和装备升级。这段时期内我国钢铁工业利用外资 60 多亿美元，从国外引进了 700 多项先进技术，大大提高了我国钢铁工业的工艺技术和生产装备水平，缩小了与世界先进水平的差距。

在产业规模方面，粗钢产量由 3178 万吨增长到 8094 万吨，年均增长 351 万吨，年均增长率 6.9%。在投资方面，共计投资 1465.43 亿元，其中基本建设投资 759.72 亿元，占 51.8%，更新改造投资 705.71 亿元，占 48.2%；新建了宝钢、天津无缝钢管公司和一些乡镇钢铁企业，对现有钢铁企业进行了以“内涵式扩大再生产”为目标的技术改造。在产品结构上，板管带比由 32.3% 提高到 37.4%，合金钢、低合金钢比由 16% 提高到 21.6%。钢材自给率大幅提升，由 72.7% 提高到 94.7%。在能源消耗上，吨钢综合能耗继续下降，由 2540 千克标煤降低为 1570 千克标煤。在发展方向上，原冶金部于 1984 年、1987 年和 90 年代初先后提出“立足现有企业，走挖潜、改造、配套、扩建的路子”、“重点解决发展速度（数量）、品种结构、产品质量都不适应国民经济和国防军工需要的问题”、“钢铁工业要上品种质量水平的新台阶，上现代化工艺装备水平的新台阶，上集约经营和规模经济的新台阶，上综合经济效益的新台阶”的指导意见，明确了钢铁工业的发展方向，使得钢铁工业健康发展。

（3）第三阶段（1993～2000 年）。

1992 年党的十四大第一次明确提出了把社会主义基本制度和市场经济结合起来，建立社会主义市场经济体制。所以从 1993～2000 年，是我国初步建立社会主义市场经济体制的时期，而这个时期钢铁工业发展面临的首要任务就是适应社会主义市场经济的要求，产业发展方向由发展数量规模为主向调整优化结构为主转变，由钢铁产品长期数量短缺向控制总量转变，我国钢铁工业进入了深化“内涵式扩大生产”时期。

以市场需求为导向，以调整优化结构和控制生产总量为目标，是这一时期钢铁行业发展的主要特点。

将结构优化作为钢铁工业发展的中心环节，由长期规模扩张为主转向调整优化结构为主，主要是优化产品结构、工艺技术结构和企业组织结构，以实现工艺技术现代化为目标，大力推进淘汰落后，采用共性先进新技术对老企业进行技术改造。

由于前期低水平重复建设形成了大量低端过剩的生产能力，钢铁产品由长期供小于求转向区域性、结构性产能过剩。国家提出了“控制总量，优化结构，大力提高冶金工业发展的质量和效益”的方针，在全行业特别是大中型钢铁企业中展开了压缩生产总量的工作。

1993～2000 年间，粗钢产量由 8956 万吨增长到 12850 万吨，年均增长 556 万吨，年均增长率 5.29%。固定资产投资 3476.06 亿元，其中基本建设投资为 1446.14 亿元，占 41.6%，更新改造投资 2029.87 亿元，占 58.4%；钢材板管带比由 36.7% 提高到 41.7%，低合金钢、合金钢比由 22.8% 提高 30.9%，连铸比由 33.9% 提高到 82.5%，平炉钢比下降到 0.9%，转炉钢比提高到 87.5%；钢材自给率达到 93.1%；吨钢综合能耗下降到 1180 千克标煤；加速了淘汰落后产能，实现工艺技术现代化的进程，缩小了与世界先进水平的差距。

（4）第四阶段（2001～2015 年）。

2001 年以来，中国改革开放进入了新的历史阶段，钢铁工业发展的外部环境陆续出现了一系列的新情况、新问题、新变化，为了应对环境变化带来的新挑战，实现钢铁工业的转型升级，中国钢铁工业坚持走新型工业化道路，不仅满足了不断增长的钢材需求，实现了产业规模持续扩大，还取得了技术装备不断更新、节能减排水平明显提升、产业组织结构进一步优化等成绩，综合竞争力显著提升。

产业规模持续、快速扩大，进出口格局发生逆转。粗钢产量从 2001 年的 15163 万吨增加到 2015 年 80383 万吨，连续跨越 2 亿吨、3 亿吨、4 亿吨、5 亿吨、6 亿吨、7 亿吨、8 亿吨台阶，年均增长 4659 万吨，年均增长率达到 12.65%，占世界粗钢产量的比重由 17.83% 提高到 49.61%，并始终保持世界第一产钢大国位置。钢材进出口格局也发生了根本性逆转，由 2001 年净进口钢材 1833 万吨转变为 2015 年净出口钢材 9837.8 万吨，达到历史高点，彻底扭转了钢材产品供给不足的局面。

技术改造稳步推进，工艺装备不断更新，现代化生产基地相继投产。运用先进生产技术，如铁矿采选、钢铁冶炼、轧钢、高端产品开发、大型冶金成套技术集成、资源综合利用以及节能减排技术和工艺等，对鞍钢、武钢、首钢、太钢等大型钢铁企业实施了一系列全流程的现代化技术改造；以“交通条件便利”为布局依据的现代化生产新区和新基地陆续投产：鞍钢鲅鱼圈沿海钢铁基地项目、首钢与唐钢集团合作的河北曹妃甸沿海钢铁基地项目于 2008 年和 2009 年投产；宝钢集团的广东湛江项目、武钢集团的广西防城港项目、山东钢铁的日照基地等一批沿海的现代化钢铁基地也正在陆续投产之中，为优化我国钢铁工业布局，提升竞争力创造条件。

节能减排水平明显提升，循环经济产业链持续完善。通过实施干熄焦、煤调湿、焦炉煤气脱硫制酸、烧结烟气脱硫脱硝制酸、高炉煤气联合循环发电、高炉煤气余压发电、饱和蒸汽发电、酸再生以及废水、污水处理利用等节能环保项目，吨钢综合能耗和吨钢新水消耗持续降低，2014 年全国钢铁企业的吨钢综合能耗为 584.7 千克标煤，是 1978 年的 23.32%，1992 年的 36.93%，2000 年的 49.56%。烟粉尘排放、二氧化硫排放、化学需氧量排放等也大幅下降。节能环保水平的提升不仅降低了生产成本，提高了产品质量，同时改善了钢铁工业的形象，提升了钢铁工业的竞争力。

钢铁企业合并重组加快，产业组织结构进一步优化。在这段时期内，唐钢整合宣钢和承钢，唐钢集团与邯钢集团组建为河北钢铁集团；济钢和莱钢合并成立山东钢铁集团；宝钢重组新疆八一钢铁和控股广东钢铁集团；武钢重组鄂钢、昆钢和控股广西钢铁集团；马钢重组合钢；沙钢重组淮钢、江苏永钢和河南安阳永钢等，随着产业规模的扩大，集中度的提高，中国钢铁工业适应国际化竞争的能力逐步增强。

4.1.1　生产和消费

4.1.1.1　粗钢产量

1996 年我国粗钢产量达到 10124 万吨，成为世界上继美国、日本之后第三个粗钢产量达到亿吨的国家。从 1979 年改革开放到 2015 年，我国的粗钢产量由 3448 万吨增加到 80383 万吨，年均增长 2137 万吨，年均增长率 9.14%。

1979～2000 年，粗钢产量都在 1 亿吨左右。从增长额来看，粗钢产量增长了 9402 万吨，年均增长额 448 万吨，从未超过 1000 万吨，即使是增长额最多的 1992 年才达到 994 万吨；从增长率来看，粗钢产量增长了 280.82%，年均增长率为 6.46%，1981 年为负增长 -4.09%，在 1992 年达到最高 14%。

从 2001 年以后粗钢产量急剧增加，2003 年产量激增到 2.22 亿吨；2005 年达到 3.53 亿吨；2006 年达到 4.19 亿吨；2008 年突破 5 亿吨，达到 5.01 亿吨；2010 年达到 6.37 亿吨；2012 年达到 7.24 亿吨；2013 年达到 8.13 亿吨；2014 年达到 8.22 亿吨；2015 年有所下滑，为 8.04 亿吨。从增长额来看，2001～2015 年，我国粗钢产量增长了 65220 万吨，年均增长额为 4659 万吨；在 2013 年达到最高值，增长 8926 万吨；2015 年为负增长 1848 万吨。从增长率来看，我国粗钢产量增长了 430.13%，平均年增长率为 12.65%，在 2004 年达到最高 27.24%，2015 年负增长 2.25%。如图 4-1～图 4-3 所示。

4.1.1.2　粗钢表观消费量

从 1979～2015 年，我国粗钢表观消费量从 4431 万吨增长为 70035 万吨，增长了 65604 万吨，年均增长 1822 万吨，年均增长率为 7.97%，低于粗钢产量年均增长率 1.17 个百分点，其中有 9 年为负增长。

1979～2000 年，我国粗钢表观消费量处于发展较慢的阶段，1979 年粗钢表

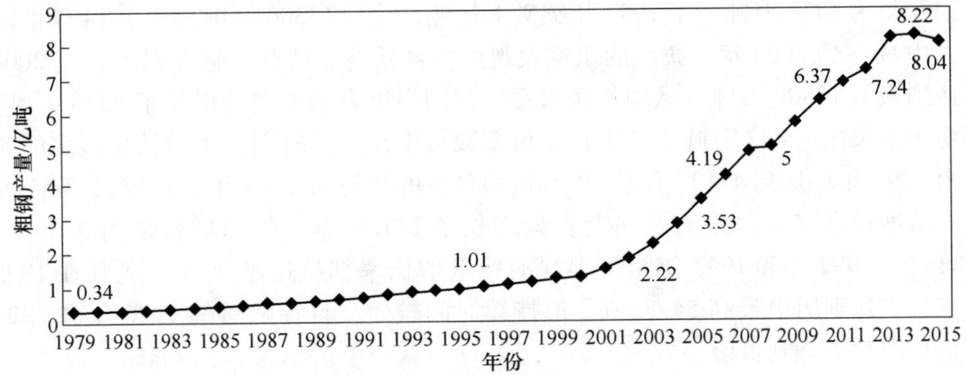

图 4-1 改革开放以来我国粗钢产量走势

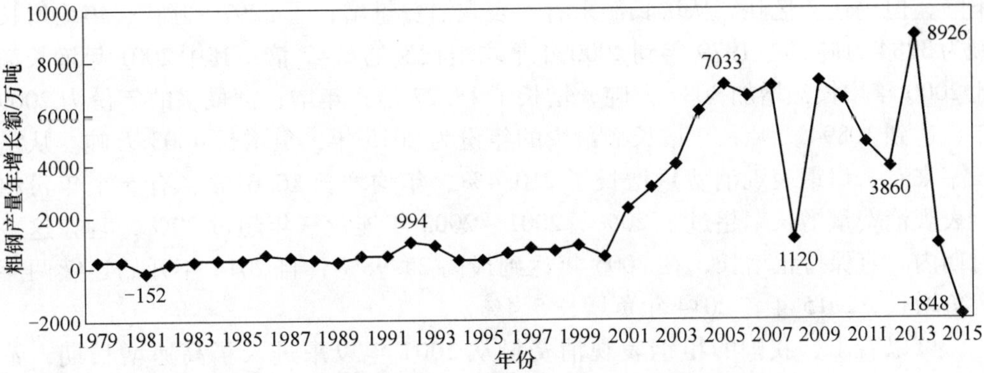

图 4-2 改革开放以来我国粗钢产量年增长额走势

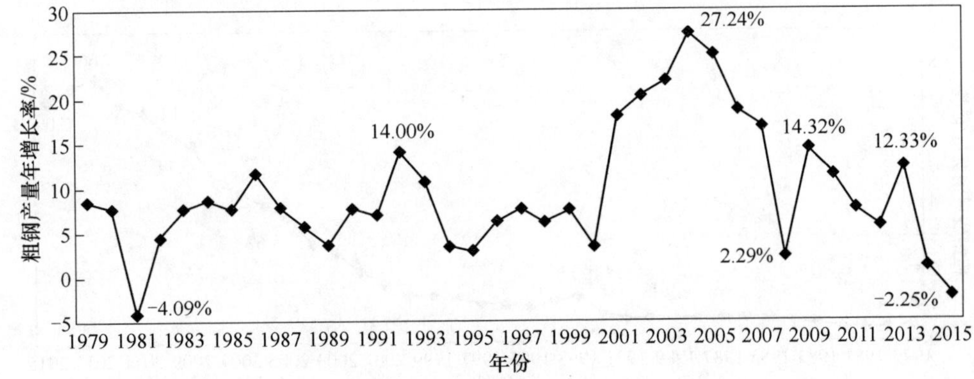

图 4-3 改革开放以来我国粗钢产量年增长率走势

观消费量为4431万吨，至1993年突破1亿吨，达到13306万吨，用了14年的时间。1994年到2000年，我国的粗钢表观消费量始终保持在1亿吨以上，在2000年达到最高13809万吨。从增长额来看，我国粗钢表观消费量增长了9378万吨，平均年增长额为447万吨，负增长年份多数集中在这一时期，年增长额最多的年份为1993年，达到4712万吨，年增长额最少的年份为1995年，负增长2064万吨。从增长率来看，粗钢表观消费量增长了211.65%，年均增长率为5.56%，1983年、1992年和1993年粗钢表观消费量增长率都超过了20%，尤其在1993年增长率达到历史最高54.83%，但持续时间较短，且在随后的1986年和1994年增长率都下降到负值。

从2001年以后我国粗钢表观消费量进入急剧增加阶段，2002年突破2亿吨，达到2.06亿吨；2005年达到3.62亿吨；2007年达到4.36亿吨；2009年达到5.74亿吨；2010年达到6.12亿吨；2013年达到7.66亿吨，2014、2015年有所下降，但仍达7亿吨。从增长额来看，表观消费量增长了52970万吨，年均增长额为3784万吨，是1979年到2000年平均增长额的8.47倍，其中2001年增长额比2000年增长额增加3087万吨，增长了18.27倍；年增长额最多的年份为2009年，达到10894万吨；年增长额最少的年份为2015年，负增长4003万吨。从增长率来看，粗钢表观消费量增长了210.4%，年均增长10.61%，有5个年份粗钢表观消费量增长率超过了20%，2001~2003年连续三年超过20%，且在这一时期内一直保持正增长，在2005年达到最高25.98%，自2014年开始连续两年为负增长，2015年较2014年负增长5.4%。

可以看出，我国的粗钢表观消费量从2001年以来进入了高速增长期，不仅增速较高，且基数大，增长迅速。与1979~2000年时期相比，除2014年和2015年以外一直保持正增长，且持续时间长，发展稳定，如图4-4~图4-6所示。

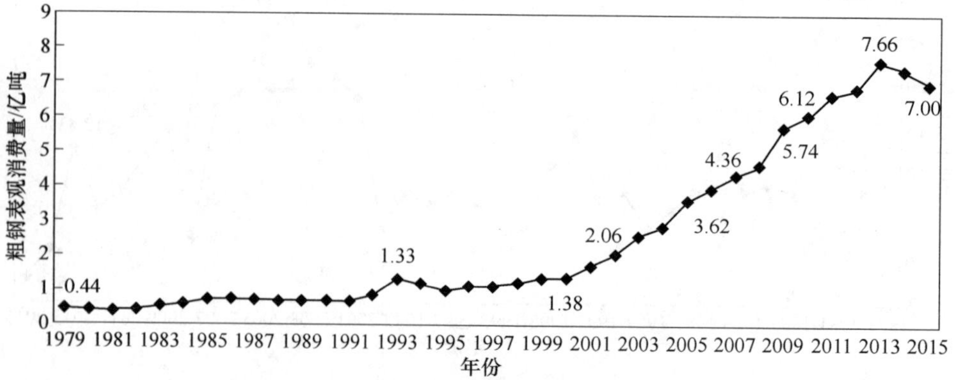

图4-4　改革开放以来我国粗钢表观消费量走势

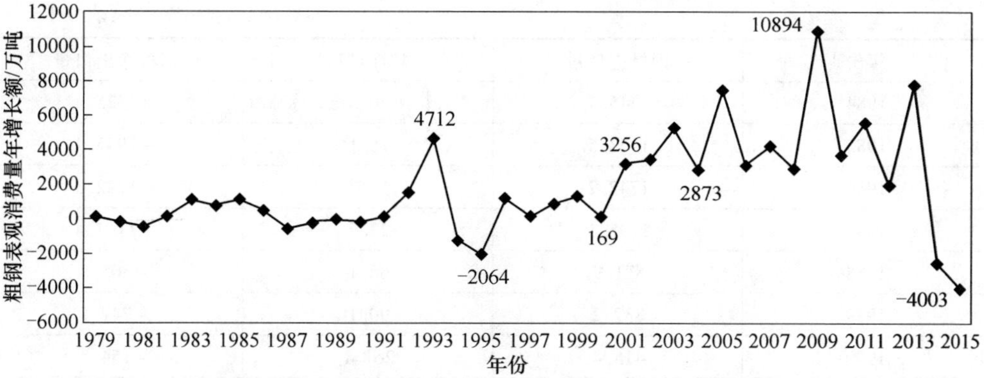

图 4-5　改革开放以来我国粗钢表观消费量年增长额走势

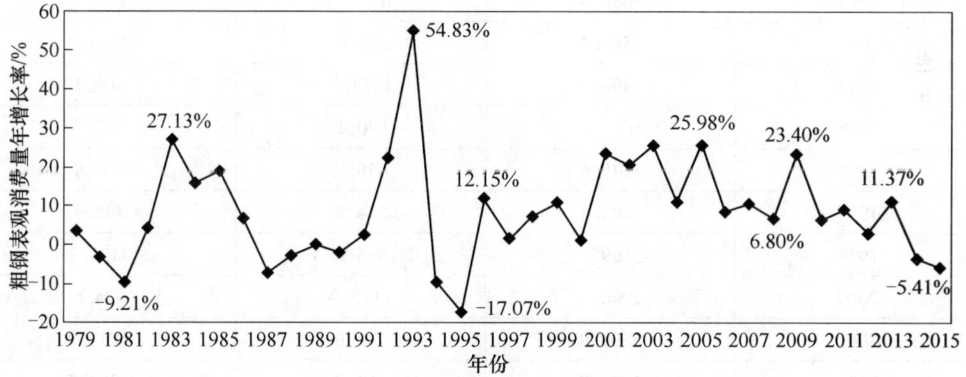

图 4-6　改革开放以来我国粗钢表观消费量年增长率走势

4.1.1.3　进出口

从 1979～2015 年，我国钢材进口量由 847.3 万吨增长为 1317.8 万吨，增长了 55.53%；出口量由 36.8 万吨增长为 11155.6 万吨，增长了 302.14 倍。由钢材净进口 810.5 万吨转变为净出口 9838 万吨，反映出我国钢铁工业在产量和质量上的大幅提升，钢铁工业竞争力明显增强，见表 4-1。

表 4-1　1979～2015 年中国钢材进出口量　　（万吨）

年份	钢材进口量	钢材出口量	钢材净出口量
1979	847.3	36.8	−810.5
1980	500.6	39.8	−460.8
1981	331.9	61.7	−270.2
1982	393.8	110.1	−283.7
1983	978	49.2	−928.8

续表 4-1

年份	钢材进口量	钢材出口量	钢材净出口量
1984	1345. 7	20. 3	-1325. 4
1985	1963. 5	18. 1	-1945. 4
1986	1742. 2	19. 7	-1722. 5
1987	1195. 1	27. 7	-1167. 4
1988	871. 9	66. 1	-805. 8
1989	837. 2	90. 1	-747. 1
1990	415. 4	261. 1	-154. 3
1991	371. 9	437. 8	65. 9
1992	808. 9	403. 7	-405. 2
1993	3686. 9	141. 2	-3545. 7
1994	2581. 3	256. 6	-2324. 7
1995	1480. 6	1074. 5	-406. 1
1996	1617. 8	670. 1	-947. 7
1997	1345. 6	850. 7	-494. 9
1998	1293. 5	544. 8	-748. 7
1999	1695	565. 8	-1129. 2
2000	2090. 5	1115. 9	-974. 6
2001	2560. 8	727. 6	-1833. 2
2002	2928. 7	664. 2	-2264. 5
2003	4319. 5	824. 4	-3495. 1
2004	3322. 1	2007. 4	-1314. 7
2005	2731. 2	2741. 4	10. 2
2006	1910. 5	5170. 6	3260. 1
2007	1718. 5	6635. 7	4917. 2
2008	1562. 2	5630. 4	4068. 2
2009	2235	2396. 9	161. 9
2010	1718. 1	4164. 6	2446. 5
2011	1634. 9	4789. 9	3155
2012	1415. 4	5479. 3	4063. 9
2013	1477. 4	6154. 3	4676. 9
2014	1490. 3	9290. 7	7800. 4
2015	1317. 8	11155. 6	9837. 8

注：数据来源 World Steel《世界钢铁统计年鉴》，以上数据以最新统计年鉴为标准。

从 1979 ~2015 年，我国钢材出口量由 1979 年的 36.8 万吨增长到 2015 年的 11155.6 万吨，增长了 302.14 倍。1979 ~1989 年，我国钢材出口量都处于较低水平，平均年出口量为 49.05 万吨，1985 年出口量最低为 18.1 万吨；从 1990 年开始，钢材出口量有了较大的增长，1990 年达到 261.1 万吨，并在 1995 年突破千万吨，达到 1074.5 万吨；从 2004 年开始，钢材出口量急剧增加，达到 2007.4 万吨，比 2003 年 824.4 万吨增长了 1183 万吨，增幅为 143.98%，在 2015 年达到最高 11155.6 万吨。其中 2009 年受经济危机影响，出口量大幅下降，仅为 2396.9 万吨，2010 年后逐步增长，直至突破万吨。

1979 ~2000 年期间，我国钢材出口量增长 1079 万吨，2000 年达到 1116 万吨。从增长额来看，年平均增长额为 51.39 万吨，增长额最多的年份为 1995 年，增长了 817.9 万吨，增长额最少的年份为 1996 年，负增长 404.4 万吨，共有 7 个年份为负增长，钢材出口增长缓慢。从增长率来看，钢材出口量年平均增长率为 17.64%，但是有 7 个年份为负增长，1995 年增长率最高为 318.75%，1993 年增长率最低为 -65.02%，虽然说这段时期内增长率较高，但其基数较小，且波动较大，出口量并无太大增长。

2001 ~2015 年期间，我国钢材出口量由 727.6 万吨增长为 11155.6 万吨。从增长额来看，钢材出口量增长了 10428 万吨，年平均增长额为 744.86 万吨，是 1979 到 2000 年期间年平均增长额的 14.49 倍。2014 年增长额达到最高 3136.4 万吨，受经济危机影响，2008 和 2009 年钢材出口量连续下降，且降幅逐年增大，2009 年负增长 3233.5 万吨，2010 年后逐步恢复，持续实现正增长。从增长率来看，钢材出口量年平均增长率为 21.53%，高于 1979 ~2000 年年平均增长速度，除去经济危机影响的 2008 和 2009 年，仅有两年负增长，且波动较小。2004 年增长率最高为 143.5%，2009 年增长率最低为 -57.43%，2003 年后我国钢材出口量持续增长，逐渐向钢材出口大国转变，如图 4-7 ~ 图 4-9 所示。

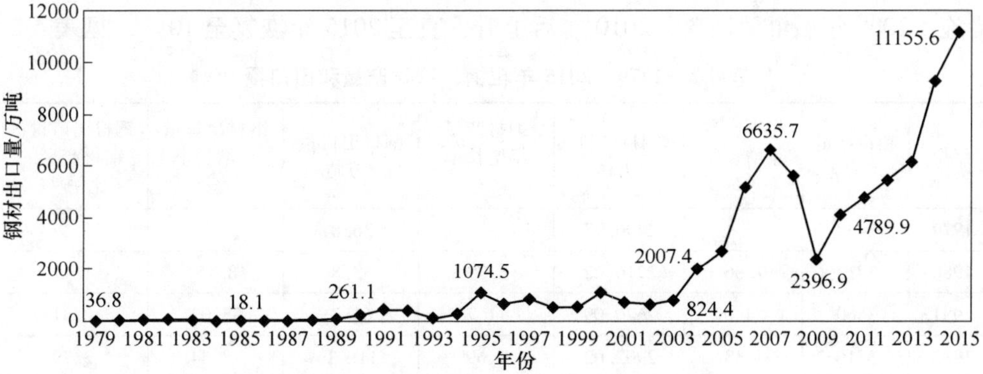

图 4-7 改革开放以来我国钢材出口量走势

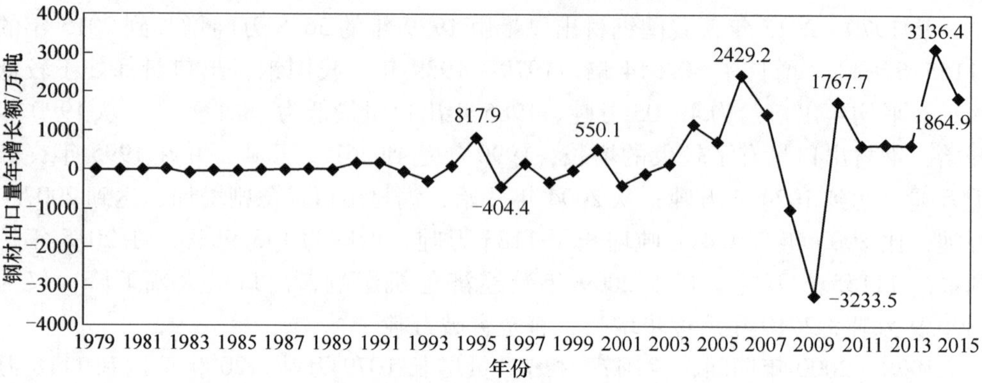

图 4-8　改革开放以来我国钢材出口量年增长额走势

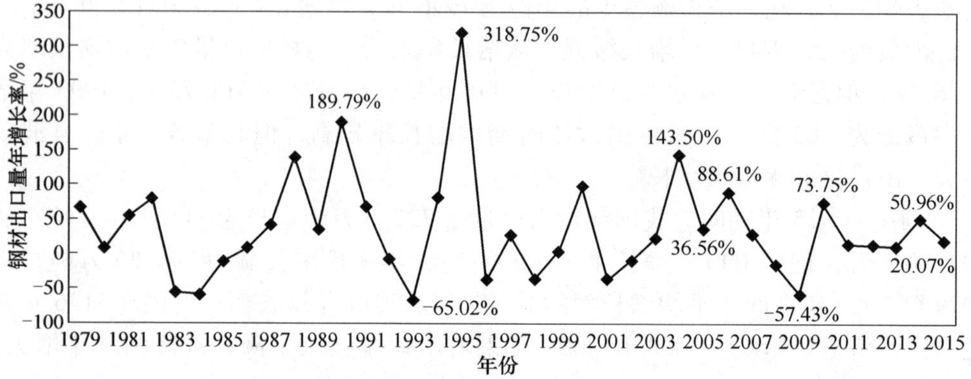

图 4-9　改革开放以来我国钢材出口量年增长率走势

从 1979 ~ 2015 年，我国粗钢产量和钢材产量的逐年增加为提高钢材出口量奠定了坚实的基础。1979 年，我国钢材出口量占钢材产量的比例为 1.47%，此后呈波动上升趋势，到 1995 年达到最高为 11.98%，1996 ~ 2007 年期间，波动回落后上升，于 2007 年回复到 11.73%。受经济危机影响及各国采取的贸易保护措施，2008 年后继续回落，2010 年后上升，直至 2015 年恢复至 10%，见表 4-2。

表 4-2　1979 ~ 2015 年粗钢、钢材产量和出口量

年份	粗钢产量 /万吨	粗钢产量年增长率 /%	钢材产量 /万吨	钢材产量年增长率 /%	钢材出口量 /万吨	钢材出口量年增长率 /%	钢材出口量占钢材产量的比例/%
1979	3448	—	2496.77	—	36.8	—	1.47
1980	3712	7.66	2716.22	8.79	39.8	8.15	1.47
1981	3560	-4.09	2670.09	-1.70	61.7	55.03	2.31
1982	3716	4.38	2902.02	8.69	110.1	78.44	3.79
1983	4002	7.70	3071.86	5.85	49.2	-55.31	1.60

续表 4-2

年份	粗钢产量/万吨	粗钢产量年增长率/%	钢材产量/万吨	钢材产量年增长率/%	钢材出口量/万吨	钢材出口量年增长率/%	钢材出口量占钢材产量的比例/%
1984	4347	8.62	3372.29	9.78	20.3	-58.74	0.60
1985	4679	7.64	3692.76	9.50	18.1	-10.84	0.49
1986	5220	11.56	4058.11	9.89	19.7	8.84	0.49
1987	5628	7.82	4385.77	8.07	27.7	40.61	0.63
1988	5943	5.60	4689.43	6.92	66.1	138.63	1.41
1989	6159	3.63	4859.08	3.62	90.1	36.31	1.85
1990	6635	7.73	5153.3	6.06	261.1	189.79	5.07
1991	7100	7.01	5638.11	9.41	437.8	67.68	7.77
1992	8094	14.00	6695.55	18.76	403.7	-7.79	6.03
1993	8956	10.65	7711.92	15.18	141.2	-65.02	1.83
1994	9261	3.41	8423.35	9.23	256.6	81.73	3.05
1995	9536	2.97	8968.18	6.47	1074.5	318.75	11.98
1996	10124	6.17	9334.06	4.08	670.1	-37.64	7.18
1997	10894	7.61	9855.45	5.59	850.7	26.95	8.63
1998	11559	6.10	10737.8	8.95	544.8	-35.96	5.07
1999	12426	7.50	12109.78	12.78	565.8	3.85	4.67
2000	12850	3.41	13146	8.56	1115.9	97.23	8.49
2001	15163	18.00	16067.61	22.22	727.6	-34.80	4.53
2002	18237	20.27	19251.59	19.82	664.2	-8.71	3.45
2003	22234	21.92	24108.01	25.23	824.4	24.12	3.42
2004	28291	27.24	31975.72	32.64	2007.4	143.50	6.28
2005	35324	24.86	37771.14	18.12	2741.4	36.56	7.26
2006	41915	18.66	46893.36	24.15	5170.6	88.61	11.03
2007	48929	16.73	56560.87	20.62	6635.7	28.34	11.73
2008	50049	2.81	58488.1	3.41	5630.4	-15.15	9.63
2009	57218	13.74	69405.4	18.67	2396.9	-57.43	3.45
2010	63723	11.37	80276.58	15.66	4164.6	73.75	5.19
2011	68528	7.54	88619.57	10.39	4789.9	15.01	5.41
2012	72388	5.63	95577.83	7.85	5573	16.35	5.83
2013	81314	12.33	108200.54	13.21	6233	11.84	5.76
2014	82231	1.13	112513.12	3.99	9377.76	50.45	8.33
2015	80383	-2.25	112349.6	-0.15	11239.56	19.85	10.00

我国钢材出口量明显地表现出与粗钢产量和钢材产量的正相关性，究其根源是与钢材生产能力大幅度提高有着高度的联系，如图 4-10 所示。

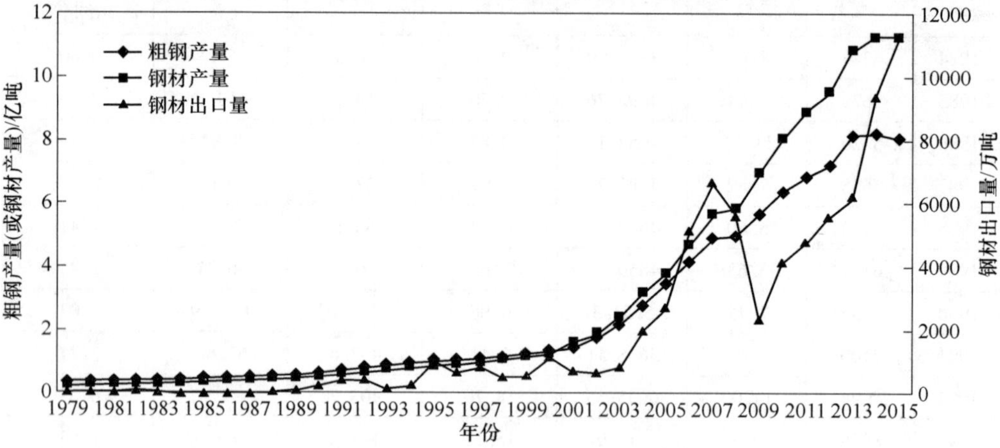

图 4-10　改革开放以来我国钢材出口量与粗钢产量和钢材产量

1979 ~ 2015 年，我国钢材进口量由 847. 3 万吨增长到 1317. 8 万吨，增长了 55. 53%。从图 4-11 可以看出，钢材进口量呈现出波浪式上涨的趋势，可分为以下三个阶段。

（1）第一阶段为 1979 ~ 1990 年，这一时期内钢材年平均进口量为 951. 88 万吨，1981 年进口量最低为 331. 9 万吨，1985 年达到最高 1963. 5 万吨；平均年增长额为 – 39. 26 万吨，1985 年增长额最大为 617. 8 万吨，1987 年降幅最大为 – 547. 1 万吨。

（2）第二阶段为 1991 ~ 1997 年，这一时期内钢材年平均进口量为 1699 万吨，1991 年最低为 371. 9 万吨，1993 年达到最高为 3686. 9 万吨；平均年增长额为 132. 89 万吨，1993 年增长额最大为 2878 万吨，1994 年降幅最大为 – 1105. 6 万吨。1993 年是我国计划经济向市场经济的转轨时期，国民经济快速增长（GDP 增速 14%），钢材需求旺盛，国内钢材供应远远不能满足经济发展需要（主要是建筑钢材需求较大，产量处于供不应求的状态），钢材进口量大幅增长。

（3）第三阶段为 1998 ~ 2015 年，这一时期内钢材年平均进口量为 2078. 97 万吨，2015 年最低为 1317. 8 万吨，2003 年达到最高为 4319. 5 万吨；平均年增长额为 1. 43 万吨，2003 年增长额最大为 1390. 8 万吨，2004 年降幅最大为 – 997. 4 万吨。

这三个阶段平均年钢材进口量分别为 951. 88 万吨、1699 万吨和 2078. 97 万吨，逐期增加。可见钢材进口量并没有随我国的粗钢产量和钢材产量增加而出现下降的态势，这主要是由于我国钢铁工业在过去的发展中，忽视了专业化、优质

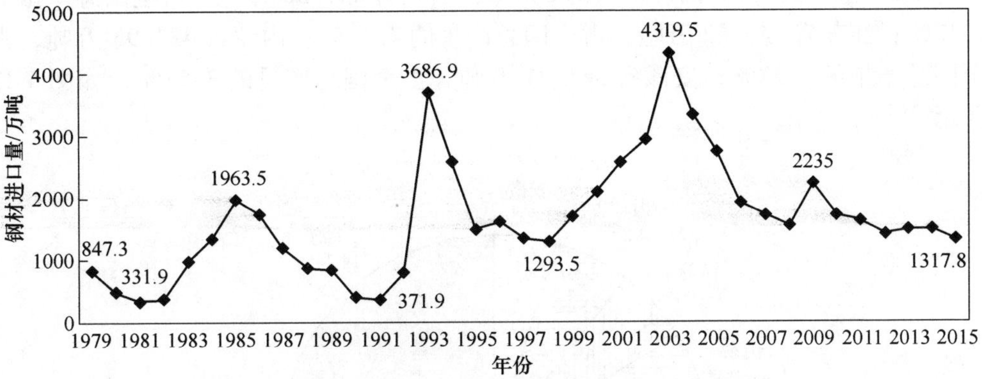

图 4-11 改革开放以来我国钢材进口量走势

化，多数投资于进入门槛较低的线材行业，产品结构雷同，技术含量不高的初级产品出现了严重的供过于求，而高技术含量、高附加值产品却因国内钢铁企业不能生产或者产量较低或者产品质量达不到用户需求而需要大量进口。

与发达国家同期相比较，我国的产品结构优化步伐缓慢。一个国家的产品消费结构是由其产业结构发展的不同阶段来决定的，发达国家的“板管比”，一般都在60%～70%，这主要是由于其消费结构来决定的，如美国、日本等国家的产业结构以汽车制造、机械、船舶制造为主，这些产业所消费的钢材主要以板带为主；而我国所具有的是典型的发展中国家的产业结构特征，以能源、交通、原材料、建筑业为主，板带消费远不如线材消费。国家在投资方向指引上，过去一直把“装备大型化”作为产业升级的重要标志，引导企业把高炉、转炉越建越大，同时盲目与发达国家比“板管比”。于是，大型企业争相上板材生产线而放弃长材生产线，造成板材产能过剩程度远远高于长材❶。

4.1.2 产业布局及产业集中度

下面从各省（自治区、直辖市）来分析产业布局及产业集中度。

1996 年全国粗钢产量突破 1 亿吨，达到 10124 万吨，粗钢产量排在全国前 10 名的省份占全国粗钢产量的 75.05%。上海排名第一，粗钢产量为 1441.92 万吨，占全国总产量的 14.24%。其他依次为：辽宁省 1369.27 万吨，占全国总产量的 13.52%；河北省 908.62 万吨，占全国总产量的 8.97%；北京市 794.74 万吨，占全国总产量的 7.85%；湖北省 707.73 万吨，占全国总产量的 6.99%；四

❶ 中国冶金矿山企业协会秘书长刘效良在“2013 年国产铁矿石产业链高峰论坛”上表示，钢铁行业长期以来实施的“核准制”政策，片面追求大型化，大高炉、大转炉、大板卷轧机超常发展。而单纯提高“板管比”，使大型国有钢铁企业 90% 新建产能“被板材化”，致使板材产能殃及整个钢铁行业。

川省 688. 5 万吨，占全国总产量的 6. 8%；山东省 447. 56 万吨，占全国总产量的 4. 42%；江苏省 446. 62 万吨，占全国总产量的 4. 41%；内蒙古 431. 95 万吨，占全国总产量的 4. 27%；安徽省 361. 31 万吨，占全国总产量的 3. 57%，如图 4-12 所示。

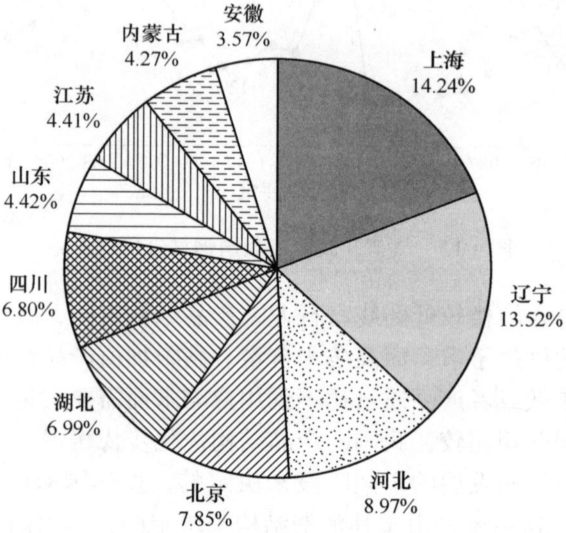

图 4-12　1996 年粗钢产量占全国总产量前 10 位的省（自治区、直辖市）及占比

2003 年全国粗钢产量突破 2 亿吨，达到 22234 万吨。粗钢产量排在全国前 10 名的省份占全国粗钢产量的 71. 36%，比 1996 年降低 3. 69%。河北省排名第一，粗钢产量为 4065. 06 万吨，占全国总产量的 18. 28%。其他依次为：辽宁省 2227. 77 万吨，占全国总产量的 10. 02%；江苏省 1742. 21 万吨，占全国总产量的 7. 84%；上海市 1728. 8 万吨，占全国总产量的 7. 78%；山东省 1415. 41 万吨，占全国总产量的 6. 37%；湖北省 1254. 3 万吨，占全国总产量的 5. 64%；山西省 1002. 69 万吨，占全国总产量的 4. 51%；河南省 873. 9 万吨，占全国总产量的 3. 93%；北京市 816. 41 万吨，占全国总产量的 3. 67%；四川省 738. 92 万吨，占全国总产量的 3. 32%，如图 4-13 所示。

全国粗钢产量由 1996 年突破 1 亿吨到 2003 年突破 2 亿吨，增长额为 1. 21 亿吨，增长率为 119. 61%。排名前 10 的省份的产量及比重变化较大，2003 与 1996 年相比，河北省产量由 908. 62 万吨增长到 4065. 06 万吨，增长额为 3156. 44 万吨，增长率为 347. 39%，全国排名由第 3 上升到第 1 位，占全国粗钢总产量的比重由 8. 97% 上升为 18. 28%；江苏省产量由 446. 62 万吨增长到 1742. 21 万吨，增长额为 1295. 59 万吨，增长率为 290. 09%，全国排名由第 8 上升到第 3 位，占全

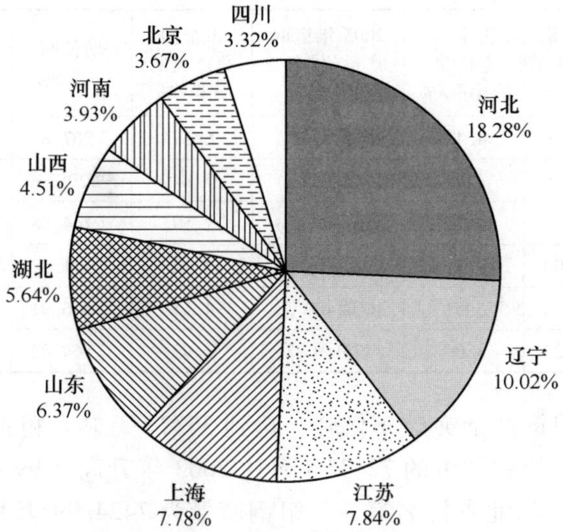

图 4-13 2003 年粗钢产量占全国总产量前 10 位的省、市及占比

国粗钢总产量的比重由 4.41% 上升为 7.84%；山东省产量由 447.56 万吨增长到 1415.41 万吨，增长额为 967.85 万吨，增长率为 216.25%，全国排名由第 7 上升到第 5 位。

2003 年粗钢产量排名前十的省份中，各省产量比 1996 年都有很大的增长，平均增长率为 126.06%。各省产量占全国总产量的比重上升的有河北省（上升 9.31%）、江苏省（上升 3.42%）、山东省（上升 1.95%）、山西省（上升 1%）、河南省（上升 0.87%）；各省产量占全国总产量的比重下降的有上海市（下降 6.47%）、北京市（下降 4.18%）、辽宁省（下降 3.51%）、四川省（下降 3.48%）、湖北省（下降 1.35%）具体见表 4-3。

表 4-3 1996 年、2003 年各省（自治区、直辖市）粗钢产量及比重变动情况

省（自治区、直辖市）	1996 年粗钢产量（排名）/万吨	占全国总产量的比重/%	2003 年粗钢产量（排名）/万吨	占全国总产量的比重/%	增长额/万吨	增长率/%	占全国总产量变化/%
上海	1441.92(1)	14.24	1728.8(4)	7.78	↑286.88	↑19.90	↓6.47
辽宁	1369.27(2)	13.52	2227.77(2)	10.02	↑858.50	↑62.70	↓3.51
河北	908.62(3)	8.97	4065.06(1)	18.28	↑3156.44	↑347.39	↑9.31
北京	794.74(4)	7.85	816.41(9)	3.67	↑21.67	↑2.73	↓4.18
湖北	707.73(5)	6.99	1254.3(6)	5.64	↑546.57	↑77.23	↓1.35
四川	688.5(6)	6.80	738.92(10)	3.32	↑50.42	↑7.32	↓3.48

续表 4-3

省(自治区、直辖市)	1996 年粗钢产量(排名)/万吨	占全国总产量的比重/%	2003 年粗钢产量(排名)/万吨	占全国总产量的比重/%	增长额/万吨	增长率/%	占全国总产量变化/%
山东	447.56(7)	4.42	1415.41(5)	6.37	↑967.85	↑216.25	↑1.95
江苏	446.62(8)	4.41	1742.21(3)	7.84	↑1295.59	↑290.09	↑3.42
内蒙古	431.95(9)	4.27	576.83(15)	2.59	↑144.88	↑33.54	↓1.67
安徽	361.31(10)	3.57	692.68(11)	3.12	↑331.37	↑91.71	↓0.45
山西	355.78(11)	3.51	1002.69(7)	4.51	↑646.91	↑181.83	↑1.00
河南	309.87(12)	3.06	873.9(8)	3.93	↑564.03	↑182.02	↑0.87

2005 年全国粗钢产量突破 3 亿吨，达到 35324 万吨。粗钢产量排在全国前 10 名的省份占全国粗钢产量的 72.35%，比 2003 年升高 0.99%，且粗钢产量均在 1000 万吨以上。河北省排名第一，粗钢产量为 7424.99 万吨，占全国总产量的 21.02%。其他依次为：江苏省 3301.09 万吨，占全国总产量的 9.35%；山东省 3188.07 万吨，占全国总产量的 9.03%；辽宁省 3059.05 万吨，占全国总产量的 8.66%；上海市 1927.96 万吨，占全国总产量的 5.46%；山西省 1654.72 万吨，占全国总产量的 4.68%；湖北省 1568.97 万吨，占全国总产量的 4.44%；河南省 1229.17 万吨，占全国总产量的 3.48%；安徽省 1109.68 万吨，占全国总产量的 3.14%；四川省 1094.45 万吨，占全国总产量的 3.1%，如图 4-14 所示。

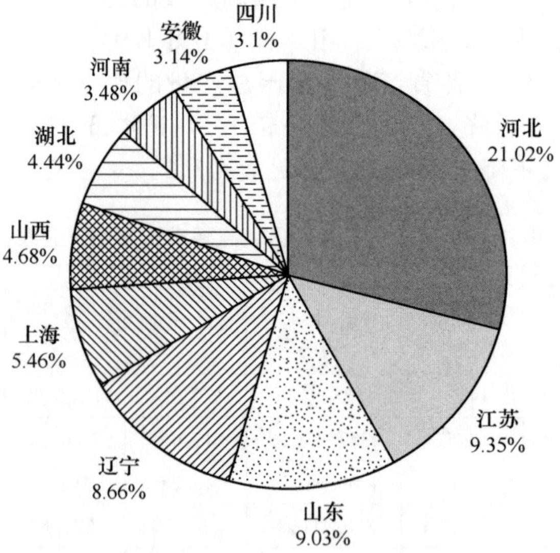

图 4-14　2005 年粗钢产量占全国总产量前 10 位的省、市及占比

全国粗钢产量由2003年突破2亿吨到2005年突破3亿吨，增长额为1.31亿吨，增长率为58.88%。排名前10的省份的粗钢产量占全国粗钢产量的比重略有调整。2005年与2003年相比，增幅最大的为山东省，其粗钢产量由1415.41万吨增长到3188.07万吨，增长额为1772.66万吨，增长率为125.24%，是全国粗钢产量平均增长率的2.13倍，全国排名由第5上升到第3位，占全国粗钢总产量的比重由6.37%上升为9.03%；增幅最小的为北京市，其粗钢产量由816.41万吨增长到827.56万吨，增长额为11.15万吨，增长率为1.37%，低于全国平均增长率57.51%，全国排名由第9下降到第15位，占全国粗钢总产量的比重由3.67%下降为2.34%；河北省产量由4065.06万吨增长到7424.99万吨，增长额为3359.93万吨，增长率为82.65%，全国排名保持第1，占全国粗钢总产量的比重由18.28%上升为21.02%；江苏省产量由1742.31万吨增长到3301.09万吨，增长额为1558.88万吨，增长率为89.48%，全国排名由第3上升到第2位，占全国粗钢总产量的比重由7.84%上升为9.35%；辽宁省产量由2227.77万吨增长到3059.05万吨，增长额为831.28万吨，增长率为37.31%，低于全国粗钢产量增长率，全国排名由第2下降到第4位。

2005年粗钢产量排名前10的省份中，各省产量比2003年都有大幅增长，平均增长率为58.53%。各省产量占全国总产量的比重上升的有河北省（上升2.74%）、江苏省（上升1.51%）、山东省（上升2.66%）、山西省（上升0.17%）、安徽省（上升0.03%）；各省产量占全国总产量的比重下降的有辽宁省（下降1.36%）、上海市（下降2.32%）、湖北省（下降1.2%）、河南省（下降0.45%）、四川省（下降0.23%）。具体见表4-4。

表4-4 2003年、2005年各省（自治区、直辖市）粗钢产量及比重变动情况

省(自治区、直辖市)	2003年粗钢产量(排名)/万吨	占全国总产量的比重/%	2005年粗钢产量(排名)/万吨	占全国总产量的比重/%	增长额/万吨	增长率/%	占全国总产量变化/%
河北	4065.06(1)	18.28	7424.99(1)	21.02	↑3359.93	↑82.65	↑2.74
辽宁	2227.77(2)	10.02	3059.05(4)	8.66	↑831.28	↑37.31	↓1.36
江苏	1742.21(3)	7.84	3301.09(2)	9.35	↑1558.88	↑89.48	↑1.51
上海	1728.8(4)	7.78	1927.96(5)	5.46	↑199.16	↑11.52	↓2.32
山东	1415.41(5)	6.37	3188.07(3)	9.03	↑1772.66	↑125.24	↑2.66
湖北	1254.3(6)	5.64	1568.97(7)	4.44	↑314.67	↑25.09	↓1.20
山西	1002.69(7)	4.51	1654.72(6)	4.68	↑652.03	↑65.03	↑0.17
河南	873.9(8)	3.93	1229.17(8)	3.48	↑355.27	↑40.65	↓0.45
北京	816.41(9)	3.67	827.56(15)	2.34	↑11.15	↑1.37	↓1.33
四川	738.92(10)	3.32	1094.45(10)	3.10	↑355.53	↑48.11	↓0.23

续表 4-4

省(自治区、直辖市)	2003 年粗钢产量(排名)/万吨	占全国总产量的比重/%	2005 年粗钢产量(排名)/万吨	占全国总产量的比重/%	增长额/万吨	增长率/%	占全国总产量变化/%
安徽	692.68(11)	3.12	1109.68(9)	3.14	↑417.00	↑60.20	↑0.03
广东	599.79(12)	2.70	940.42(14)	2.66	↑340.63	↑56.79	↓0.04
江西	599.53(13)	2.70	963.39(12)	2.73	↑363.86	↑60.69	↑0.03
湖南	592.18(14)	2.66	976.58(11)	2.76	↑384.40	↑64.91	↑0.10
内蒙古	576.83(15)	2.59	805.49(16)	2.28	↑228.66	↑39.64	↓0.31

2006 年全国粗钢产量突破 4 亿吨，达到 41915 万吨。粗钢产量排在全国前 10 名的省份占全国粗钢产量的 72.88%，比 2005 年升高 0.53%。河北省继续排名第一，粗钢产量达到 9096.29 万吨，占全国总产量的 21.7%。其他依次为：江苏省 4202.52 万吨，占全国总产量的 10.03%；山东省 3714.87 万吨，占全国总产量的 8.86%；辽宁省 3702.25 万吨，占全国总产量的 8.83%；山西省 1938.74 万吨，占全国总产量的 4.63%；上海市 1902.82 万吨，占全国总产量的 4.54%；河南省 1750.48 万吨，占全国总产量的 4.18%；湖北省 1658.01 万吨，占全国总产量的 3.96%；安徽省 1296.42 万吨，占全国总产量的 3.09%；天津市 1285.34 万吨，占全国总产量的 3.07%，如图 4-15 所示。

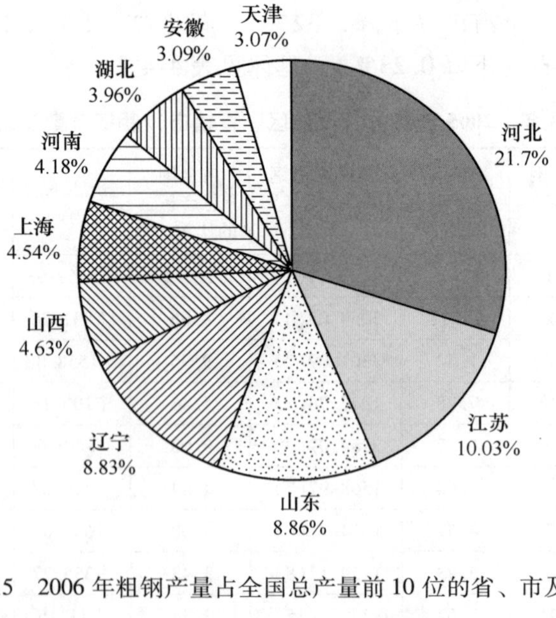

图 4-15 2006 年粗钢产量占全国总产量前 10 位的省、市及占比

全国粗钢产量由 2005 年突破 3 亿吨到 2006 年突破 4 亿吨，只用了一年时

间，增长额为0.69亿吨，增长率为18.66%。排名前10省份的产量变化较小，占全国粗钢产量的比重也变化较小。2006年与2005年相比，增幅最大的为河南省，其粗钢产量由1299.17万吨增长到1750.48万吨，增长额为521.31万吨，增长率为42.41%，是全国粗钢产量平均增长率的2.27倍，全国排名由第8位上升到第7位，占全国粗钢总产量的比重由3.48%上升为4.18%；增幅最小的为上海市，其粗钢产量由1927.96万吨下降为1902.82万吨，下降25.14万吨，降幅为1.3%，全国排名由第5位下降到第6位，占全国粗钢总产量的比重由5.46%下降为4.54%。

2006年粗钢产量排名前10的省份中，除上海市外，各省产量比2005年都有增长，平均增长率为20.27%，高于全国粗钢平均增长率1.61个百分点。各省产量占全国总产量的比重上升的有河北省（上升0.68%）、江苏省（上升0.68%）、辽宁省（上升0.17%）、河南省（上升0.7%）、天津市（上升0.36%）、安徽省（上升0.03%）；各省产量占全国总产量的比重下降的有山东省（下降0.16%）、上海市（下降0.92%）、山西省（下降0.06%）、湖北省（下降0.49%）、安徽省（下降0.05%）。具体见表4-5。

表4-5 2005年、2006年各省、市粗钢产量及比重变动情况

省、市	2005年粗钢产量（排名）/万吨	占全国总产量的比重/%	2006年粗钢产量（排名）/万吨	占全国总产量的比重/%	增长额/万吨	增长率/%	占全国总产量变化/%
河北	7424.99(1)	21.02	9096.29(1)	21.70	↑1671.30	↑22.51	↑0.68
江苏	3301.09(2)	9.35	4202.52(2)	10.03	↑901.43	↑27.31	↑0.68
山东	3188.07(3)	9.03	3714.87(3)	8.86	↑526.80	↑16.52	↓0.16
辽宁	3059.05(4)	8.66	3702.25(4)	8.83	↑643.20	↑21.03	↑0.17
上海	1927.96(5)	5.46	1902.82(6)	4.54	↓25.14	↓1.30	↓0.92
山西	1654.72(6)	4.68	1938.74(5)	4.63	↑284.02	↑17.16	↓0.06
湖北	1568.97(7)	4.44	1658.01(8)	3.96	↑89.04	↑5.68	↓0.49
河南	1229.17(8)	3.48	1750.48(7)	4.18	↑521.31	↑42.41	↑0.70
安徽	1109.68(9)	3.14	1296.42(9)	3.09	↑186.74	↑16.83	↓0.05
四川	1094.45(10)	3.10	1230.85(11)	2.94	↑136.40	↑12.46	↓0.16
湖南	976.58(11)	2.76	1193.52(12)	2.85	↑216.94	↑22.21	↑0.08
江西	963.39(12)	2.73	1163.64(13)	2.78	↑200.25	↑20.79	↑0.05
天津	955.27(13)	2.70	1285.34(10)	3.07	↑330.07	↑34.55	↑0.36

2008年全国粗钢产量突破5亿吨，达到50049万吨。粗钢产量排在全国前10名的省份占全国粗钢产量的73.77%，比2006年升高0.89%，钢铁工业集中度略有提升。河北省继续第一，粗钢产量达到11589.42万吨，占全国总产量的

23.16%。其他依次为：江苏省 4863.97 万吨，占全国总产量的 9.72%；山东省 4458.74 万吨，占全国总产量的 8.91%；辽宁省 4068.59 万吨，占全国总产量的 8.13%；山西省 2345.03 万吨，占全国总产量的 4.69%；河南省 2187.85 万吨，占全国总产量的 4.37%；上海市 1992.09 万吨，占全国总产量的 3.98%；湖北省 1991.47 万吨，占全国总产量的 3.98%；安徽省 1770.18 万吨，占全国总产量的 3.54%；天津市 1654.04 万吨，占全国总产量的 3.3%，如图 4-16 所示。

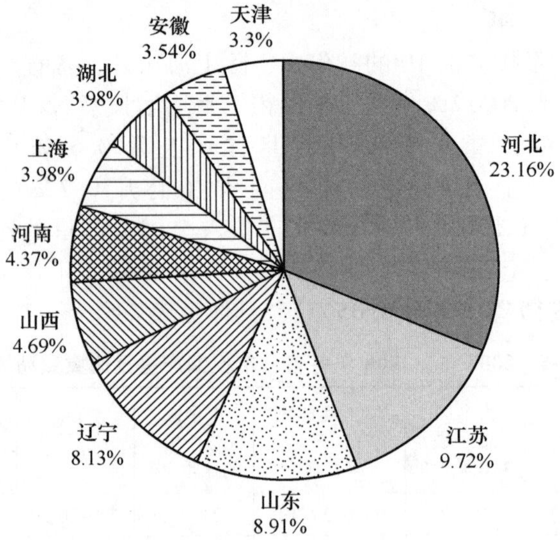

图 4-16　2008 年粗钢产量占全国总产量前 10 位的省、市及占比

全国粗钢产量由 2006 年突破 4 亿吨到 2008 年突破 5 亿吨，增长额为 0.81 亿吨，增长率为 19.41%。排名前 10 的省份的产量全部保持增长。2008 年与 2006 年相比，排名次序并无明显变化，仅河南上升 1 位，上海下降 1 位。增幅最大的为安徽省，其粗钢产量由 1296.42 万吨增长到 1770.18 万吨，增长额为 473.76 万吨，增长率为 36.54%，是全国粗钢产量平均增长率的 1.88 倍，全国排名保持第 9 位，占全国粗钢总产量的比重由 3.09% 上升为 3.54%；增幅最小的为上海市，其粗钢产量由 1902.82 万吨增长到 1992.09 万吨，增长额为 89.27 万吨，增长率为 4.69%，全国排名由第 6 位下降到第 7 位，从 1996 年排名第 1 位下降到 2008 年第 7 位，持续下降，占全国粗钢总产量的比重由 4.54% 下降为 3.98%。

2008 年粗钢产量排名前 10 的省份中，各省产量比 2006 年都有增长，平均增长率为 20.9%，高于全国粗钢平均增长率 1.49 个百分点。各省产量占全国总产量的比重上升的有河北省（上升 1.45%）、山东省（上升 0.05%）、山西省（上升 0.06%）、河南省（上升 0.2%）、湖北省（上升 0.02%）、安徽省（上升

0.44%)、天津市（上升0.24%）；各省产量占全国总产量的比重下降的有江苏省（下降0.31%）、辽宁省（下降0.7%）上海市（下降0.56%）。具体见表4-6。

表4-6 2006年、2008年各省、市粗钢产量及比重变动情况

省、市	2006年粗钢产量(排名)/万吨	占全国总产量的比重/%	2008年粗钢产量(排名)/万吨	占全国总产量的比重/%	增长额/万吨	增长率/%	占全国总产量变化/%
河北	9096.29(1)	21.70	11589.42(1)	23.16	↑2493.13	↑27.41	↑1.45
江苏	4202.52(2)	10.03	4863.97(2)	9.72	↑661.45	↑15.74	↓0.31
山东	3714.87(3)	8.86	4458.74(3)	8.91	↑743.87	↑20.02	↑0.05
辽宁	3702.25(4)	8.83	4068.59(4)	8.13	↑366.34	↑9.90	↓0.70
山西	1938.74(5)	4.63	2345.03(5)	4.69	↑406.29	↑20.96	↑0.06
上海	1902.82(6)	4.54	1992.09(7)	3.98	↑89.27	↑4.69	↓0.56
河南	1750.48(7)	4.18	2187.85(6)	4.37	↑437.37	↑24.99	↑0.20
湖北	1658.01(8)	3.96	1991.47(8)	3.98	↑333.46	↑20.11	↑0.02
安徽	1296.42(9)	3.09	1770.18(9)	3.54	↑473.76	↑36.54	↑0.44
天津	1285.34(10)	3.07	1654.04(10)	3.30	↑368.70	↑28.69	↑0.24

2010年全国粗钢产量突破6亿吨，达到63723万吨。粗钢产量排在全国前10名的省份占全国粗钢产量的72.37%，比2008年降低1.4%，钢铁工业集中度下降。河北省排名第一，粗钢产量达到14458.79万吨，占全国总产量的22.69%。其他依次为：江苏省6243.38万吨，占全国总产量的9.8%；山东省5570.84万吨，占全国总产量的8.74%；辽宁省5389.82万吨，占全国总产量的8.46%；山西省3048.82万吨，占全国总产量的4.78%；湖北省2788.46万吨，占全国总产量的4.38%；河南省2327.42万吨，占全国总产量的3.65%；上海市2214.27万吨，占全国总产量的3.47%；天津市2162.11万吨，占全国总产量的3.39%；江西省1911.37万吨，占全国总产量的3%，如图4-17所示。

全国粗钢产量由2008年突破5亿吨到2010年突破6亿吨，增长额为1.37亿吨，增长率为27.32%。排名前10省份的产量全部保持增长。2010年与2008年相比，增幅最大的为江西省，其粗钢产量由1240.94万吨增长到1911.37万吨，增长额为670.43万吨，增长率为54.03%，是全国粗钢产量平均增长率的1.98倍，全国排名由第13位上升到第10位，占全国粗钢总产量的比重由2.48%上升为3%；增幅最小的为安徽省，其粗钢产量由1770.18万吨增长到1855.59万吨，增长额为85.41万吨，增长率为4.82%，全国排名由第9位下降到第11位，占全国粗钢总产量的比重由3.54%下降为2.91%。

2010年粗钢产量排名前10的省份中，各省产量比2008年都有增长，平均增长率为28.28%，高于全国粗钢平均增长率0.96个百分点。各省产量占全国总产

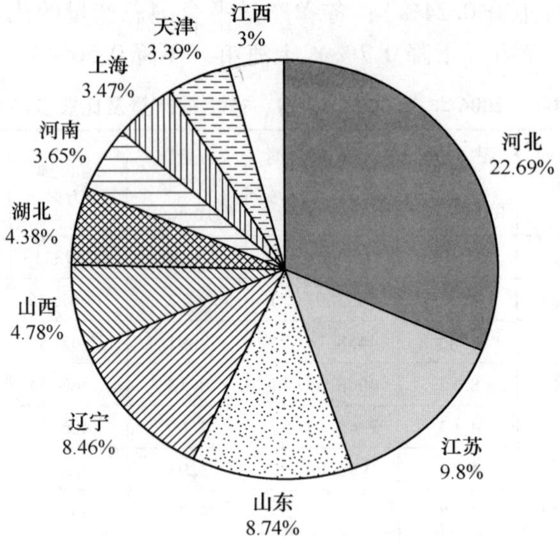

图 4-17　2010 年粗钢产量占全国总产量前 10 位的省、市及占比

量的比重上升的有江苏省（上升 0.08%）、辽宁省（上升 0.33%）、山西省（上升 0.1%）、湖北省（上升 0.4%）、天津市（上升 0.09%）、江西省（上升 0.52%）；各省产量占全国总产量的比重下降的有河北省（下降 0.47%）、山东省（下降 0.17%）、河南省（下降 0.72%）、上海市（下降 0.51%）。具体见表 4-7。

表 4-7　2008 年、2010 年各省、市粗钢产量及比重变动情况

省、市	2008 年粗钢产量（排名）/万吨	占全国总产量的比重/%	2010 年粗钢产量（排名）/万吨	占全国总产量的比重/%	增长额/万吨	增长率/%	占全国总产量变化/%
河北	11589.42(1)	23.16	14458.79(1)	22.69	↑2869.37	↑24.76	↓0.47
江苏	4863.97(2)	9.72	6243.38(2)	9.80	↑1379.41	↑28.36	↑0.08
山东	4458.74(3)	8.91	5570.84(3)	8.74	↑1112.10	↑24.94	↓0.17
辽宁	4068.59(4)	8.13	5389.82(4)	8.46	↑1321.23	↑32.47	↑0.33
山西	2345.03(5)	4.69	3048.82(5)	4.78	↑703.79	↑30.01	↑0.10
河南	2187.85(6)	4.37	2327.42(7)	3.65	↑139.57	↑6.38	↓0.72
上海	1992.09(7)	3.98	2214.27(8)	3.47	↑222.18	↑11.15	↓0.51
湖北	1991.47(8)	3.98	2788.46(6)	4.38	↑796.99	↑40.02	↑0.40
安徽	1770.18(9)	3.54	1855.59(11)	2.91	↑85.41	↑4.82	↓0.62
天津	1654.04(10)	3.30	2162.11(9)	3.39	↑508.07	↑30.72	↑0.09
四川	1370.24(11)	2.74	1581.18(13)	2.48	↑210.94	↑15.39	↓0.26
湖南	1299.37(12)	2.60	1767.14(12)	2.77	↑467.77	↑36.00	↑0.18
江西	1240.94(13)	2.48	1911.37(10)	3.00	↑670.43	↑54.03	↑0.52

2012年全国粗钢产量突破7亿吨，达到72388万吨。粗钢产量排在全国前10名的省份占全国粗钢产量的72.47%，比2010年升高0.1%。河北省排名第一，粗钢产量达到18048.4万吨，占全国总产量的24.93%。其他依次为：江苏省7419.72万吨，占全国总产量的10.25%；山东省6282.1万吨，占全国总产量的8.68%；辽宁省5177.5万吨，占全国总产量的7.15%；山西省3950.18万吨，占全国总产量的5.46%；湖北省2913.34万吨，占全国总产量的4.02%；河南省2215.85万吨，占全国总产量的3.06%；江西省2179.57万吨，占全国总产量的3.01%；安徽省2146.36万吨，占全国总产量的2.97%；天津市2124.2万吨，占全国总产量的2.93%，如图4-18所示。

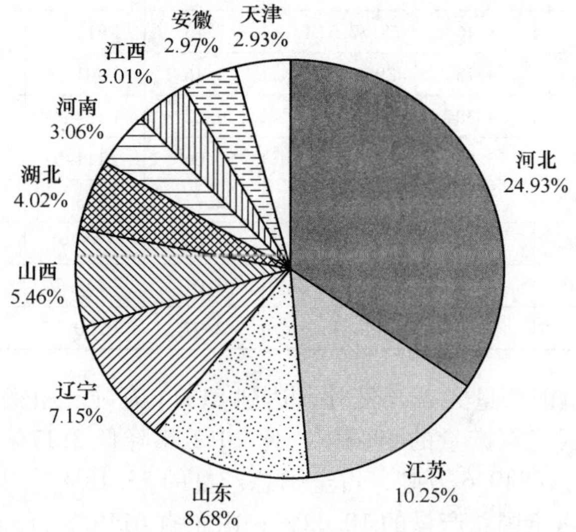

图4-18 2012年粗钢产量占全国总产量前10位的省、市及占比

全国粗钢产量由2010年突破6亿吨到2012年突破7亿吨，增长额为0.87亿吨，增长率为13.6%。2012年与2010年相比，排名前10的省份中，增幅最大的为山西省，其粗钢产量由3048.82万吨增长到3950.18万吨，增长额为901.36万吨，增长率为29.56%，是全国粗钢产量平均增长率的2.17倍，全国排名继续保持第5位，占全国粗钢总产量的比重由4.78%上升为5.46%；增幅最小的为河南省，其粗钢产量由2327.42万吨下降为2215.85万吨，降低111.57万吨，降幅4.79%，全国排名保持第7位，占全国粗钢总产量的比重由3.65%下降为3.06%。

2012年粗钢产量排名前10的省份中，各省产量与2010年相比，有增有减，总体增长6700万吨，增长率为14.64%，高于全国粗钢平均增长率1.05个百分点。各省产量占全国总产量的比重上升的有河北省（上升2.24%）、江苏省（上升0.45%）、山西省（上升0.67%）、江西省（上升0.01%）、安徽省（上升

0.05%）；各省产量占全国总产量的比重下降的有山东省（下降0.06%）、辽宁省（下降1.31%）、湖北省（下降0.35%）、河南省（下降0.59%）、天津市（下降0.46%）。具体见表4-8。

表4-8　2010年、2012年各省、市粗钢产量及比重变动情况

省、市	2010年粗钢产量(排名)/万吨	占全国总产量的比重/%	2012年粗钢产量(排名)/万吨	占全国总产量的比重/%	增长额/万吨	增长率/%	占全国总产量变化/%
河北	14458.79(1)	22.69	18048.4(1)	24.93	↑3589.61	↑24.83	↑2.24
江苏	6243.38(2)	9.80	7419.72(2)	10.25	↑1176.34	↑18.84	↑0.45
山东	5570.84(3)	8.74	6282.1(3)	8.68	↑711.26	↑12.77	↓0.06
辽宁	5389.82(4)	8.46	5177.5(4)	7.15	↓212.32	↓3.94	↓1.31
山西	3048.82(5)	4.78	3950.18(5)	5.46	↑901.36	↑29.56	↑0.67
湖北	2788.46(6)	4.38	2913.34(6)	4.02	↑124.88	↑4.48	↓0.35
河南	2327.42(7)	3.65	2215.85(7)	3.06	↓111.57	↓4.79	↓0.59
上海	2214.27(8)	3.47	1970.9(11)	2.72	↓243.37	↓10.99	↓0.75
天津	2162.11(9)	3.39	2124.2(10)	2.93	↓37.91	↓1.75	↓0.46
江西	1911.37(10)	3.00	2179.57(8)	3.01	↑268.20	↑14.03	↑0.01
安徽	1855.59(11)	2.91	2146.36(9)	2.97	↑290.77	↑15.67	↑0.05

2013年全国粗钢产量突破8亿吨，达到81314万吨。粗钢产量排在全国前10名的省份占全国粗钢产量的69.3%，比2012年降低3.17%。河北省排名第一，粗钢产量达到18849.6万吨，占全国总产量的23.18%。其他依次为：江苏省8469.1万吨，占全国总产量的10.42%；山东省6119.8万吨，占全国总产量的7.53%；辽宁省5972.9万吨，占全国总产量的7.35%；山西省4519.6万吨，占全国总产量的5.56%；湖北省2887.8万吨，占全国总产量的3.55%；河南省2736万吨，占全国总产量的3.36%；安徽省2351.5万吨，占全国总产量的2.89%；天津市2289.5万吨，占全国总产量的2.82%；江西省2156.6万吨，占全国总产量的2.65%，如图4-19所示。

全国粗钢产量由2012年突破6亿吨到2013年突破7亿吨，增长额为0.89亿吨，增长率为12.33%。2013年与2012年相比，排名前10的省份中，增幅最大的为河南省，其粗钢产量由2215.85万吨增长到2736万吨，增长额为520.15万吨，增长率为23.47%，是全国粗钢产量平均增长率的1.9倍，全国排名继续保持第7位，占全国粗钢总产量的比重由3.06%上升为3.36%；增幅最小的为山东省，其粗钢产量由6282.1万吨下降为6119.8万吨，降低162.3万吨，降幅2.58%，全国排名保持第3位，占全国粗钢总产量的比重由8.68%下降为7.53%。

2013年粗钢产量排名前10的省份中，各省产量与2012年相比，有增有减，

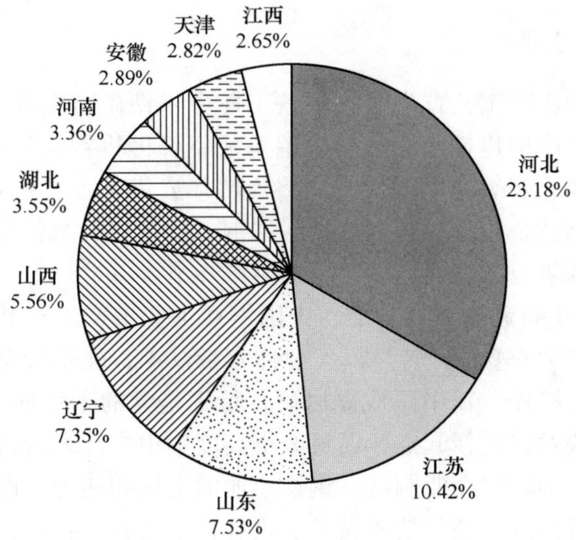

图 4-19 2013 年粗钢产量占全国总产量前 10 位的省、市及占比

总体增长 3895.18 万吨，增长率为 7.43%，低于全国粗钢平均增长率 4.91 个百分点。各省产量占全国总产量的比重上升的有江苏省（上升 0.17%）、辽宁省（上升 0.19%）、山西省（上升 0.01%）、河南省（上升 0.3%）；各省产量占全国总产量的比重下降的有河北省（下降 1.75%）、山东省（下降 1.15%）、湖北省（下降 0.47%）、江西省（下降 0.36%）、安徽省（下降 0.07%）、天津市（下降 0.12%）。具体见表 4-9。

表 4-9 2012 年、2013 年各省、市粗钢产量及比重变动情况

省、市	2012 年粗钢产量(排名)/万吨	占全国总产量的比重/%	2013 年粗钢产量(排名)/万吨	占全国总产量的比重/%	增长额/万吨	增长率/%	占全国总产量变化/%
河北	18048.4(1)	24.93	18849.6(1)	23.18	↑801.20	↑4.44	↓1.75
江苏	7419.72(2)	10.25	8469.1(2)	10.42	↑1049.38	↑14.14	↑0.17
山东	6282.1(3)	8.68	6119.8(3)	7.53	↓162.30	↓2.58	↓1.15
辽宁	5177.5(4)	7.15	5972.9(4)	7.35	↑795.40	↑15.36	↑0.19
山西	3950.18(5)	5.46	4519.6(5)	5.56	↑569.42	↑14.42	↑0.10
湖北	2913.34(6)	4.02	2887.8(6)	3.55	↓25.54	↓0.88	↓0.47
河南	2215.85(7)	3.06	2736(7)	3.36	↑520.15	↑23.47	↑0.30
江西	2179.57(8)	3.01	2156.6(10)	2.65	↓22.97	↓1.05	↓0.36
安徽	2146.36(9)	2.97	2351.5(8)	2.89	↑205.14	↑9.56	↓0.07
天津	2124.2(10)	2.93	2289.5(9)	2.82	↑165.30	↑7.78	↓0.12

4.1.3　技术装备水平

全流程的钢铁生产工艺首先是在炼铁工序中将铁矿石在高炉中冶炼成铁水，然后通过在炼钢工序中将铁水注入转炉冶炼成钢，再将钢水铸成连铸坯或钢锭，最后在轧制工序经轧制等塑性变形方法将连铸坯或钢锭加工成各种用途的钢材。因此，全流程的钢铁企业一般包括炼铁、炼钢、轧钢三大主要生产工序，并配套有原料处理、能源供应、交通运输等辅助生产环节。

1949 年 10 月 1 日新中国成立前，中国钢铁工业生产工艺和技术装备十分落后，高炉最大容积为 690m^3，转炉最大公称容量仅 4t，轧钢设备也陈旧落后，许多生产过程靠手工操作。新中国成立以后，特别是党的十一届三中全会的召开，成为钢铁工业加快发展的新起点，通过改革高度集中的计划管理体制，建立以现代产权制度为核心的现代企业制度，钢铁企业的生机和活力不断增强，核心竞争力不断提高；通过持续不断的技术设备引进和自主创新，我国钢铁工业的技术装备取得了飞跃式的发展，钢铁生产技术装备呈现出大型化、高效化、自动化、连续化、紧凑化、长寿化等特征。目前，我国已拥有世界先进水平的生产技术装备，高炉最大容积达 5500m^3，转炉最大公称容量达 600t，并采用顶底复吹先进工艺，而且涌现了一大批工艺装备水平已达到或接近世界先进水平的优秀代表企业，如宝钢、鞍钢、武钢、沙钢、太钢等。随着钢铁工业生产工艺技术装备水平的提高，钢铁工业的主要技术经济指标也随之明显提高；钢铁工业的高炉利用系数、入炉焦比、高炉喷煤比、转炉炉衬平均寿命、连铸比等主要技术经济指标，已接近或超过世界先进指标❶。

4.1.3.1　炼焦装备及工艺

A　炼焦装备发展情况

焦炭在高炉炼铁中主要起还原剂、支撑骨架、提供热源等三方面作用，是高炉炼铁必备的原料之一，钢铁行业是我国焦炭消费第一大户，随着近年来粗钢产量的快速增长，焦化装备水平、产量也在快速提高、增长。

炼焦技术在我国有近百年的发展历史，但长期以来，我国大中型焦化厂以炭化室高度 4.3m 焦炉为主体装备。1971 年攀钢炭化室高度 5.5m 焦炉建设，我国焦炉开始向大容积方向发展❷；此后，随着 1978 年改革开放发展的新时期到来，焦炭装备进入快速发展阶段，1985 年，宝钢焦化一期工程中建成了炭化室高 6m 的新日铁 M 式焦炉；1995 年，青岛煤气厂引进德国摩擦传动、薄层给煤、连续捣打的捣固机；2000 年，山西省临汾市投产了全国第一座炭化室高 4.3m 的捣固

---

❶ 周维富. 我国钢铁工业 60 年发展的回顾与展望 [J]. 中国钢铁业，2009 (6).

❷ 黄金干. 进入科学发展、产业优化升级新时期 [N]. 中国冶金报，2009 - 11 - 5.

焦炉；2006 年年底，云南曲靖建成投产 5.5m 的捣固焦炉，国内企业开始逐渐引进 7.63m 特大型焦炉，太钢 7.63m 焦炉于 2007 年投产；2007 年 9 月，中冶焦耐公司承建印度塔塔钢铁公司 5m 的捣固焦炉；2008 年尽管发生国际金融危机对焦炭行业产生了一定影响，但我国炼焦装备水平仍出现了跨越式的发展和提升，2008 年我国自主设计的 7m 焦炉在鞍钢鲅鱼圈投产；2009 年，唐山佳华投产我国第一座 6.25m 捣固焦炉，我国焦炉大型化及配套装备水平又迈上了一个新台阶。目前，我国已设计出 8m 顶装超大容积焦炉，其技术水平达国际领先。我国炼焦装备水平发展历程见表 4-10。

表 4-10 我国炼焦装备发展历程一览

序号	时间	炼焦装备发展
1	1919 年	第一座捣固焦炉投产
2	1956 年	3.2m 捣固焦炉投产
3	1959 年	4.3m 顶装焦炉投产
4	1970 年	3.8m 捣固焦炉投产
5	1971 年	5.5m 顶装焦炉投产
6	1985 年	6m 顶装焦炉投产
7	1995 年	引进德国连续捣打捣固机
8	2000 年	4.3m 捣固焦炉开发成功
9	2005 年	80 型顶装焦炉改捣固焦炉
10	2006 年	5.5m 捣固焦炉投产，引进 7.63m 焦炉
11	2007 年	承建国外公司 5m 捣固焦炉
12	2008 年	7m 顶装焦炉投产
13	2009 年	6.25m 捣固焦炉投产
14	2010 年	6m 捣固焦炉投产

截至 2015 年，重点钢铁企业拥有各类机械化焦炉 299 座，其中 27～64 孔 223 座，占比 74.58%；65 孔及以上 65 座，占比 21.74%；26 孔及以下 11 座，占比 3.68%，见表 4-11。

表 4-11 我国重点钢铁企业机械化焦炉装备水平发展状况

机械化焦炉	2011 年	2012 年	2013 年	2014 年	2015 年
数量（座）	304	311	305	292	299
65 孔及以上	51	55	58	61	65
27～64 孔	240	243	234	217	223
26 孔及以下	13	13	13	14	11

B　炼焦工艺技术发展情况

伴随着我国焦炉大型化、自动化的发展进程，干熄焦、捣固炼焦及化产回收技术如焦炉煤气制甲醇、煤焦油加氢、粗苯加氢精制等在焦化行业得到了迅速的推广和应用，一大批新技术的应用，既推进了我国焦化工艺技术结构的升级，又提升了焦化行业的节能减排和清洁生产水平。

（1）干熄焦技术加快推广使用及大型化，为节能降耗发挥重要作用。

干熄焦技术（Coke Dry Quenching，简称 CDQ），是利用冷的惰性气体，在干熄炉中与赤热红焦换热从而冷却红焦。吸收了红焦热量的惰性气体将热量传给干熄焦锅炉产生蒸汽。蒸汽或并入蒸汽管网或送去发电❶。干熄焦技术的应用，能够回收红焦显热、减少环境污染、改善焦炭质量等，对焦化行业节能降耗具有重要作用。此外，干熄焦技术能有助于提高高炉生产效率、促进炼铁生产中节约焦炭消耗，因此，CDQ 技术的应用为钢铁 - 焦化行业节能减排、环境保护等发挥了重要的作用。我国干熄焦技术发展历程见表 4-12。

表 4-12　我国焦炉炉型及能力干熄焦技术发展进程

序号	时间	干熄焦技术发展进程
1	1985 年 5 月	宝钢仪器焦炉投产并采用干熄焦（CDQ）技术，建设了 75t/h 干熄焦装置
2	1991 年	宝钢焦化二期干熄焦工程全部使用干熄焦生产
3	2001 年年底	宝钢、上海浦东焦化厂、济钢焦化厂和首钢焦化厂等 4 家单位建成投产了 17 套干熄焦装置，设计总处理能力 1245t/h
4	2004 年	湘钢、马钢、武钢、通钢等几个企业先后投产了干熄焦装置
5	2005 ~ 2006 年	鞍钢、本钢、沙钢、攀钢、太钢、唐钢等特大型钢铁企业都先后建设投产了 140t/h、150t/h、180t/h 等大型干熄焦装置，并同时配套建设了回收蒸汽并网发电
6	2009 年	世界最大、小时处理能力达 260t/h 的干熄焦装置已在首钢京唐钢建立，目前，我国大中型钢铁联合企业焦化厂焦炭生产的干熄焦率已达到 50% 以上。

（2）捣固炼焦技术迅速发展，为节约使用优质炼焦煤，降低生产成本做出突出贡献。

捣固炼焦技术，是指通过捣固机械将炼焦煤由入炉前的散状的煤捣固成煤饼后，再装入焦炉炭化室内进行炼焦；与常规炼焦相比，捣固炼焦技术更适用于配煤质量稍差、多配弱黏煤的炼焦企业，捣固炼焦技术具有提高焦炭的冷态强度、提高焦炭反应后强度、扩大炼焦煤资源、降低配煤和入炉煤成本等方面的技术优势。由于我国炼焦煤资源紧缺，加之近年来优质焦煤价格不断攀高，捣固炼焦技

❶ 杜轶峰，冯淑玲，马良. 马钢干熄焦生产与高炉使用实践［J］. 冶金动力，2005（4）.

术在节约使用优质炼焦煤和降低焦化产品生产成本的诸多优势，使得捣固焦技术在我国焦化企业的到快速发展和推广应用。

以焦炭生产大省山西省为例，2003 年，山西同世达、山西茂胜等一批企业率先成功投产了我国第一批 4.3m 捣固焦炉；此后，山西一批以生产铸造焦为主的热回收捣固焦炉，配煤中无烟煤等弱黏结性煤配比高达 45% 左右；部分企业的半焦（兰炭）焦炉全部利用不黏结煤或弱黏结性煤生产的焦炭，捣固炼焦技术的应用，拓宽了焦化行业的炼焦煤资源，节约了优质炼焦煤资源，并降低了焦炭生产成本。

（3）化产回收，污水处理，节能减排取得重大进展。

随着技术的不断进步，管理的加强，以及民众、政府的环保意识不断提高，作为高污染行业之一，焦化产品的回收加工得到越来越受到高度重视。至目前为止，全国焦炉生产使用的化产回收技术主要有炼焦煤气中氨和粗轻吡啶的回收、煤气中硫化氢和氰化氢的脱除、粗苯回收、煤焦油加工、焦炉煤气制甲醇等，上述技术的应用，大大降低了焦化生产对大气环境的污染。此外，到目前为止，我国大中型钢铁企业的焦炭生产基本全部实现了焦化污水的净化处理和零排放，焦化生产的工序能耗不断降低。

4.1.3.2 烧结装备及工艺

A 烧结装备发展情况

新中国成立以来，我国烧结工业从小到大、从无到有，通过消化吸收和自主创新，到目前为止，烧结装备技术水平已跻身于世界先进行列，并在某些方面处于领先位置。新中国成立以来，我国烧结机装备发展情况见表 4-13。

表 4-13 新中国成立以来我国烧结机装备发展情况

时间	烧结机装备发展情况
新中国成立初期	我国仅有首钢烧结锅，本钢烧结盘以及鞍钢的 $50m^2$ 带式烧结机三台烧结设备
1952 年	从苏联引进面积最大的 $75m^2$ 烧结机
1955～1970 年	在苏联的帮助下，鞍钢二烧结四间、本钢工源烧结四间、武钢一烧四间、包钢烧结四间、东鞍山烧结车间、马钢二烧结四间，先后投产了 22 台 $755m^2$ 烧结机，太钢投产了 2 台 $905m^2$ 烧结机（即 $755m^2$ 烧结机延长），以及 20 多台小于等于 $655m^2$（其中大多数是 $185m^2$ 和 $245m^2$）的烧结机❶
1970～1985 年	依靠和组织国内的烧结厂设计、生产和设备制造能力，自力更生设计制造了 $130m^2$ 烧结机、抽风环式冷却机和相应的 20 多种配套设备，使我国烧结机的大型化上了一个台阶。先后在攀钢、酒钢、梅山等地建成了 8 台该型号的烧结机

❶ 唐先觉. 我国烧结行业的技术进步 [J]. 烧结球团，2008（4）.

续表 4-13

时间	烧结机装备发展情况
1985～2007 年	1985 年，宝钢从日本引进的 450m² 大型烧结机投产；从 1989 年至 2007 年，已先后在宝钢、鞍钢、武钢、太钢等到地建成了 180～495m² 的烧结机及其配套设施 72 台套。烧结面积总计达到 221216m²，烧结机单台平均面积为 295m²
2007～2015 年	宁钢 430m²、拜城钢厂 430m²、八钢 430m²、首钢京唐 500m²、安阳钢铁 500m²、太钢 600m² 等大型烧结机建成、投产，单机生产能力达到世界领先水平

从我国烧结机设备发展情况看，1985 年以前，我国 300m² 以上大型烧结机发展缓慢。进入 21 世纪后，随着我国已经能够自主设计、制造具有国际先进水平的 300～500m² 级的大型烧结机，烧结机大型化发展迅速，特别是国际金融危机后，我国加快了烧结机大型化的步伐。截至 2015 年，重点钢铁企业的烧结机总数为 529 台，其中大于 130m² 烧结机数量由 2011 年的 251 台增加至 2015 年的 330 台，而小于 90m² 烧结机数量由 2011 年的 134 台下降至 29 台，生产能力大幅增加。具体见表 4-14。

表 4-14　我国重点钢铁企业烧结机装备水平发展状况　（台）

铁矿石烧结机	2011 年	2012 年	2013 年	2014 年	2015 年
总量	502	557	534	545	529
130m² 及以上	251	296	308	324	330
90～129m²	117	137	143	169	170
36～89m²	109	103	67	41	23
35m² 及以下	25	21	16	11	6

B　烧结技术发展情况

改革开放以来，伴随着我国烧结机大型化的步伐，烧结工艺技术也取得长足的进步和发展，烧结机大型化、自动化水平的提高对烧结工序能耗的降低具有明显促进作用。另外，我国新建、改造和已建烧结机均在逐步配套建设余热发电、脱硫等节能环保设施，环保指标也有明显改善。改革开放以来，我国烧结工艺技术发展大体经历了以下几个阶段。

（1）1970 年至 1979 年，烧结矿冷却攻关和铺底料上马时期。

在此期间，全国钢铁企业借鉴马钢二烧引进先进设备技术经验，并通过烧结矿冷却及加设铺底料的攻关，使用小型烧结机的抽风环式和带式冷却机，妥善解决了小型烧结矿冷却问题，并在全国推广。

（2）1979 年至 1985 年，推广生产高碱度烧结矿和厚料层烧结时期。

1979 年初，在学习重钢、湘钢烧结厂经验的基础上，全国烧结厂推广生产高碱度烧结矿和厚料层烧结技术，1979 年初，重点钢铁企业烧结厂的料层厚度为 220 ~ 250mm，到 1985 年，重点钢铁企业烧结厂的料层厚度上升至 354mm。

（3）1986 年至 2007 年，现代大型烧结机新工艺时期。

随着宝钢 1985 年引进日本的 450m^2 大型烧结机投产，以及国内其他企业先后建成 180 ~ 495m^2 大型烧结机，我国进入现代大型烧结机新工艺时期。现代大型烧结机具有自动配料、强化制粒、偏析布料、烧结矿冷却（多采用鼓风环式冷却机）、成品整粒和铺底料系统等现代化的工艺，并配置了较为完善的过程检测和控制系统自动化装置，采用计算机控制系统对全厂生产过程进行自动操作、监控及生产管理。此外，大型烧结机环境除尘采用高效布袋除尘器或高效干式电除尘器，主排气采用高效干式电除尘器，对环境的保护能力得到了明显提升。大型烧结机的应用，改善了烧结矿质量，提高了环境保护能力，降低了烧结工序能耗，使得我国烧结生产工业进入了世界的先进水平行列。

（4）2007 年至 2015 年，大中型企业建成综合原料场时期。

国际金融危机以来，由于进口粉矿量不断增加，杂料也越来越多。为适应这种情况，我国一大批大中型钢铁企业建成了综合原料场，综合原料场将烧结使用的含铁原料、固体燃料、熔剂贮存、混匀、加工和供给，已达到烧结原料化学成分稳定、粒度均匀、水分恰当等目的，为稳定烧结和炼铁生产，提高其产品质量和降低燃耗创造了条件。这个时期，出现的新生产工艺和装备主要有：直拖式自动重量配料设备；各种烧结增效节能添加剂；小球烧结；各种形式预热烧结混合料；超厚料层烧结；新型液密封鼓风环式冷却机；新型除尘设备；三电一体计算机控制系统；烧结烟气脱 SO_2 技术；多种余热回收装置；钢铁厂粉尘泥渣的综合处理。

采用上述这些新工艺、新设备后，提高了烧结质量，大幅度降低了烧结工序能耗，不少烧结厂烧结矿 TFe 达到 57.7% ~60%，SiO_2 低至 4.5% ~5.0%，ISO 转鼓强度为 79% ~83%，工序能耗小于 50kg/t。与此同时，高炉也得到了很大的改善。随着烧结装备的大型化和技术进步，近几年重点企业技术经济指标表现出来的主要特点是烧结矿质量和从业人员劳动生产率稳步提高。我国重点钢铁企业烧结机技术经济指标见表 4-15。

表 4-15　我国重点钢铁企业烧结机技术经济指标

项　　目	2013 年	2014 年	2015 年
利用系数/$t \cdot (m^2 \cdot h)^{-1}$	1.24	1.27	1.25
烧结矿品位/%	54.47	54.25	55.45
烧结矿合格率/%	93.52	93.93	94.81
烧结机日历作业率/%	88.53	83.25	79.55
含铁原料消耗/$kg \cdot t^{-1}$	899.57	911.83	921.96
从业人员劳动生产率/t·(人·年)$^{-1}$	10762.89	11447.06	11680.63

4.1.3.3　炼铁装备及工艺

A　炼铁装备发展情况

旧中国从1890年建立高炉，到1949年为止的59年时间里，高炉设备都是来自日、美、英等资本主义国家。1949年，中国产铁25万吨，新中国成立后，经过60多年的艰苦奋斗、技术进步、装备升级换代，特别是经过改革开放30多年的快速发展，我国炼铁装备逐渐改变了高炉大中小型结合，技术装备先进与落后并存，炉子多、容积小、寿命低、指标差、质量低、消耗高、工艺落后、污染严重的局面，目前，炼铁无论是产量上还是技术装备上都取得了长足的进步和发展，炼铁装备已处于世界领先水平行列。

改革开放以来，我国炼铁装备的发展也大体经历了以下阶段。

（1）1978～1984年。

1978年是我国钢铁工业发展的新起点，生铁年产量3479t，比上年增长38.86%；1978年11月27日攀钢高炉投产，标志着我国已经解决了钒钛磁铁矿高炉冶炼的技术难题；当年12月23日宝钢4000m^{3}级高炉建设开工，是推动我国钢铁工业科技进步的一个新契机，促进了高炉向大型化方向发展[1]。1984年9月15日宝钢1号高炉（4063m^3）点火，次日生产出第一炉铁水，标志着我国炼铁生产进入了新的时代。

（2）1985～1990年。

1985年以后，我国炼铁高炉装备快速向大型化发展，1985年重点钢铁企业有高炉561座，总炉容8.39万立方米，到1990年重点钢铁企业有高炉1130座，总炉容为11.65万立方米；重点企业高炉平均炉容从1985年的802m^3/炉提高到1990年的899m^3/炉，大于1200m^{3}的高炉也从1985年的17座增加到1990年的23座，重钢、宣钢、攀钢、唐钢4座大于1200m^{3}的高炉于1989年先后投产；此外，宝钢新建了第二座4063m^{3}高炉；其他钢铁企业在高炉技术改造注重了广泛采用国内外先进技术，特别是吸收宝钢高炉引进的新技术，大大提高了我国高炉技术装备水平。鞍钢7号2580m^{3}高炉和11号2025m^{3}高炉的改造具有代表性，充分显示出我国高炉设计和生产水平的提高。

（3）1990～1995年。

1990年全国有高炉1130座，总容积为11659m^3。1995年全国高炉有3228座，是我国历史中高炉座数最多的一年，其总容积为275397m^3；其中大于1000m^{3}以上容积的高炉有60座，其全年生铁产量已占全国总产量的45%；当年全国拥有现代化高炉22座，总容积达到46152m^3，占全国总容积的39%。

---

[1] 王维兴. 光辉的业绩（二）［N］. 中国冶金报，2009－5－28.

（4）1995～2000 年。

1995～2000 年期间，炼铁高炉快速向大型化方向发展，特别是 $300m^3$ 以下的小高炉在逐年减少，$100m^3$ 以下容积的高炉减少了 99%。重点钢铁企业高炉个数变化情况详见表 4-16。

表 4-16 我国重点钢铁企业高炉个数变化情况 1

容积/m^3	1995 年	2000 年
≥3000	3	4
2000～2999	8	15
1000～1999	28	28
300～999	30	126
100～299	235	55
≤100	2889	15
合计	3193	243

（5）2000 年至今。

进入 21 世纪以来，我国炼铁行业科技进步和生产建设进入高速发展期，随着我国加快钢铁工业结构调整、优化钢铁产业布局和转变经济发展方式，高炉大型化成为炼铁发展的必然趋势，高炉大型化步伐明显加快。伴随着高炉大型化的发展，炼铁产量快速增长，在“十五”期间，中国炼铁产量突破 2 亿吨、3 亿吨之后。“十一五”时期，在强劲的市场需求拉动下，2006 年炼铁产量跨越 4 亿吨台阶，2009 年跨越 5 亿吨台阶，2010 年接近 6 亿吨台阶，2012 年达到 6.64 亿吨，2014 年达到最高 7.14 亿吨，2015 年下降至 6.91 亿吨。2000 年以来，我国相继建成了 15 座 $4000m^3$ 级特大型高炉，国内自主建设 $5000m^3$ 以上特大型高炉已成功投运，如首钢京唐钢铁联合公司的 $5500m^3$ 高炉，沙钢 $5800m^3$ 高炉。2000 年以来，我国重点企业炼铁高炉变化情况见表 4-17。

表 4-17 我国重点钢铁企业高炉个数变化情况 2

高炉容积/m^3	2000 年	2007 年	2011 年	2012 年	2013 年	2014 年	2015 年
≥3000	4	16	33	34	35	39	43
2000～2999	15	40	59	69	73	77	70
1000～1999	28	64	161	217	225	239	238
300～999	126	309	383	383	350	342	336
≤299	70	54	12	10	6	7	5
合计	243	483	648	713	689	704	692

B　炼铁技术发展情况

随着高炉装备大型化的同时，炼铁先进技术也得到了广泛采用，到目前为止，我国钢铁企业通过应用高风温热风炉、无料钟高压炉顶、富氧大喷煤、高炉长寿、自动控制、节能、余能余热回收利用和环境保护等先进技术，成功地实现了炼铁技术的整体目标“一精七高五低”。“一精”即精料；“七高”指高风温、高喷煤、高顶压、高煤气利用、高利用系数、高自动化、高寿命；“五低”指低渣量、低硅、低焦比、低能耗、低污染。炼铁技术整体水平达到了世界领先水平行列。

按五年规划划分，1978 年以来，各期五年规划期间，我国炼铁技术发展情况大体如下。

（1）“六五”规划（1980～1985 年）。

“六五”期间，我国炼铁重点发展了高炉喷煤技术、无料钟高压炉顶和低硅铁冶炼技术等。

“六五”初期，马钢、苏钢喷吹煤粉取得成功，首钢、原上钢一厂、宣钢等企业喷煤比为 100 千克/吨左右，我国喷煤技术得到进一步发展。喷煤技术的快速发展，代替了高炉喷油（1981 年 5 月全国高炉停止喷油），有力地促进了高风温技术的进步和高炉的稳定顺行。“六五”期间，首钢、包钢、酒钢、梅钢等企业 6 座高炉采用无料钟炉顶设备，炉顶煤气压力提高到 1.3～1.7kg/cm^2，生产指标显著改善。“六五”期间，杭钢、首钢、马钢等企业的高炉生铁含渣量稳定在 0.4% 左右，节焦增产效果明显。控制生铁含硅量指标偏差等科学管理操作方法在很多企业得到推广，对稳定炉况、降低生铁含硅量、改善炼铁生产指标起到了积极作用。

（2）“七五”规划（1986～1990 年）。

“七五”期间实行了全行业投入产出包干和实施了企业承包责任制，虽然在一定程度上加速了企业改造，但是却使企业在生产经营重心上只注重于产量的增长，而忽视了生产效率的提高。1990 年全国重点企业高炉利用系数为 1.741t/(m^3·d)，比 1985 年提高 0.043t/(m^3·d)；入炉焦比为 525kg/t，比 1985 年升高 26kg/t；喷煤比为 50.8kg/t，比 1985 年下降 5.9kg/t；热风温度、生铁合格率、入炉矿含铁品位均有所下降；休风率有所升高。在此期间，高炉自动控制水平得到提高。1990 年全国已有 9 座高炉采用无料炉上料设备，为提高炉顶压力，进行优化布料，提高产量打下了良好基础。重点钢铁企业高炉有 68% 进行原燃料过筛，减少粉末入炉，为增产节焦创造好条件；重点企业之中有 80% 的高炉采用电子计算机控制上料，对上料重量进行补差，部分高炉已开始对焦炭进行中子测水，对水分进行补差；20% 的高炉上料过程采用计算机控制，大大提高了高炉上料重量的稳定性，为高炉稳产高产创造出有利条件。

(3)"八五"规划(1991~1995年)。

"八五"期间,随着现代化高炉的新建和改造,为实现高压操作在工艺技术上普遍采用了无料钟炉顶设备,在冶炼过程中采用计算机控制,这些先进技术和装备的采用大大缩短了我国高炉炼铁技术水平与国际先进水平之间的差距。在这段时期,全国重点钢铁企业拥有喷煤设施的高炉占高炉总数的95%,喷煤比也有很大的进步,从1990年的50.8kg/t提高到1995年的58.8kg/t。成功研发成套的喷煤技术装备和喷煤工艺,如烟煤安全喷吹、制粉系统一次布袋收粉技术、浓相输送、单管路加分配器流化喷吹、氧煤燃烧及系统安全、喷煤计算机计量和控制技术等,极大地推动了我国高炉冶炼工艺的发展。

(4)"九五"规划(1996~2000年)。

"九五"期间我国高炉炼铁技术进步,取得了突出的成就,高炉炼铁技术经济指标取得显著进步。通过对喷吹烟煤技术和富氧超高量喷煤技术的开发,取得了一批自主知识产权的科技成果,实现了高炉喷煤技术装备国产化,带动了高炉炼铁系统的结构优化,促进了热风炉高风温技术、高炉长寿技术、喷吹计算机控制和高炉操作技术、高炉原料准备技术、喷吹配煤和氧煤枪强化技术,以及与之相关的安全技术的发展。全国重点钢铁企业高炉利用系数从1996年的1.75t/(m^3·d)提高到2000年的2.233t/(m^3·t);入炉焦比从1996年的495kg/t降低到2000年的429kg/t;高炉喷煤比从1996年的39.8kg/t,增长到2000年的118kg/t,达到世界水平。

(5)"十五"规划(2000~2005年)、"十一五"规划(2006~2010年)和"十二五"规划(2011~2015年)。

21世纪我国炼铁行业科技进步和生产建设进入高速发展期。某些高炉的部分技术经济指标达到或接近国际领先水平,世界先进成熟的高炉生产技术,如精料技术、无料钟炉顶布料技术、喷煤富氧、高风温、热风炉双预热、低硅冶炼、干法布袋除尘、TRT炉顶余压发电技术等,在我国钢铁企业都已得到普遍应用。

4.1.3.4 炼钢装备及工艺

A 炼钢装备发展情况

a 转炉

转炉设备纯氧顶吹转炉自1952年问世以来,发展极为迅速。到1976年世界上纯氧顶吹转炉钢已占钢总产量的70%,炉子容量也在不断加大,20t以上炉子已达130余座,最大为400t。

1964年10月,首钢建成并投产了我国第一座30t氧气顶吹转炉。20世纪70年代时期,我国先后建成一批小型(如济南钢厂13t、安阳钢厂15t、邯郸钢厂15t、天津钢厂20t等)、中型(如太原钢铁公司50t、包头钢铁公司50t、武汉钢铁公司50t、马鞍山钢铁公司50t等)、大型(鞍山钢铁公司150t、本溪钢铁公司

120t、攀枝花钢铁公司120t等）氧气顶吹转炉。20世纪80年代，宝钢建成了具有代表性的300t的大型转炉。“十五”后期和“十一五”期间，我国转炉大型化取得较快进展，技术装备水平不断提高，到2007年，100t以上转炉成为中国炼钢生产的主体设备，其中宝钢、武钢、鞍钢等企业转炉装备基本上达到国外同类装备的先进水平。截至2015年底，全国重点钢铁企业共有炼钢转炉665座，生产能力81000万吨。其中，200t及以上转炉54座，占比8.12%；100～199t转炉312座，占比46.92%；50～99t转炉242座，占比36.39%；49t及以下转炉57座，占比8.57%。可以看出100t以上转炉占比仅达到55.04%，现代化、大型化、高技术含量的炼钢装备占比还比较低，有较大提升空间。

b　电炉

世界电炉炼钢技术发展历史大致可分为传统电炉炼钢和现代电炉炼钢两个时期。传统电炉炼钢技术在20世纪50年代开始进入成熟阶段，到20世纪70年代，随着二次精炼技术的产生，传统电弧炉炼钢达到了成熟期。超高功率供电及其相关技术的出现，推动着电炉炼钢技术由传统电炉炼钢技术向现代电炉炼钢技术的发展。1982年，偏心炉底出钢技术及LF炉的诞生，标志着电炉炼钢技术正式进入现代电炉炼钢技术发展阶段。1989年，美国纽柯公司第一条电炉——CSP生产线的投产，标志着现代电炉炼钢技术开始进入成熟阶段。

由于我国电炉炼钢技术主要出现在1978年改革开放以后，国内电炉炼钢技术的发展基本跨越过传统电弧炉炼钢技术阶段，从20世纪90年代开始，直接进入现代电炉炼钢时期，并且呈现出装备大型化的特征，电炉公称容量以100～150t为主，主要装备由国外生产商提供。据不完全统计，2000～2009年全国新建50t以上电弧炉64座，其中100t以上22座。截至2015年底，全国重点钢铁企业共有电炉163座，生产能力6086万吨。其中，100t及以上电炉26座，占比15.95%；50～99t电炉64座，占比39.26%；11～49t电炉39座，占比23.93%；10t及以下电炉34座，占比20.86%。

B　炼钢技术发展情况

a　转炉

从1964年我国第一座转炉投产以来，转炉炼钢技术快速发展，如强化供氧、余热余能回收、溅渣护炉、长寿复吹、终点动态控制、副枪技术、下渣检测等已在我国钢铁企业得到普遍应用，上述转炉炼钢技术的应用，延长了转炉寿命，提高了生产效率，降低了能源消耗，改善了产品质量。此外，随着转炉煤气二次能源资源综合利用水平的大幅提高，目前，我国大多数转炉生产企业已实现负能炼钢，如代表企业宝钢转炉煤气回收达到了110m^3/t的世界先进水平，宝钢二炼钢还首次在国内实施转炉干法除尘，提高了转炉煤气质量和回收量，并降低了环境污染。另外，高效蓄热燃烧技术、连铸坯热送热装技术也都得到了广泛的应用，转炉炼钢节能降耗效果显著。

随着技术和管理水平的提高，炼钢工序各项消耗指标及工序能耗不断降低，炼钢品种开发和质量也不断得到改善和提高。我国重点钢铁企业转炉炼钢主要技术经济指标见表4-18。

表4-18 我国重点钢铁企业转炉炼钢主要技术经济指标

项　目	2013年	2014年	2015年
工序能耗/kg·t⁻¹(标煤)	-7.81	-8.73	-12.25
转炉金属料消耗/kg·t⁻¹	1089.87	1088.29	1084.79
转炉金属料中的废钢消耗/kg·t⁻¹	60.66	59.94	58.87
利用系数/t·(t·d)⁻¹	28.5	27.8	26.65
转炉日历作业率/%	79.58	79.23	74.66
从业人员劳动生产率/t·(人·年)⁻¹	3511.14	3527.93	3471.28

b 电炉

我国电炉炼钢技术在消化吸收国外先进技术的基础上，开发了电炉加部分铁水冶炼的新技术、电炉以氮代氩全程底吹技术、低氮电炉钢生产技术、电炉终点控制技术、电炉优化供电技术等，使我国电炉炼钢在原料多样化、合理供电、能量多元化、余热利用、绿色环保等方面取得了巨大的进步，且主要技术经济指标已经达到了世界先进水平。我国重点钢铁企业电炉炼钢主要技术经济指标见表4-19。

表4-19 我国重点钢铁企业电炉炼钢主要技术经济指标

项　目	2013年	2014年	2015年
冶炼电耗/kW·h·t⁻¹	271.28	322.64	290.91
电炉金属料消耗/kg·t⁻¹	1128.31	1134.58	1130.61
电炉金属料中的废钢消耗/kg·t⁻¹	381.05	372.06	351.68
利用系数/t·(MVA·d)⁻¹	21.33	18.92	18.13
电炉日历作业率/%	40.54	58.32	58.27
从业人员劳动生产率/t·(人·年)⁻¹	1433.93	1270.12	1238.4

4.1.3.5 轧钢装备及工艺

1896年，中国第一批轧钢设备开工建设，直至1907年，才在我国第一个钢铁厂——汉阳钢铁厂投入生产；到1943年，我国钢材的年产量只有68.6万吨，仅为当时生铁产量的38.1%。1949年新中国成立后，随着我国钢铁工业的迅速发展，轧钢设备也有较大的增长。特别是1978年改革开放以来，在消化引进和自主探索基础上，经过挖潜、革新、改造，我国轧钢技术和装备能力水平取得了巨大发展。

A　轧钢装备发展情况

按长材和板材分类，改革开放以来我国轧钢装备的发展情况大致如下。

（1）长材轧钢装备发展情况。

长材范围广泛，形状、尺寸复杂，主要包含以下品种：螺纹钢、普线、高线、圆钢、角钢、槽钢、工字钢、H 型钢、扁钢、方钢、异型材、冷弯型材、钢轨、铁道用材、其他型材、其他长材等。改革开放前，我国有鞍钢、包钢、攀钢的几个轨梁厂生产如重轨、工字钢、槽钢、角钢等大型材，一大批中型轧钢厂生产中型钢材，一批小型轧钢厂生产棒线材；轧钢设备大多采用横列式布置、可逆轧制，多火成材，产品质量和成材率较低，生产成本和能耗较高。改革开放后，先后在马钢、莱钢等厂建成大 H 型钢生产线，在鞍钢、攀钢、包钢建成能生产重轨和 H 型钢的万能机组；通过对引进的自动化棒线材连轧机组消化、吸收和创新，开发出具有中国特色的短应力线棒材连轧机、H 型钢轧机等长材轧制设备，使中国长材生产装备、技术跻身于国际先进行列。

（2）板材轧钢装备发展情况。

以板材生产量最大的热连轧机为例，改革开放以来，我国板材轧钢装备发展大体经历了消化引进和自主集成创新两个阶段，具体发展历程如下。

1）消化引进阶段。改革开放之前，我国仅有由苏联援建的鞍钢 1700 半连轧机和武钢从日本引进的 3/4 连续式 1700 热连轧机；改革开放之后，以宝钢引进 2050 热连轧机为契机，我国热连轧机进入了消化引进阶段。

2）自主集成创新阶段。经过宝钢引进 2050 热连轧机的积累，以及钢铁企业、轧机制造企业等单位通过合作设计、合作制造等方式，我国企业逐渐掌握了热连轧装备制造的核心技术，进入自主集成创新阶段。2000 年，鞍钢成功开发了中厚板坯的短流程生产技术，标志着中国热连轧机的第一次自主集成。2005 年，鞍钢自主研发设计制造 2150ASP 热连轧机，此后，我国通过自主集成和创新建设了太钢 1549 和 2250、天铁 1780、新疆八一 1700、莱钢 1500、日照 2150、宁波 1780 等多套热连轧机及全套自动控制系统，我国全面进入热连轧机技术自主集成创新阶段。

B　轧钢技术发展情况

近年来，我国轧钢技术在长材轧制方面，主要是结合轧制进行了在线热处理技术、新一代控制冷却技术等方面的开发；在板材轧制技术方面，主要是超薄规格板带轧制技术、轧制数学模型优化和板形控制等技术取得了突破。长材和板材轧钢技术具体进步情况如下❶。

---

❶ 王国栋，吴迪，刘振宇，等. 中国轧钢技术的发展现状和展望［J］. 中国冶金，2009（12）.

（1）长材轧钢技术发展情况。

1）棒材超快冷技术和热轧带肋钢筋超级钢。棒材和热轧钢筋是我国产量最大的钢材品种。棒材超快速冷却技术，可以在常规的轧制制度下节省微合金元素，生产高级别的钢筋，不仅可以同时提高材料的强度和韧性（相应提高一个强度级别），而且产品具有低的屈强比，生产钢筋具有良好的力学性能、焊接性能、抗震性能、时效性。这项技术可以在不改造主要设备、不降低作业率、不低温轧制、不余热淬火的条件下提高产量、质量和产品的强度级别，具有减量化、低成本、高效率，在钢铁企业中得到了迅速推广应用，自2006年以来，推广该技术生产的钢筋年产量超过700万吨。

2）钢轨在线热处理技术创新与发展。攀钢在20世纪90年代中期建成了具有完全知识产权的钢轨在线热处理生产线，通过在线连续、高效风冷的程序控制技术的应用，解决了上料、高温钢轨精确导向、热矫直、翻钢等难题，生产出综合性能优良、质量稳定可靠的热处理钢轨产品。投产以来，累计生产了抗拉强度的1180MPa级PD3和1230MPa级（U75V）以及1300MPa级PG4在线热处理钢轨等70多万吨，并大量出口。

3）F型钢。莱芜钢铁集团技术研发中心通过不断摸索、实践，成功解决了F型钢尺寸高精度控制、F型钢热轧轴向力、不均匀变形造成的扭转、侧弯、上翘等技术问题，掌握了热轧F型钢的关键技术，在2007年11月成功轧制出世界第一支中低速磁悬浮列车轨道用F型钢，热轧F型钢轨道在唐山15km示范线上成功应用，并全面推广至北京、深圳、重庆、济南、常州等10多个城市建成和拟建的磁悬浮列车轨道交通系统中。

4）H型钢。1998年马钢建成了国内第一条热轧H型钢生产线，针对H型钢特点及市场需求，经过多年系统研究，形成了完整的H型钢生产及应用关键技术。研发成功了万能轧机小张力连轧控制技术、腹板偏心控制技术、优化锯切技术、异型坯孔型共用技术等，产品广泛应用于海洋石油平台、铁道车辆等项目中。由马钢编制的热轧H型钢应用技术体系，规范了热轧H型钢生产技术和产品标准，使得热轧H型钢在国内市场得到了大规模的推广应用。

（2）板材轧钢技术发展情况。

以热连轧机为例，改革开放以来，我国热连轧机取得的关键技术主要有：连铸坯热送热装技术、直接轧制技术、无头轧制和半无头轧制技术、板坯定宽压力机（SSP）技术、中间坯短行程控制和宽度自动控制技术、中间坯保温技术和边部感应加热技术、新型热卷箱技术、液压下厚度控制（HAGC）和连续可变凸度CVC技术、在线磨辊（ORG）技术、热连轧机层流冷却技术等，一系列技术的开发和应用，在降低能源消耗、提高中间坯宽度控制精度、改善板坯头尾形状，减少头尾切损、提高产品尺寸控制精度、防止薄带钢和硅钢、不锈钢、高碳钢等特殊品种的边部裂纹方面产生了良好的经济效益，并使得我国热连轧机轧制技术达到了国际先进水平。目前我国热连轧机应用的主要技术特点及作用见表 4-20。

表 4-20　我国热连轧机应用的主要技术特点及作用

轧制技术	技术特点	作用
连铸坯热送热装技术	连铸坯在600℃以上高温时直接装炉或先放入保温装置，根据生产安排，把经过加热到1050℃以上的高温连铸坯直接送往轧机轧制。	节约煤气、电等资源消耗，减少烧损
直接轧制技术	把1050℃以上的高温连铸坯，经边部加热后直接送往轧机轧制。	节能、降低金属消耗，缩短生产周期，降低产品生产成本
无头轧制和半无头轧制技术	无头轧制技术是指将粗轧后的带坯在中间辊道上焊合起来，并连续不断地通过精轧机的一种技术。半无头轧制工艺是将70～150m长的铸坯，经过加热炉加热后，直接送往轧机轧制，并在不间断的轧制过程中，逐步对钢带减薄增速，最终由高速飞剪根据不同用户的需求，分剪成若干个不同质量的超薄带钢钢卷	解决了传统分块轧制方式轧机频繁的咬钢、抛钢和变换轧制速度等问题，提高了材头、尾部的质量
板坯定宽压力机（SSP）技术	在热连轧机安装连续/间断式定宽压力机SSP，板坯定宽侧压机（SP）靠模块步进式动作，在板坯侧面施加压力，以达到板坯的减宽目的	轧机宽度调整能力大减少了连铸板坯的宽度规格
中间坯短行程控制和宽度自动控制技术	通过粗轧机前的强力侧导机构，增强的粗轧能力和液压压下以及自动化控制系统有效地防止了中间坯强力轧制后镰刀弯的产生	提高了中间坯宽度控制精度，改善了板坯的头尾形状，减少了头尾切损
中间坯保温技术和边部感应加热技术	延伸辊道增加保温罩，改善了中间坯温度的均匀性，减少了头尾温差	改善钢坯断面温度分布和金相组织，防止薄带钢和硅钢、不锈钢、高碳钢等特殊品种的边部裂纹
新型热卷箱技术	采用三卷取位置，热卷箱出口使用强力矫直机	满足了带钢无头轧制的需要
液压下厚度控制（HAGC）和连续可变凸度CVC技术	通过液压缸平衡轴承座与机架窗口间的间隙，控制液压下厚度和连续可变凸度	提高带钢产品的厚度精确、凸度和平直度
在线磨辊（ORG）技术	在精轧机入口侧，分为上下两部分，砂轮是通过接触旋转中的工作辊，分别对上下工作辊实施研磨	控制板形、板凸度、减少边部减薄与局部高点，提高表面质量，消除工作辊的磨损差异，实现自由轧制
热连轧机层流冷却技术	根据工艺模型可精确控制带钢冷却强度和速率、冷却均匀性和卷取温度	降低带钢冷却后的热应力，有效防止边浪的发生

4.1.4　产品结构及差异化程度

“十五”期间，电工钢板带、镀层板（带）、涂层板（带）、热轧薄宽钢带、中厚宽钢带、冷轧窄钢带、热轧窄钢带、冷轧薄宽钢带等品种产量大幅增长，改变了我国高附加值、高技术含量的钢材品种长期短缺的局面。一些长期依靠进口的短线产品如重轨、造船板、集装箱板、镀锡板等，通过发展“以产顶进”和进口替代，现已可以基本立足国内解决；国内钢铁工业的薄弱品种，如电工钢板带、镀锌板、石油管及热轧薄板、冷轧薄板等，生产能力及市场占有率也大幅度提高。具体来说，改革开放以来，我国钢铁工业产品结构调整主要取得以下成绩。

（1）国内钢铁生产规模提升的同时，自给率不断提高。

1996 年，我国钢产量首次突破 1 亿吨并成为世界最大产钢国，2005 年，我国成为钢材净出口国，彻底扭转了钢总体生产能力不足的状况。进入新世纪以来，中国钢铁工业在发展速度方面和发展规模方面均创造了世界钢铁发展史上的奇迹，1978～2015 年期间，中国钢产量增长了 7.72 亿吨，年均增产钢 2087 万吨，年均增长率 9.12%，2015 年达到了 80383 万吨；钢材产量增长了 10.99 亿吨，年均增产钢材 3052 万吨，年增长率 11.15%，到 2015 年达到了 112350 万吨。

钢材总量自给率 1978 年仅有 72.7%，2006 年超过了 100%，2007 年创历史最高点，达 111.1%；之后，由于金融危机影响，自给率略有降低，但总量自给率仍在 100% 以上。

（2）钢材产品进出口格局发生历史性变革。

改革开放以后的很长一段时期内，中国钢材一直处于供不应求状态，需要进口相当数量的钢材以满足国内需求，特别是改革开放以来的三个阶段之中出现的三次经济发展高潮，钢材进口量也相应地出现了三次高峰，即 1985 年的 1964 万吨、1993 年 3687 万吨和 2003 年的 4320 万吨。

从 2004 年开始，我国钢材出口持续增加，进口大幅下降。到 2005 年实现了钢材净出口（净出口钢材 10.2 万吨）。2007 年，我国成为世界最大钢材出口国，共出口钢材 6636 万吨，净出口钢材 4917 万吨。金融危机以后，尽管出口量有所减少，但仍保持净出口态势。2015 年出口量达到历史最高 11156 万吨，净出口钢材 9838 万吨。

（3）改革开放以来，钢材品种结构有了很大改善，高附加值、高技术含量的产品产量增长较快。

1978 年冷轧板产量 20.9 万吨，2012 年冷轧板产量已达 7120 万吨，增长 340 倍。1978 年镀层板产量只有 4.8 万吨，2015 年产量达到 5210 万吨，增长 1084

倍。1978 年国内不能生产冷轧硅钢片，1979 年生产 2 万吨，2012 年国内生产 642 万吨。石油管（套管、油管、钻杆），1978 年国内基本不能生产，主要靠进口解决，1999 年国产石油管已达 56. 3 万吨。

改革开放以来，钢材品种结构比进一步优化，板管带比有显著提高。1978 年 32%，“九五”期末，即 2000 年突破 40%，达 42. 4%，“十一五”期初，即 2006 年突破 50%，达 51. 2%，2008 年达到历史最高点 54. 1%，2009 年，由于“4 万亿”投资，侧重“铁工基”，板管带比有所下降，但仍在 50% 以上，达 52%，“十二五”期间一直在 53% 左右波动。板管带比的提高，标志着国家经济发展水平和综合工业水平的提高。

钢铁生产产品结构调整的发展趋势是板管带材产品的比重不断提高，以棒材、线材为代表的建筑类产品的比重相对下降，但仍然占较大的比重，总体上符合经济发展对钢材消费需要的实际情况，国外的发展历史也证明了这一点，但我国人口众多，与国外经济发展情况不同，还有差距，为此，以棒材、线材为代表的建筑类产品在相当长时期还会占较大比重。

（4）随着我国国民经济的持续、快速、健康发展，对钢铁产品不断提出新的更高要求，在生产难度和技术难度大的高端专用钢材品种方面，紧跟市场需求，发展速度较快。

代表着钢铁制造业的水平的汽车板，即使在国外也只有少数钢厂能够生产高等级汽车板。2000 年以来，中国汽车制造业进入了高速发展阶段，汽车产量从 2000 年的 207 万辆猛增到 2015 年的 2450 万辆，而在 2000 年前后，进口热镀锌汽车板几乎垄断了中国市场。我国的钢铁龙头企业宝钢把汽车板作为企业的标志性产品，先后建成了 1550、1800 和五冷轧等高等级汽车板生产线，汽车板年产能达到 690 万吨（普冷 425 万吨、热镀锌 245 万吨、电镀锌 25 万吨），品种包括冷轧、热镀纯锌、热镀锌合金化、电镀锌和电镀锌镍等，产品牌号达 270 多个，其中高强 IF 钢、烘烤硬化钢、各向同性钢、冷轧及热镀锌双相钢和相变诱导性钢填补了国内空白。到目前，宝钢高等级汽车板几乎覆盖国内所有汽车制造企业；进口汽车板在中国的市场份额已下降到 15% 左右，失去了在中国汽车板市场的主导地位，结束了中国汽车板长期依赖进口的局面。

400 系不锈钢具有生产工艺复杂、技术水平高、生产难度大等特点。世界上目前上只有日本 JIF 和德国蒂森克虏伯等少数不锈钢生产企业掌握 400 系不锈钢核心技术，且保密性极强，中国 400 系不锈钢产品曾长期依赖进口。2000 年以来，太钢先后实施了不锈钢系统的改扩建和新建工程，形成了年产 400 万吨具有国际领先水平的冶炼—精炼—连铸—热轧—冷轧全流程不锈钢生产线。2015 年，太钢 400 系不锈钢的产量达到了 170 万吨左右，形成了造币钢、铁路货车用钢、集装箱及罐箱用钢、汽车排气系统用钢等几大 400 系不锈钢产品系列，其产品的成型性能、耐腐蚀性能及表面质量均达到了国际先进水平。由于太钢400系不锈钢产品的开发和应用，使同类进口产品比例大幅下降，有效替代了进口。

高速铁路钢轨的制造工艺技术代表了长材生产的最高水平。在2004年之前，世界上只有新日铁等少数先进企业能生产，几乎占据了世界高速铁路铁轨的全部市场。进入新世纪以来，为保障国家高速客运铁路、重载铁路、客货混运铁路等铁路网建设工程，攀钢集团开发和生产出100m在线热处理钢轨和时速350km/h客运铁路钢轨；攀钢集团开发和生产的1300MPa重载铁路钢轨和1100MPa快速客货混运铁路钢轨产品填补了国内甚至国外空白。

在2004年之前，中国大型原油储罐用调质高强度钢板基本上依赖进口。1999年武钢率先打破了国外的技术垄断，为燕山石化建造两台10m^{3}原油储罐提供钢板。2004年以来，为保障国家战略石油储备基地建设，武钢于2005年开始大批量生产高强度钢板。到2006年，国外大型原油储罐用钢彻底告别了中国市场，第一次在全国范围内实现了大型原油储罐用高性能压力容器用钢的100%国产化。

热轧H型钢与工字钢相比，相同重量下增加承重15%～30%；与焊接H型钢相比，减少材料消耗5%～8%。1998年以前，中国大型热轧H型钢系列生产基本上是空白，国内所需的大型热轧H型钢完全依赖进口。1998年9月，马钢大型热轧H型钢生产线投产，填补了这一空白。目前，马钢可以生产国标、美标、英标、欧标、日标等30个系列265个品种的热轧H型钢、工字钢及钢板桩品种，产品广泛应用于铁道车辆、海洋石油平台等重点行业中。

4.1.5 进入/退出壁垒

我国钢铁行业的准入管理政策变化是伴随着国家经济发展而变化的，特别是改革开放以来，在我国经济体制由计划经济向市场经济转轨的过程中，国家的钢铁产业管理政策也逐渐发生变化，尤其是进入21世纪以来，伴随着钢铁工业快速发展、诸多问题和矛盾的暴露，国家在钢铁行业管理方面不断出台新的政策、措施，钢铁行业在法律、法规、审批等方面都有着严格的准入条件，但由于我国对钢铁行业的管理一直带有计划经济色彩的模式，出现了钢铁行业管理政策多、收效不大，甚至部分钢铁产业政策起到了“反作用”的结果。按我国现行的法律、法规体系及钢铁产业管理政策规定，从事钢铁行业所需手续，需要满足以下几类政策规定。

4.1.5.1 符合现行的法律、行政法规、部门规章与钢铁行业相关的条款

涉及钢铁行业的相关法律、法规有很多，有的法律条款对钢铁行业做出了规定，有的法律虽然不直接规范钢铁行业，但有关条款也适用于钢铁行业，因此从事钢铁行业生产经营，首先需要符合国家相关的法律法规。其次，由国务院制定

的行政法规，由于在全国范围内具有行政约束力，因此，国内的钢铁企业也须遵守相关行政法规条款。此外，由国务院组成机构（委员会、部、局）制定的规范性文件，对各行业业务范围具有约束效力，从事相关业务的企业也须遵守执行，目前，国内与钢铁行业相关的政策规定主要由国家发改委、工业和信息化部等国务院部委制定、发布。

从事钢铁行业须遵守的法律、行政法规、部门规章等方面政策主要见表4-21。

表 4-21　从事钢铁行业主要法律、行政法规及部门规章

政策类型	政 策 名 称
法律	《公司法》、《合同法》、《建筑法》、《政府采购法》、《招标投标法》、《反不正当竞争法》、《环境保护法》、《环境影响评价法》、《大气污染防治法》、《清洁生产促进法》、《安全生产法》、《消防法》、《劳动法》、《产品质量法》、《城市规划法》、《土地管理法》、《节约能源法》、《水法》、《水污染防治法》、《税收征收管理法》、《中外合资经营企业法》、《中外合作经营企业法》、《外资企业法》、《专利法》、《商标法》、《著作权法》、《行政许可法》 等
行政法规	《国务院关于投资体制改革的决定》、《企业国有资产监督管理暂行条例》、《国务院关于调整部分行业固定资产投资项目资本金比例的通知》、《关于固定资产投资项目试行资本金制度的通知》、《建设工程安全生产管理条例》、《建设工程质量管理条例》、《建设工程勘察设计管理条例》、《建设项目环境保护管理条例》、《指导外商投资方向的规定》、《国务院办公厅转发发展改革委等部门关于制止钢铁电解铝水泥行业盲目投资若干意见的通知》(国办发〔2003〕103 号)、《国务院关于加快推进产能过剩行业结构调整的通知》(国发〔2006〕11 号)、《国务院办公厅关于进一步加大节能减排力度加快钢铁工业结构调整的若干意见》(国办发〔2010〕34 号)、《国务院关于化解产能严重过剩矛盾的指导意见》(国发〔2013〕41 号) 等
部门规章	由国家发改委制定和发布的《企业投资项目核准暂行办法》(2004 年)、《外商投资项目核准暂行管理办法》(2004 年)、《关于实行企业投资项目备案制指导意见的通知》(2004 年)、《关于改进和完善报请国务院审批或核准的投资项目管理办法》(2005 年)、《钢铁产业发展政策》(2005 年)、《部分工业行业淘汰落后生产工艺装备和产品指导目录（2010 年本）》等；由工业和信息化部制定和发布的《部分工业行业淘汰落后生产工艺装备和产品指导目录（2010 年本）》(工产业〔2010〕第 122 号)、《钢铁工业“十二五”发展规划》(工信部规（2011）480 号)、《钢铁行业规范条件(2012 年修订)》等；此外，从事钢铁行业还需遵守国务院各部委制定的与钢铁行业相关的有关能源、环保、土地等部门规章

4.1.5.2　现行的从事钢铁行业所需的主要手续

按照现行的钢铁行业相关法律、行政法规、部门规章等政策规定要求，企业从事钢铁行业所需的手续除常规的工商、税务手续外，主要有以下几方面。

（1）审批或核准钢铁企业建设项目的政策规定。

我国对包括钢铁行业在内的固定资产投资项目实行管理，或审批，或核准，或备案。《钢铁产业发展政策》规定，国家对各类经济类型的投资主体投资国内钢铁行业和国内企业投资境外钢铁领域的经济活动实行必要的管理。管理方式有审批、有核准、也有备案。根据投资体制改革的决定及其配套文件规定，使用政府预算内资金达到一定数额的项目由政府投资主管部门审批可行性研究报告，对于列入政府核准的投资项目目录的项目实行核准制，对于其他项目实行备案制。对于产业政策没有明确提出要求的项目管理，仍需按国务院关于投资体制改革的决定和国家发改委的有关配套文件执行。这些文件主要是国家发展和改革委员会令第 19 号《企业投资项目核准暂行办法》，国家发展和改革委员会令第 22 号《外商投资项目核准暂行管理办法》，国家发展和改革委员会令第 21 号《境外投资项目核准暂行管理办法》等。

（2）钢铁行业技术装备方面的准入规定。

《钢铁产业发展政策》对钢铁行业技术装备标准、技术经济指标提出了规定。具体规定见表 4-22[1]。

表 4-22 《钢铁产业发展政策》限定的技术装备准入标准

标　准	《钢铁产业发展政策》规定
钢铁行业技术装备标准	建设烧结机使用面积要在 180m² 及以上；焦炉炭化室高度 6m 及以上；高炉有效容积 1000m³ 及以上；转炉公称容量 120t 及以上；电炉公称容量 70t 及以上；沿海深水港地区建设钢铁项目，高炉有效容积要大于 3000m³；转炉公称容量大于 200t，钢生产规模 800 万吨及以上。 新上项目高炉必须同步配套高炉余压发电装置和煤粉喷吹装置；焦炉必须同步配套干熄焦装置并匹配收尘装置和焦炉煤气脱硫装置；焦炉、高炉、转炉必须同步配套煤气回收装置；电炉必须配套烟尘回收装置
钢铁行业技术经济指标	钢铁联合企业技术经济指标达到：吨钢综合能耗高炉流程低于 0.7t 标煤，电炉流程低于 0.4t 标煤，吨钢耗新水高炉流程低于 6t，电炉流程低于 3t，水循环利用率 95% 以上。其他钢铁企业工序能耗指标要达到重点大中型钢铁企业平均水平

（3）钢铁行业能源、环保及其他方面的准入规定。

钢铁工业耗水、耗电、耗煤多，且污染重、物流量大，项目建设需具备供水、运输、矿石、煤炭、电力等诸多外部条件。由于钢铁行业生产具有的“高污染、高能耗、资源性”特点，国家在钢铁项目建设方面设立了严格的能源、环保评价制度，特别是随着近年来钢铁产能过剩日趋严重、行业经济效益低迷、环保压力不断加大，钢铁行业已被列入“高污染、高能耗、产能过剩”的名单之中，而且成为国家重点调控的行业之一，2013 年 10 月 15 日发布的《国务院关于化解产能严重过剩矛盾的指导意见》(国发〔2013〕41 号）在诸多方面都对钢铁行业设置了严格的规定。

---

[1] 中华人民共和国国家发展和改革委员会令第 35 号《钢铁产业发展政策》，2005 年 7 月发布。

4.2 我国钢铁工业发展存在的问题

经过改革开放30多年的快速发展，我国已成为世界第一大产钢国，第一大钢材出口国，钢铁行业取得了辉煌的成绩，但快速发展之后积累的矛盾也越来越多，问题也越来越严重，特别是从2008年国际金融危机爆发以来，我国钢铁行业发展呈现出明显的“两高两低”运行特征，第一高是国内钢铁产能过剩导致粗钢产量处于高位，第二高是原料成本居高不下。“两高”造成了“两低”，第一低是目前全球钢铁行业特别是以中国钢铁行业为代表的整个行业效益非常低；第二个低是整个行业处于低位发展阶段。综合分析看，我国钢铁企业当前面临的困难，一方面与国际金融危机有关，另一方面也与近年来我国钢铁企业快速发展、积累了诸多问题有关。当前，我国钢铁企业发展中存在的突出问题，主要表现在以下几方面。

（1）产能过剩日趋严重，供大于求矛盾凸显。

中国钢铁工业经过进入新世纪以来的10年多高速发展，产能不断增加，产能过剩日趋严重，供大于求矛盾凸显。统计数据显示，2000～2015年我国钢材产量增长9.9亿吨，年平均增长15.38%，增速远高于年GDP增长水平，钢材产量增速明显快于国内经济增速需求，此外从2005年开始我国成为钢材净出口国，钢材出口量逐年增长，若剔除钢材净出口影响，国内钢材供大于求矛盾将更加严重。“十二五”期间，我国钢铁产能达到11.3亿吨左右，粗钢产能利用率由2010年的79%下降到2015年的70%左右，钢铁产能已由区域性、结构性过剩逐步演变为绝对过剩。

我国粗钢产量约占全球粗钢总量的50%，钢铁产能总量庞大，从事钢铁生产企业众多，导致产能过剩的危害性大，对国家宏观经济、钢铁产业发展都造成了极大的影响。从国家宏观经济运行层面分析看，产能过剩对中国产业结构如何转型、社会经济发展都有着重大的影响，特别是在金融危机之后，世界经济发展受到抑制，矛盾进一步激化。对钢铁行业来说，产能过剩已导致企业利润大幅降低，产品价格大幅回落，并造成当地的财政收入、银行系统金融风险积累，甚至出现了部分钢企破产、钢贸商跑路等极端事件发生。

随着钢铁行业产能过剩、供大于求问题越来越严重，国家已将化解钢铁行业产能过剩作为产业结构调整、经济转型升级的重点工作。为此，2013年10月15日，国务院专门下发了《关于化解产能过剩矛盾的指导意见》(国发〔2013〕41号，以下简称《指导意见》)，主要针对钢铁、水泥、电解铝、平板玻璃、船舶等五大严重产能过剩行业进行安排部署；此外，2013年中央经济工作会议也将化解产能过剩作为2014年经济工作的六大主要任务之一，由此可见，当前我国钢铁等行业产能过剩的严重性和紧迫性。尽管国家高度重视，但钢铁行业产能过剩矛盾突出，如何化解产能过剩矛盾问题，还将面临很大的挑战。

（2）产品结构失衡，高端产品质量水平不高，市场占有率低。

我国钢铁工业一方面存在着总量上严重过剩问题，另一方面又存在着结构性矛盾，低端产品同质化竞争激烈，部分高附加值、高技术含量的产品不能满足国民经济发展的需要。

1）中低端产品产能过剩明显。建筑钢材在我国钢材产量中的比例达50%以上，市场需求较大，由于生产线投资少、生产技术简单，准入门槛低，因此大量中小型钢铁企业投资建设钢筋、线材生产线，导致我国低端钢材产品产能严重过剩。

2）部分高技术含量、高附加值的关键钢材品种我国还无法生产，需要依靠进口解决。随着国民经济产业结构的调整和变化，国内钢材市场需求结构也随之变化，对高技术含量、高附加值钢材产品的需求大幅提高，但部分高技术含量、高附加值钢材产品国内或无法生产，或质量水平不高，成材率低，成本高昂，性价比低，如汽车用钢（多相钢）、厚度小于0.3mm冷轧卷、屈服强度960MPa以上高强工程机械用钢、高铁轮对用钢、高等级后壁锅炉管、高端装备用齿轮钢、轴承钢及部分高端不锈钢等品种，国内还无法生产。汽车用超深冲板、高碳冷轧板、屈服强度700MPa以上高强工程机械用钢、核电用钢、电站用钢、高等级模具钢、棒线材及不锈钢等品种，国内可生产，但产品质量、性能不稳定。所以说在高档钢材产品市场，我国钢铁工业竞争力仍然较低。

3）从出口数量来看，近年我国钢材产品的国际市场占有率在世界市场上处于领先地位，但从质量上看，日本出口特钢价值占比远高于数量占比，而中国出口特钢价值占比却低于数量占比，以2012年为例，通过计算可以得出，日本特钢出口的单位价值约为1721.77美元，而中国特钢出口的单位价值约为760.56美元，不到日本的一半。以上数据表明，中国出口钢材量较多，但是就价值而言却不具竞争力，反映出我国钢材品牌效应差、产品结构及质量存在较大提升空间。

（3）产业布局不合理，产业集中度低，呈现广而散、多而小的结构态势。

新中国成立后，国家对钢铁工业布局是以靠近铁矿原料产地，利用国内资源为主，依托大城市的原则逐步形成的内陆资源型布局，还有部分钢铁企业是基于国家战略考虑的布局。随着我国经济的快速发展，原料供应和市场需求发生的巨大变化，以及城市环保要求日益严格，水资源、运输条件、能源供应等制约逐渐凸显，特别是随着中国对进口矿石依赖程度的提高，整个钢铁工业布局不合理的矛盾逐步加剧，成本高、资源能源浪费严重等问题突出。虽然相继组建了宝钢、鞍钢、武钢、河北钢铁、山东钢铁等大型钢铁集团，但行业集中度与发达国家相比还比较低。由于产业集中度低引发的一系列问题，如行业自律性差，资源配置不合理，集约化经营难以实现，产品同质化程度高等，都制约了钢铁工业整体竞争力的提高。

2015 年统计数据显示，我国从事黑色金属冶炼和压延加工业的规模以上工业企业有 9540 家，其中生产粗钢的企业有 500 多家，平均规模不到 200 万吨。目前，美、日、韩的产业集中度为70% ~90% 的水平，而我国前十家钢铁企业产业集中度由 2010 年的 49% 降至 2015 年的 34%，没有达到“十二五”规划“60%”的目标，远落后于美、日、韩等国。产业集中度低，既制约了钢铁企业的创新能力，又增加了行业自律难度，而且导致或加剧了盲目投资、重复建设以及无序竞争等问题。

2015 年全球前十大钢铁粗钢产量占所在地粗钢产量对比数据显示，尽管 2015 年中国有 6 家钢铁企业粗钢产量排名全球前 10，但其占国内粗钢产量比例均在 10% 以下，与欧盟、韩国、日本等国钢铁企业占本国产量比例高达 30% 以上形成鲜明对比，国内钢铁产业集中度明显偏低，见表 4-23。

表 4-23 2015 年钢铁企业粗钢产量及占比情况

钢铁企业	名次	产量/万吨	所在地	所在地粗钢产量/万吨	占比/%
安赛乐米塔尔	1	9250	欧盟	16612	55.68
河北钢铁集团	2	4775	中国	80383	5.94
新日铁住金	3	4453	日本	10513	42.36
浦项	4	4203	韩国	6967	60.33
宝钢集团	5	3494	中国	80383	4.35
江苏沙钢	6	3420	中国	80383	4.25
JFE	7	3241	日本	10513	30.83
鞍钢集团	8	3158	中国	80383	3.93
首钢集团	9	2855	中国	80383	3.55
武钢集团	10	2578	中国	80383	3.21

（4）创新体系不完善，自主创新能力亟待加强。

我国是世界第一产钢大国，但产品开发能力弱，部分高端钢铁产品自给不足，重大冶金装备仍依靠进口，先进的工艺技术仍需从国外引进，消化吸收较多，自主创新较少，技术创新能力与钢铁强国相比仍存在较大差距，具体来说：

从产品结构和产品开发来看，钢铁强国钢材产品以高技术含量、高附加值产品为主，而我国钢材产品则以低端初级产品为主。虽然近年来双高产品的比例不断提高，但在国际国内市场的占有率仍然很低，如高标准模具钢、特种耐腐蚀油井管等关键钢材产品由于没有完全掌握生产技术，产品质量不合格或者成材率低，成本高，仍然无法满足要求，需要进口。

从技术装备和工艺开发来看，重大冶金装备如炉外精炼装置、热连轧机、冷连轧机、镀锌机组、不锈钢冷轧机和冷轧硅钢轧机，甚至高速线材精轧机、连续棒材精轧机组，几乎都需要从国外整体引进；世界钢铁新兴的薄带坯连铸直轧、新型钢铁材料、超细晶钢等前沿支撑技术缺乏产业化能力；全连续紧凑型钢铁生产新流程、智能化工厂等前沿技术的发展应用与国外相比还存在较大差距；具有企业自身特点的中长远重大战略储备项目的比较还比较少。

（5）能源消耗巨大，环境污染严重。

同国外先进的钢铁工业国家相比，粗放型增长仍然是我国钢铁工业发展的主要方式，对资源、能源需求逐步加大的同时，对环境造成了严重的影响，钢铁工业整体节能环保、绿色发展水平较低，而钢铁生产面临的环境、能源压力正不断加大。《国民经济和社会发展第十二个五年规划》要求单位工业增加值能耗和二氧化碳排放比2010年降低16%，《钢铁工业“十二五”发展规划》要求到2015年，钢铁工业单位工业增加值能耗和二氧化碳排放下降18%，“十二五”期间钢铁行业节能减排目标明显高于国家要求。此外，受近年来全国大范围、长时间“雾霾”极端天气影响，中央及各级地方政府也不断提高钢铁行业的环保、能耗标准，如从2013年9月到11月短短三个月时间，国务院下发了《国务院关于印发大气污染防治行动计划的通知》(国发〔2013〕37号)，国家环境保护部、国家发展和改革委员会等六部委联合下发了《京津冀及周边地区落实大气污染防治行动计划实施细则》，河北、山西、内蒙古、天津、北京等各地方政府也先后出台政策措施，落实国家环保政策要求。其中各级政府均将钢铁行业环保工作作为实施大气污染防治行动的重点，尤其是产钢大省——河北省，国发〔2013〕37号要求，提前一年完成“十二五”钢铁落后产能淘汰任务（淘汰炼铁落后产能4800万吨，炼钢4800万吨）；2015年底前再淘汰炼铁1500万吨、炼钢1500万吨；到2017年底，全国压缩钢铁产能8000万吨以上，其中河北省压缩钢铁产能6000万吨以上，占比高达75%。总体来说，无论是从民众和社会对“蓝天碧水”显示需求看，还是从“十二五”、“十三五”规划等政策对钢铁行业的要求看，钢铁绿色制造和低碳化趋势不可逆转，未来钢铁生产的环保、能源成本将进一步加大，钢铁行业在节能减排中须承担更大的责任和义务。

（6）资源“瓶颈”制约日益突出。

随着国内钢铁工业的快速发展，铁矿石、焦煤等原料资源紧缺问题越来越严重。资料显示，我国现已探明的铁矿储量有600多亿吨，但由于我国铁矿石资源禀赋总体较低，大部分铁矿石属于低品位、难采、难选矿石，铁矿石自给率不足50%，随着钢铁工业的快速发展，每年需要大量进口国外铁矿石资源。近年来，中国铁矿石对外依存度呈现逐步上升趋势，2009年首次突破60%，2012年逼近70%，2015年首次突破80%，由于国内铁矿石消耗量大和国际铁矿石巨头的垄断影响，近年来，我国进口铁矿石价格呈波动上涨趋势，而且价格居高不下，在国际铁矿石市场的高度垄断格局下，我国只能被动地接受铁矿石价格和质量，定价话语权缺失，由于高价格铁矿石全部进入钢铁生产成本，成为导致我国钢铁企业经济效益低下的重要因素之一。

煤炭也成为制约我国钢铁产业发展的关键要素之一。尤其是主焦煤和肥煤在我国储量不足、分布不均，对大型高炉是关键制约要素。近年来，随着钢铁产业快速增长，焦煤资源供不应求矛盾显现，导致钢铁生产成本上升，国内部分钢企为降低成本，大量使用多灰分、高硫分煤种，包括进口劣质煤使用，尽管降低了高炉生产成本，但却严重污染了环境，增加了国内污染治理难度。

此外，钢铁生产是耗水大户，大量消耗水的工艺主要集中在冶炼工序。2015年重点钢铁企业吨钢耗新水3.25t，粗钢产量8.04亿吨，共耗新水26亿吨以上。由于绝大部分中小钢铁企业消耗高，实际耗水用量将大大超过这个数字。我国是一个干旱缺水严重的国家，我国的淡水资源总量为2.8万亿立方米，仅为全球资源量的6%，人均占有水平仅为世界的1/4，是全球13个人均水资源最贫乏的国家之一。我国的水资源分布极不均匀，华北、西北的大部分地区是属于缺水最严重的地区，华北的钢铁生产能力过大，且相当部分属于低水平生产，吨钢耗水远高于全国平均水平。

（7）产业服务化意识淡薄，专业化程度低。

20世纪90年代以来，我国工业化的推进速度明显加快，为钢铁工业由生产型向服务型转变提供了广阔空间。进入21世纪，随着城市化进程的推进，生产性服务业逐渐成为拓展城市能级、扩大城市就业的重要领域。然而，生产性服务业在发展中也面临着一些突出的矛盾和问题：产业总量仍然不足，特别是钢铁工业，2008年以前社会对钢铁的大量需求，造就了钢铁工业的黄金时代，致使一些企业更加疯狂跟风，盲目上马了许多生产线。同时也造成了一些企业坐等市场，“以生产为中心”的观念根深蒂固，缺少服务意识的状态与局面。因此，我国钢铁工业服务化转型亟待推进。

首先，目前钢铁企业生产性服务产业化的经营意识薄弱，受长期以来把生产性服务当做非生产性活动的影响，目前不少企业仍把可以产业化经营的生产性服务当做企业的非生产性活动对待。由于市场化改革不到位，部分企业的生产性服务部门仍在按照传统方式运行，习惯于听从母公司的安排，业务上根据母公司情况开展业务生产，财务上则接受母公司的拨款，处于封闭半封闭式运行状态。有些企业领导人认为企业生产性服务一旦独立，将会出现生存困难，因而对生产性服务分离的信心不足，普遍患有“市场化恐惧症”[1]。

---

[1] 张乐才．制造企业剥离生产性服务对策研究［J］．现代商贸工业，2010（5）．

其次，尽管近年来我国钢铁工业的生产性服务业有一定的发展，采取服务化战略带来了收益，但是与其他制造业相比，钢铁工业服务化转型还相当缓慢和谨慎，市场机制很少发挥基础性的资源配置作用，难以形成产业发展的动力和活力。这主要是因为企业实施服务化战略面临着许多具有挑战性的问题，如由于缺乏有效的市场竞争，导致部分生产性服务业陷入低效率—高成本—高价格—低需求的恶性循环，从银行利率到管理收费，一些生产性服务产品价格仍由政府制定。服务产品价格不能灵敏反映市场上的供求关系，也就难以发挥价格机制对产业发展的有效调节作用；在当前转型期，我国市场中介组织、法律制度环境等发育仍不成熟，社会对商业违约、欺诈行为的发现、惩戒能力有限，生产性服务外包意味着企业引入了一个风险源，由外部企业提供生产性服务，企业能够控制的余地相对较小，不能履约、商业机密泄漏的概率会增大；较高的进入门槛和狭窄的市场准入范围将绝大多数潜在投资者拒之门外，受垄断行业影响，其他行业的国有企业很难进入，所有制结构单一，造成服务业部门资源流入不足，弱化了竞争机制在产业发展中配置资源的基础性作用，其结果是服务业创新不足，企业经营效率低下，供给能力的扩张受到制约。

再次，钢铁企业由于相对分散，造成区域分割严重，缺乏协调机制。钢铁工业服务化专业性强、涉及门类多，横跨领域广，且新的业态、经营模式和产业融合等现象不断出现，容易导致协调困难、条块分割，给行业内部生产要素的自由流动和分工协作关系的形成带来新的困难，甚至会影响到运行效率的提高和成本的节约，甚至给服务化的信息化和标准化基础设施建设带来障碍。

最后，在钢铁工业内部，生产性服务业产业基础薄弱。长期的“辅业”地位，造成钢铁企业生产性服务业的产业基础非常薄弱，这在相当程度上抑制了企业服务化转型的积极性。很多企业的生产性服务需求尚处在自发状态，缺少统一规划，信息需求存在不对称问题，影响着生产性服务业务快速发展。

5 提升钢铁工业竞争力的企业基础

5.1 国内外最具竞争力钢铁企业概述

世界最具影响力的钢铁信息提供商世界钢铁动态咨询公司（WSD）每年一到两次根据钢铁企业的规模、产能扩张能力、市场议价能力、技术创新能力、资源优势、财务状况等23个项目进行评估并发布世界级钢铁企业竞争力排名。

2016年6月，WSD发布最新一期世界级钢铁企业竞争力排名，2015年，韩国浦项钢铁公司连续第七年获评全球最具竞争力钢铁企业，新日铁住金和美国纽柯公司分列第二、三位。中国大陆企业仅有宝钢（第23名）、沙钢（第30名）、鞍钢（第34名）、武钢（第35名）和马钢（第37名）五家钢企入围，排名与上年相比均有所下滑。浦项钢铁、新日铁住金、安赛乐米塔尔和宝钢竞争力影响因素对比见表5-1。

表5-1　浦项、新日铁住金、安米和宝钢竞争力评分表（2016年6月）

企业名称			浦项钢铁	新日铁住金	安赛乐米塔尔	宝钢
所在国家（地区）			韩国	日本	跨国	中国
年钢材发货量/百万吨			40	48	85	43
序号	影响因素	权重	分数			
1	规模	6%	9	9	10	9
2	产能扩张	5%	9	6	3	10
3	位于高速增长市场	3%	6	4	5	5
4	靠近下游用户	3%	8	10	9	9
5	国内市场议价能力	6%	8	9	7	5
6	高附加值产品	5%	9	10	8	8
7	转换成本与收益	5%	9	10	7	8
8	能源成本	3%	6	6	6	5
9	削减成本能力	5%	9	7	9	6
10	技术创新能力	6%	10	8	7	6
11	铁矿	5%	6	4	7	5
12	炼焦煤矿	4%	6	3	5	6
13	与原材料的距离	4%	7	7	6	7
14	劳动力成本	2%	7	6	6	9

续表 5-1

企业名称			浦项钢铁	新日铁住金	安赛乐米塔尔	宝钢
所在国家（地区）			韩国	日本	跨国	中国
年钢材发货量/百万吨			40	48	85	43
序号	影响因素	权重	分数			
15	熟练技术工人	2%	10	10	8	8
16	退休职工福利	2%	8	5	6	8
17	盈利能力	6%	7	8	6	4
18	资产负债表	5%	7	7	4	6
19	来自竞争对手的威胁	5%	6	7	5	5
20	环境与安全	4%	9	9	9	9
21	下游业务	6%	9	10	7	4
22	并购、联盟与合资	6%	10	10	10	8
23	所在国家风险	2%	10	10	8	7
平均得分			7.91	7.61	6.87	6.86
排名			1	4	20	22
加权平均得分			8.02	7.77	6.93	6.7
排名			1	2	17	23

从竞争力排名来看，规模已经不是决定竞争优势的单一因素，其在竞争力评估中的权重仅为6%，如安赛乐米塔尔年发运量8500万吨，竞争力排名仅为17名，可见企业规模、市场议价能力、资源控制能力、技术创新能力、产品结构、成本控制等因素共同作用决定企业核心竞争力的高低。

5.1.1 国外企业概述

5.1.1.1 浦项

A 公司概况

浦项钢铁公司（POSCO）是韩国最大的钢铁联合企业，2015年粗钢产量实现4203万吨，位列全球钢铁企业第4位。其主营业务是钢材生产和销售，两个生产基地位于韩国浦项市和光阳市，主要产品包括热轧钢卷、钢板、冷轧钢板、不锈钢、电导钢片等。除此之外，浦项还从事钢铁生产相关技术的研发业务，业务遍及亚洲、欧洲、美洲和非洲。

目前，浦项业务分为三个板块：钢铁业务板块、能源和化工业务板块、海外业务和绿色环保板块。其中钢铁业务板块主要包括炼钢原料开发、不锈钢、特殊钢零部件及钢材贸易，能源和化工业务板块包括能源、信息通讯技术和化工等❶。

---

❶ 植恒毅．浦项钢铁公司竞争力分析［N］．世界金属导报，2012-5-8.

浦项在国内拥有 27 个子分公司，领域涉及钢铁、贸易、建筑、能源、信息通讯技术和材料加工。在国外则设有 57 个分支机构，其中亚洲地区有 41 个分支机构，包括张家港浦项不锈钢有限公司、青岛浦项不锈钢有限公司、浦项印度尼西亚公司、浦项越南公司、浦项印度公司等企业。美洲地区设有 7 个分支机构，欧洲和非洲地区设有 9 个分支机构。

浦项钢铁公司的目标是成为全球领先的钢铁企业。为达到这一发展目标，浦项通过投资海外矿产资源、加大技术研发、对外并购扩张等措施一步步推进。2010 年，浦项斥资 28 亿美元收购大宇国际公司 68.15% 的股份。大宇国际主要从事钢材贸易、钢铁生产所需原材料贸易和能源开发业务，其主要市场分布在亚洲、非洲和大洋洲。浦项收购大宇国际是利用其海外销售网络打开东南亚和非洲市场，特别是印度、越南和印度尼西亚等新兴市场。除此之外，浦项利用大宇国际的资源开发技术参与海外矿山投资，参与到价值链当中，分享矿产品价格不断上涨带来的收益。浦项高度重视技术和产品研发，以保持其科技领先地位；密切关注钢铁行业的发展机遇，通过并购扩大规模；革新技术以降低生产成本，提升竞争力。

B　公司经营业绩及财务数据

浦项钢铁公司 2015 年粗钢产量 4203 万吨，同比增长 1.4%；销售量 3534 万吨，同比增长 2.9%。营业收入为 58.52 万亿韩元（约合 499.34 亿美元），同比下滑 9.6%；营业利润为 1.48 万亿韩元（约合 12.68 亿美元），同比下滑 40.9%；净利润为 -0.12 万亿韩元（约合 -0.99 亿美元），由盈转亏。浦项钢铁公司近年的经营情况如图 5-1 所示。

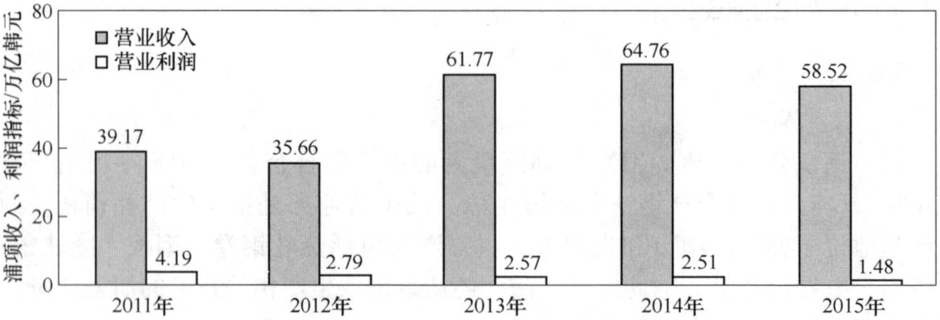

图 5-1　浦项收入、利润指标

5.1.1.2　新日铁住金

A　公司概况

新日铁住金公司由日本两大钢铁企业新日本制铁与住友金属工业于 2012 年

10月1日合并而成，现为日本最大、全球第三大钢铁企业，是日本唯一一家能生产火车车轮和车轴用钢的企业。其在汽车板、船板和能源等行业用钢等中高端市场占据约20%的市场份额。

新日铁住金公司主营钢材生产及销售，主要生产基地位于亚洲，业务遍及亚欧美三大洲。下设四大分部，分别是钢铁制造分部、工程分部、化工生产分部、新材料开发分部和系统解决方案分部。

钢铁制造分部主要负责生产和销售薄板、线棒材、建材、管材、汽车和机械零部件、钛材和不锈钢等。工程分部下设新日铁住金工程公司（NSSEC），是日本国内最大的冷弯成型钢材提供商。化工分部下设新日铁住金化学公司，主要产品包括煤化工产品和石化产品等。新材料开发分部下设新日铁住金材料公司，主要新材料的开发工作。系统解决方案分部下设新日铁系统集成株式会社，负责为日本国内制造业提供信息技术解决方案和系统集成服务。

通过兼并重组发挥协同效应，新日铁住金综合竞争力得到极大提升。

（1）技术研发能力得到提升。2006～2010年新日铁住金共计拥有国际公开专利908项，而同期JFE和浦项为329项和234项。通过技术融合，新日铁住金产品性能得到提升（钢轨、车轮钢项目），炼铁、炼钢、轧钢工艺生产效率得到提高。

（2）议价能力得到提升，区域经营风险降低。新日铁住金对海外生产基地进行整合，完善营销网络，提高了海外市场份额，减少对国内市场依赖，分散区域经营风险。合并之后，新日铁住金占据更大的市场份额，提升议价能力。

（3）提高产能利用率，提高生产效率，降低生产成本。合并之后，双方共享资源、技术、设备，生产能力互相补充，可以有效提高产能利用率，提高生产效率，从而降低生产成本。

B 公司经营业绩及财务数据

新日铁住金公司2015年粗钢产量4637万吨，同比下降5.9%。营业收入为49074亿日元（折合397亿美元），同比下降12.5%；营业利润为1677亿日元（折合13.58亿美元），同比下降52%。新日铁住金钢铁公司近年的经营情况如图5-2所示。

5.1.1.3 纽柯钢铁

A 公司概况

纽柯公司（Nucor）是美国第二大钢铁企业，年产粗钢2700万吨。纽柯从1972年开始从事钢铁制造业，以电炉熔炼废钢起家，流程较短，成本低廉，经营稳健，现已是北美最大的废钢回收加工企业。纽柯公司主要业务是钢材的生产和销售，包括三大业务板块，钢铁业务板块、商品材业务板块和原材料业务板块，在北美拥有200家分支机构。

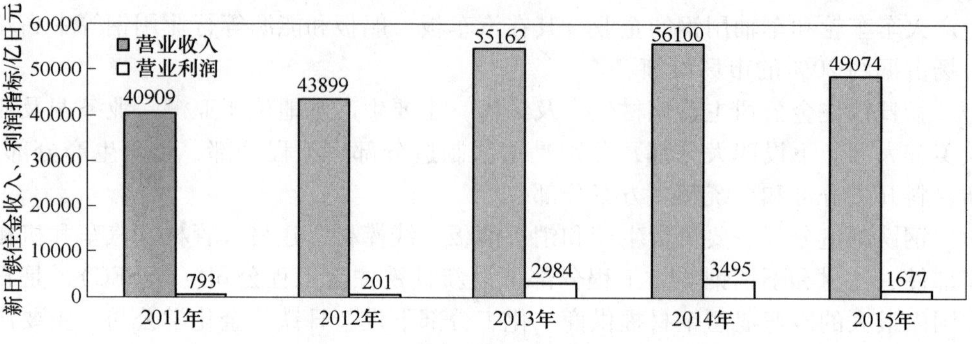

图 5-2　新日铁住金收入、利润指标

钢铁业务板块方面，纽柯公司拥有 23 家短流程钢厂，主要采用废钢生产热轧材和冷轧材，年产棒材 911 万吨、薄板 1130 万吨、中厚板 290 万吨和结构钢 370 万吨。其主要客户包括钢材加工单位和钢结构制作单位。2010 年，纽柯公司与三井美国公司各自出资 50% 成立 NuMit 公司，后者全资控股美国钢铁技术公司，而美国钢铁技术公司在中北美地区拥有 23 家薄板加工中心。

商品材业务板块方面，纽柯公司以预制混凝土钢筋、檩条、预制钢结构建筑、轻钢结构为主打产品，主要应用于公路桥梁建筑、机场建设等方面。下游客户包括加工中心、建筑商和钢结构制造企业等。

钢铁原材料板块方面，纽柯公司主要生产和经营铁合金、废钢、生铁及有色金属废料。

B　公司经营业绩及财务数据

纽柯钢铁公司 2015 年粗钢产量 1929 万吨，同比减少 9%；销售量 1701 万吨，同比减少 9%。营业收入为 164 亿美元，同比下滑 22%；营业利润为 7.09 亿美元，同比下滑 41%。纽柯钢铁公司近年的经营情况如图 5-3 所示。

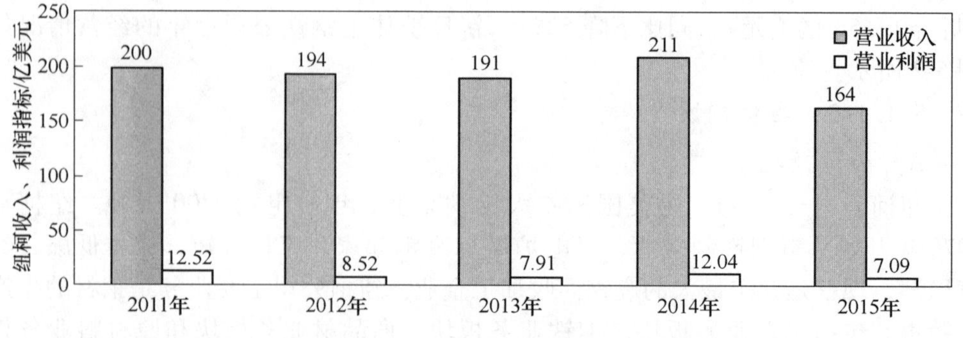

图 5-3　纽柯收入、利润指标

5.1.1.4 安赛乐米塔尔

A 公司概况

安赛乐米塔尔集团是世界最大的钢铁企业，也是北美洲、南美洲、非洲和欧洲规模最大的钢铁企业，业务遍布全球60多个国家和地区，是全球主要钢铁市场的领导者，包括汽车、建筑、家用电器、包装，并拥有世界领先的研发能力和技术，以及丰富的原材料供应和强大的分销网络。粗钢总产能约为1.19亿吨/年，主要产品包括块矿、粉矿、球团矿、铁精粉、烧结矿、焦煤、喷吹煤和动力煤、半板坯、小方坯和大方坯、中厚板和薄板、钢管、棒线材、型钢、铁道用材和不锈钢等，产品销往全球170多个国家和地区，下游用户行业涉及建筑业、汽车业、家电业、工程机械行业和能源行业等。

安赛乐米塔尔集团下设6大部门：美洲碳钢扁平材事业部、欧洲碳钢扁平材事业部、欧美长材事业部、亚洲非洲及独联体事业部（AACIS）、采矿事业部和钢材加工服务事业部。此外，安赛乐米塔尔集团还拥有独立的研发部门，主要负责新钢种和新产品开发，钢材切边技术研发，并提供钢材相关配套服务和解决方案，以满足市场对新钢种的需求。

安赛乐米塔尔集团钢材加工服务事业部主要从事钢材的深加工及物流配送服务，在全球30多个国家建有钢材加工服务中心，为客户提供高附加值定制钢材及钢材使用解决方案。

安赛乐米塔尔集团采矿事业部在美洲（加拿大、美国、墨西哥和巴西）、亚洲（哈萨克斯坦和俄罗斯）、欧洲（乌克兰和波黑）以及非洲（阿尔及利亚和利比里亚）拥有20座矿山。

为了改进生产工艺，提高生产效率，降低钢材生产对环境的负面影响，以及开发高品质、高性能的新品种钢材，安赛乐米塔尔集团投巨资用于新技术、新工艺和新产品研发。安赛乐米塔尔集团在全球拥有11家研发中心，1300多名研发人员。此外，该集团还与世界领先的科研院所和机构保持紧密合作，共同在非高炉炼铁、汽车用钢、能源用钢、建筑用钢和节能减排等领域开展研发。

B 公司经营业绩及财务数据

安米集团2015年粗钢产量9250万吨，同比增长0.7%。营业收入为636亿美元，同比减少19.8%；营业利润为-41.6亿美元，同比由盈转亏。安米集团近年的经营情况如图5-4所示。

5.1.1.5 谢维尔

A 公司概况

俄罗斯谢维尔钢铁公司（Severstal）是俄罗斯大型钢铁公司之一，是全球生产成本最低的钢企之一，位于北方铁路和伏尔加河交汇处，可通往波罗的海。其鲜明特点是远离原料产地，接近钢铁消费区。谢维尔距钢铁生产所需铁矿石和煤

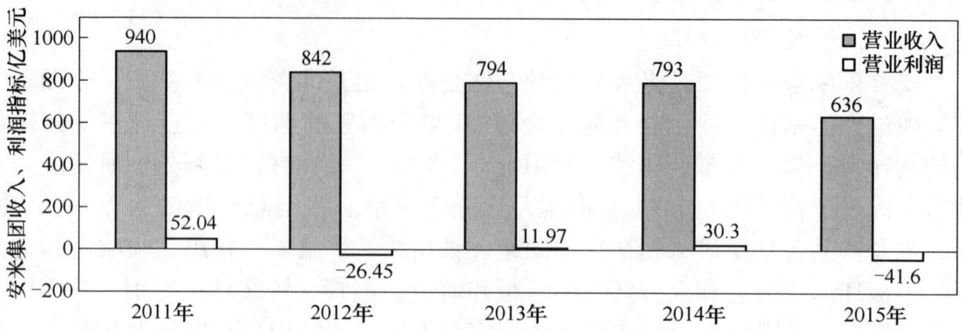

图5-4 安米集团收入、利润指标

炭资源分别达到1500km和1900km。距钢铁消费区列宁格勒和莫斯科分别为650km和400km。

谢维尔主要业务包括资源业务（铁矿石、煤炭、黄金开采）、钢铁业务和金属结构业务等，分别由旗下三大公司（谢维尔资源公司、谢维尔俄罗斯公司和谢维尔国际公司）运营。谢维尔资源公司管理着全球多座矿山，主要产品包括铁矿石、煤炭和黄金等。谢维尔俄罗斯公司负责俄罗斯国内的钢铁业务、板材市场占有率国内第一，同时提供钢材产品和服务，并负责金属结构业务。谢维尔国际公司则负责北美钢铁业务和意大利卢基尼钢铁公司，提供的产品主要包括热卷、冷卷、镀锌板和特钢长材。

谢维尔生产成本低得益于其全球范围内丰富的矿产资源。铁矿石资源主要集中在俄罗斯西北地区的Karelsky Okatysh和Olkon两座铁矿山；煤炭资源主要包括俄罗斯西北地区的Vorkutaugo矿山和美国的PBS煤矿公司。此外，在俄罗斯东部、哈萨克斯坦和非洲还拥有一些黄金矿产资源。

B 公司经营业绩及财务数据

谢维尔钢铁公司2015年粗钢产量1145万吨，同比增长1%；销售量1082万吨，同比增长4%。营业收入为63.96亿美元，同比下滑22.9%；营业利润为17.03亿美元，同比增长6.3%。谢维尔公司近年的经营情况如图5-5所示。

5.1.1.6 新利佩茨克钢铁集团公司

A 公司概况

新利佩茨克钢铁集团公司是俄罗斯第三大钢铁生产制造企业。该集团主营钢铁冶金，其他业务还涉及矿山开采、金属制品加工、贸易和运输等，下属28家子（分）公司，分布于俄罗斯、美国、法国、比利时等国。新利佩茨克钢铁股份公司是集团下属最大的钢铁企业，维茨钢铁有限责任公司则以生产高附加值钢种为主。集团70%以上的冶金产品用于出口，经济效益好于其他钢铁企业。

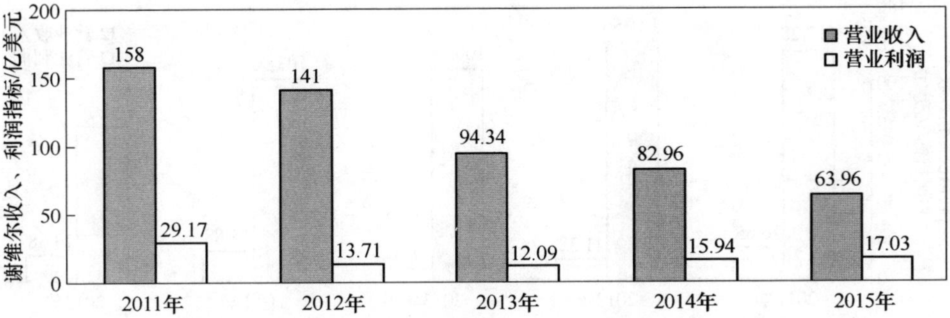

图 5-5　谢维尔收入、利润指标

新利钢极具竞争力，一方面表现为低成本，另一方面则体现为高附加值产品。低成本得益于其纵向一体化的垂直组织机构。原料方面，新利钢控股俄罗斯第三大铁矿生产企业斯托依连斯基郭克股份公司和俄罗斯领先的炼焦化学生产企业阿尔泰焦炭股份公司。钢铁方面，新利钢百分之百控股叶卡捷林堡市维兹钢铁公司，其主要产品取向冷轧硅钢占据全球电工钢60%以上的市场份额。运输方面，新利钢控股俄罗斯第五大港黑海图阿普塞港。

高附加值产品则得益于其高端工艺装备，新利钢公司以生产高附加值产品著称，产品广泛应用于建筑业、交通运输业、机械及设备制造业和钢管制造业等。目前冷轧板和涂层板产量位居俄罗斯第一位，硅钢尤为突出，是俄罗斯变压器用钢的垄断者及欧洲最大的变压器用钢生产厂家❶。

B　公司经营业绩及财务数据

新利佩茨克钢铁公司 2015 年粗钢产量 1605 万吨，同比降低 0.4%；销售量 1590 万吨，同比上涨 5%。营业收入为 80.08 亿美元，同比下滑 22.97%；营业利润为 13.88 亿美元，同比下滑 12.59%。新利佩茨克钢铁公司近年的经营情况如图 5-6 所示。

5.1.2　国内企业概述

5.1.2.1　中国大陆

A　宝钢

a　公司概况

宝钢集团是中国最具竞争力的大型钢铁联合企业之一，主营钢铁生产与销

❶　高真凤，张志勤，何立波，等. 新利佩茨克钢铁集团生产经营及竞争优势分析 [J]. 冶金信息导刊，2010 (8).

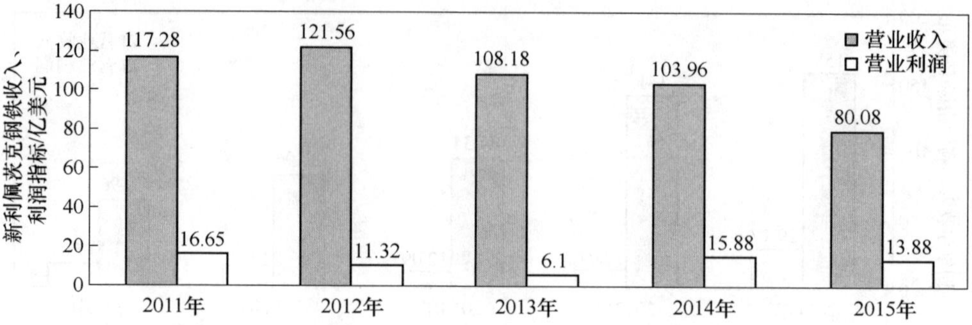

图 5-6　新利佩茨克钢铁收入、利润指标

售，主要产品包括汽车板、家电板、造船板、管线钢、高性能车轴钢和航空航天用钢等，业务遍及亚洲、欧洲、美洲和非洲四十多个国家和地区，产品主要应用于汽车、家电、石油化工、航空航天等行业。

宝钢集团以钢铁为主业，业务包括钢铁主业、资源开发及物流、钢材延伸加工、工程技术服务、煤化工、金融投资、生产服务等七大板块。

在产品制造方面，宝钢定位于高端产品的差异化道路，打破同质化恶性竞争，营造核心竞争力。近年来在汽车板、电工钢和金属包装材三大战略产品的基础上又新增了能源及管线用钢、高等级船板及海工用钢、（其他）高端薄板类材料这三大战略产品，在国内市场居于主导地位。高性能热轧耐磨钢、超级 13Cr 超高抗扭气密封钻杆、高强高韧套管等下游行业急需的精品材料研发也实现了突破，进一步提升了其差异化竞争的能力。

在服务创新方面，关注用户的个性化需求，做好从材料生产商向材料综合服务商的转变，改善产业链中研发、采购、物流、加工配送、用户服务等每一个环节，通过服务赢取更多市场，创造更高附加值。以“先期介入”为理念，从提供钢材延伸到为用户提供完整的材料解决方案。为不同用户提供“量体裁衣”式选材用材整体技术解决方案，提升双方合作依存度和紧密度，与下游客户成立了多个联合实验室，进一步强化了用户使用技术能力。

在模式创新方面，致力于构建电子交易、网络支付、供应链融资、物流、终端服务等领域的服务优势，努力成为国内钢铁及相关制造业最大规模和最具价值的产业链电子服务提供商。围绕电子商务的社会化和产业化，全力推进动产权属信息服务资质的获取和平台建设。构建金融服务平台，通过平台引导和衍生电商金融，发挥金融增值功能。

在技术创新方面，持续保持高研发投入，建立了以研究院为主体的产销研和产学研紧密结合的研究开发体系，以工程项目为载体的生产、研发、设计和装备四位一体的工程集成体系，以生产现场为重点的、以稳定提高和精益运营为特征的持续改进体系，加快各技术领域的持续创新，不断获得和保持技术优势。

b 公司经营业绩及财务数据

宝钢集团2015年粗钢产量3611万吨，同比减少18.85%。营业收入为2301亿元人民币（折合334亿美元），同比减少22.71%；利润总额10.3亿元（折合1.5亿美元），同比减少89.1%。宝钢集团近年的经营情况如图5-7所示。

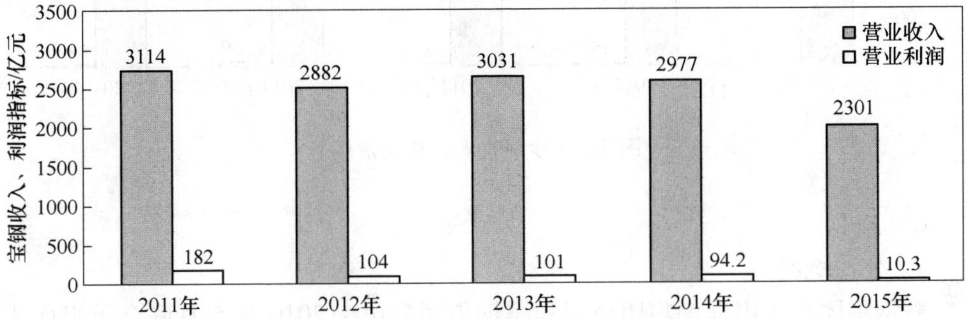

图5-7 宝钢收入、利润指标

B 沙钢

a 公司概况

江苏沙钢集团成立于1975年，1992年正式更名为江苏沙钢集团，是全国最大的民营钢铁企业，世界500强企业。具有年产生铁3050万吨、粗钢3780万吨、轧材3660万吨的生产能力。

沙钢是国内最大的电炉钢和优特钢材生产基地，设备先进，包括650万吨国际先进的热轧卷板生产线、五条超高功率电炉炼钢连铸生产线、五条无扭控冷全连续高速线材生产线、六条全连续切分轧制带肋钢筋生产线，两条冷轧不锈钢生产线和一条热镀锌钢板生产线。沙钢主导产品为宽厚板、热轧卷板、冷轧卷板、高速线材、大盘卷线材、带肋钢筋、特钢大棒材等，已形成60多个系列，700多个品种，2000多个规格。其中高速线材、带肋钢筋等产品荣获“实物质量达国际先进水平金杯奖”、“全国用户满意产品”等称号。带肋钢筋还获得了CARES认证，热轧板卷通过了欧盟CE认证，船板钢通过了十国船级社认证。近年来，沙钢产品已远销至东亚、南亚、欧洲、美洲、大洋洲、非洲等80多个国家和地区。

b 公司经营业绩及财务数据

沙钢2015年粗钢产量3421万吨，同比减少3.16%。营业收入实现2058亿元（折合298亿美元），同比减少17.18%；营业利润为18.9亿元（折合2.74亿美元），同比下滑60.7%。沙钢集团近年的经营情况如图5-8所示。

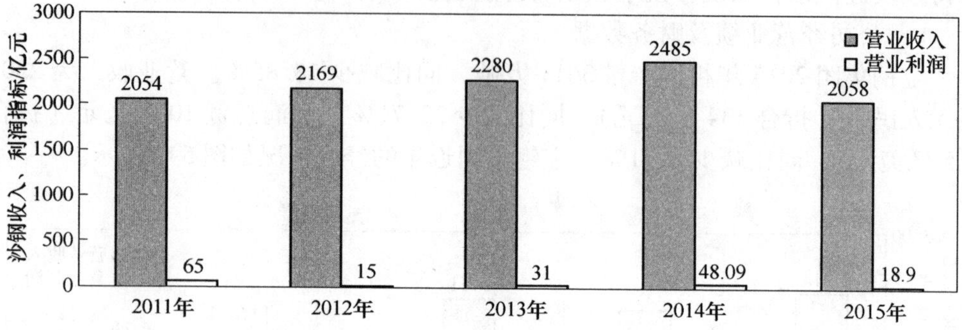

图 5-8　沙钢收入、利润指标

C　鞍钢

a　公司概况

鞍钢集团公司由鞍钢集团公司和攀钢集团公司于 2010 年 5 月联合重组而成，具备年产 3900 万吨钢铁的能力。鞍钢作为新中国最早建成的钢铁生产基地，“中国钢铁工业的摇篮”，经过六十多年的发展，目前在东北地区形成具备年产铁精矿粉 1800 万吨、烧结 400 万吨、球团 800 万吨鞍钢矿业公司为强力支撑的鞍山、鲅鱼圈和朝阳三大生产基地。西南地区拥有钒钛资源为特色的攀枝花、成都、重庆等铁路用钢、无缝管钢和特钢生产基地。另外在东南地区和华北地区分别建有莆田冷轧钢板和天铁冶金集团钢板公司，国内布局日趋完善。国外在亚洲、欧洲、美洲、大洋洲和中东设有 11 个分支机构。

鞍钢以钢铁为主业，延伸发展研发培训、金融服务、工程技术、信息服务、化工、综合和钢管等多元业务。钢铁主业以鞍山钢铁集团公司、攀钢集团有限公司、鞍钢联众（广州）不锈钢有限公司为核心，主要产品包括无缝管、汽车板、家电板、造船板、铁路用钢、集装箱钢板等重点产品。鞍钢是全球最大的集装箱板供货商，国际重要的船板生产企业，中国最大的钢轨生产企业，中国品种结构最齐全的无缝管生产企业，高端汽车板、家电板重要生产企业。钒制品国内市场占有率居首位，是我国最大的钛原料和重要的钛白粉生产基地。

工程技术方面，鞍钢集团工程技术公司拥有多项国家甲级资质，业务范围涉及工程设计、工程咨询、工程总包等多个方面。鞍钢建设集团有限公司资质横跨房屋建筑、矿山、冶炼、石油化工和电力五大行业，独立承建了韩国浦项集团在中国大陆投资的 13 条镀锌板等生产线，承担了鞍钢鲅鱼圈项目 92% 的项目总量。信息服务方面，鞍钢集团信息产业有限公司技术水平在烧结、球团、高炉、连铸等自动化控制领域位于前列。

b 公司经营业绩及财务数据

鞍钢集团 2015 年粗钢产量 3250 万吨，同比下降 5.4%。营业收入实现 1297 亿元（折合 188 亿美元），同比下降 19.7%；利润总额持续亏损，亏损高达 107 亿元（折合 15.5 亿美元）。鞍钢集团近年的经营情况如图 5-9 所示。

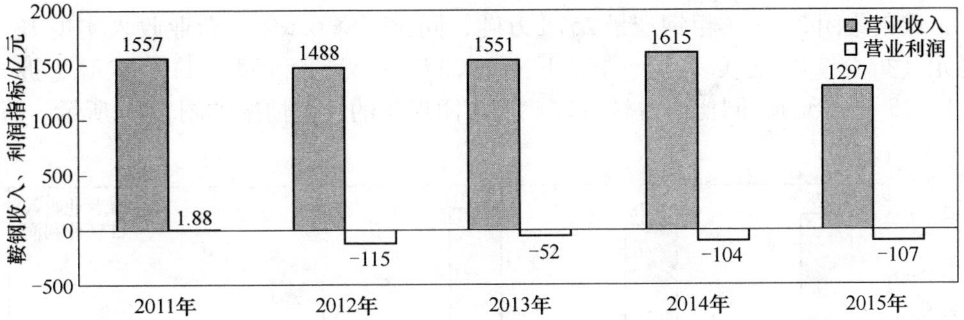

图 5-9 鞍钢收入、利润指标

D 武钢

a 公司概况

武钢始建于 1955 年，是新中国成立后兴建的第一个特大型钢铁联合企业，拥有从采矿、烧结、球团、炼焦、炼铁、炼钢、轧钢一整套先进钢铁生产设备，于 1958 年建成投产。经重组鄂钢、柳钢和昆钢后，现已成为年产超过 4000 万吨钢的大型企业集团。其硅钢生产水平代表了国内最高生产水平。

武钢以钢铁主业为中心，形成包括矿产资源开发、国际贸易、钢材深加工、高新技术、综合利用、物流服务、现代制造与服务业在内的七大多元业务板块。钢铁主业包括武钢股份、鄂钢公司、昆钢股份和广西钢铁。武钢股份以冷轧硅钢片、汽车板为主打产品，现为全球品种最全、规格最多、产量最大的硅钢生产基地，开发出多项取向硅钢产品，成功替代进口。拥有全流程汽车板生产线，年产能超过 500 万吨。桥梁用钢代表国内最高水平，螺纹钢、钢帘线盘条等质量稳定可靠，在国内外市场享有盛誉。鄂钢公司作为湖北省最大的建筑用钢生产基地，也是优质板材生产基地；昆钢股份是全国抗震钢筋品种最全、数量最多的钢铁企业；广西钢铁主营中厚板、高线、热轧板、镀锌板等优质钢材。

矿产资源开发方面，武钢矿业有限责任公司负责国内资源业务，下属有年产 500 万吨球团的鄂州球团厂和大冶铁矿等 9 个二级单位，致力于打造国内资源开发基地和球团加工基地。在锁定海外数百亿吨矿产资源的背景下成立海外矿产资源事业部，加强资源业务管理，整合全球资源。高新技术方面，武钢于 2002 年组建武汉钢铁工程技术集团有限责任公司，致力将高新技术打造为武钢三大主业之一，业务范围包括钢铁生产工艺研发与输出、工程总包、能源环保、信息技术、新材料等多个方面。国际贸易方面，武钢在 11 个国家和地区设立分支机构，积极开展绿色供应链建设，加强与海外供应商和客户的合作，推进贸易业务发展，并实现海外公司全部盈利。

b　公司经营业绩及财务数据

武钢集团 2015 年粗钢产量 2578 万吨，同比下降 6.6%。营业收入实现 1018 亿元（折合 148 亿美元），同比下降 30.37%；营业利润 -119 亿元（折合 -17.25 亿美元），同比由盈转亏。武钢集团近年的经营情况如图 5-10 所示。

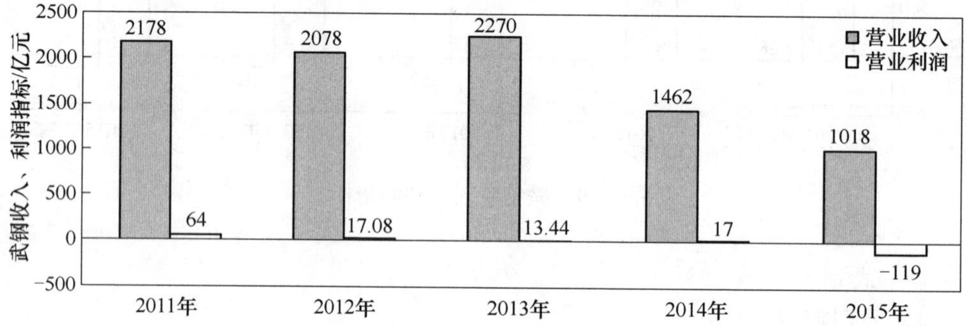

图 5-10　武钢收入、利润指标

E　太钢

a　公司概况

太钢集团是集矿山采掘、选矿、烧结、炼铁、炼钢、轧钢于一体的中国特大型联合钢铁企业，是全球不锈钢单体产能最大、工艺设备最先进、品种规格最全的不锈钢制造企业，具备年产 1200 万吨钢（其中不锈钢 450 万吨）的生产能力，可生产高品质冷轧卷板、热轧卷板、热轧中厚板、复合钢板、棒材、线材、无缝管、焊管、精密带钢、大型铸件等各类碳钢和不锈钢系列产品，形成了以不锈钢、冷轧硅钢、高强韧系列钢材为主的高效节能长寿型产品集群，实现了不锈钢品种规格的全覆盖，是全球品种规格最全的不锈钢企业。

太钢坚持以新制胜，重点产品批量应用于石油、化工、造船、集装箱、铁路、汽车、城市轻轨、大型电站、“神舟”系列飞船等重点领域和新兴行业，20 多个品种国内市场占有率第一，30 多个品种成功替代进口，笔尖钢、高锰高氮不锈钢、AP1000 第三代核电用挤压不锈钢 C 型钢等新产品满足市场急需，为我国关键材料的国产化发挥着重要作用。

太钢拥有国际领先水平的生产装备。其中，大容量电炉、转炉、AOD 炉、LF 炉、2250mm 板坯连铸机、2250mm 热连轧机组，以及世界上单机产能最大板幅最宽的直接轧制退火酸洗机组、2100mm 宽幅冷轧机及相应的冷/热带钢退火酸洗等系列机组，均为世界最先进的不锈钢生产装备，可生产多规格的特色不锈钢产品，填补国际国内不锈钢市场空白。

太钢资源优势明显。铁矿石方面，太钢集团精矿粉产能 1300 万吨，完全实现自给。煤炭资源方面，公司地处煤炭资源大省山西省，采购和运输成本优势明显，与山西焦煤集团等大型煤炭集团形成了长期战略合作关系，保障了煤炭资源的稳定供应。不锈钢原料铬镍方面，太钢集团与金川集团、古巴镍业、哈铬业、恒通能源等企业形成长期战略合作关系，保证了原料的稳定供应，在晋中合资成立了太钢万邦炉料公司，保障铬铁供应。

太钢秉持绿色理念，全面构筑“绿色矿山、绿色采购、绿色物流、绿色制造、绿色产品、绿色产业”六位一体的绿色发展体系，成功实施了干熄焦、煤调湿、焦炉煤气脱硫制酸、烧结烟气脱硫脱硝制酸、高炉煤气联合循环发电、高炉煤气余压发电、饱和蒸汽发电、钢渣处理、膜法工业用水处理、城市生活污水处理、酸再生等一大批节能减排和循环经济项目；主要节能环保指标居行业领先水平，是中国钢铁企业绿色发展标杆企业和国家工业产品生态设计试点企业。

经营管理方面，太钢以深化改革为统领，以提升经营绩效为主线，以科技创新为支撑，以品种质量为重点，以对标挖潜为方法，传递市场压力，增强干部动力，激发全员活力，快速提升综合竞争力。面对钢铁行业惨淡的经营形势，重点推进“全面引入市场机制，倒逼各单位由生产型向价值经营型转变”和“深化三项制度改革”，为太钢生产运营注入新的活力。

b 公司经营业绩及财务数据

太钢集团 2015 年粗钢产量 1026 万吨，同比减少 4.3%。其中不锈钢产量 402 万吨，同比增长 5.5%。营业收入实现 908 亿元（折合 132 亿美元），同比下滑 35.2%；营业利润实现 -48.43 亿元（折合 7.02 亿美元），同比由盈转亏。太钢集团近年的经营情况如图 5-11 所示。

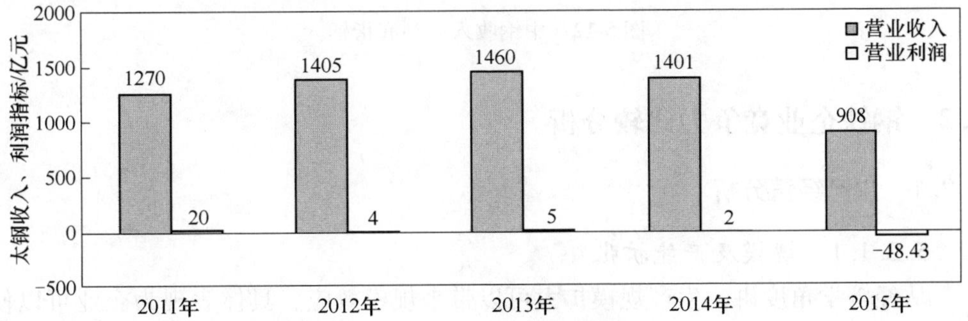

图 5-11 太钢收入、利润指标

5.1.2.2　中国台湾地区

从中国台湾地区来看，中钢集团（China Steel）是中国台湾地区最大的钢铁企业，业务范围涵盖钢铁、工程、工业材料、物流贸易和服务投资五大类别。集团下属 21 家子（分）公司，营业收入超过 4000 亿台币，其中钢铁主业占比达到 80% 以上。

钢铁事业部包括中国钢铁股份有限公司、中鸿钢铁股份有限公司、中龙钢铁股份有限公司、中钢马来西亚公司、中钢住金越南公司、中钢印度公司和青岛中钢金属公司。2000 年 12 月中钢集团首次涉足海外公司，并以此为平台打开东南亚市场。2009 年与日本住友金属合资成立中钢住金越南公司，2011 年 10 月成立中钢印度公司，另外 2011 年 1 月收购常州新众精密合金锻材公司，也正式跨入特殊合金领域。

中国钢铁股份有限公司是中钢集团旗下钢铁事业部核心单位。目前粗钢年产能达 1000 万吨，主要产品为热轧、冷轧、钢板和线材等产品，其中 65% 内销，35% 外销，外销主要对象为中国大陆地区、日本和东南亚。

中钢股份 2015 年粗钢产量 915 万吨，同比增长 12.4%。营业收入为 1689 亿新台币（折合 56 亿美元），同比增长 4.97%；营业利润为 131 亿新台币（折合 4.34 亿美元），同比上涨 254%。中钢公司近年的经营情况如图 5-12 所示。

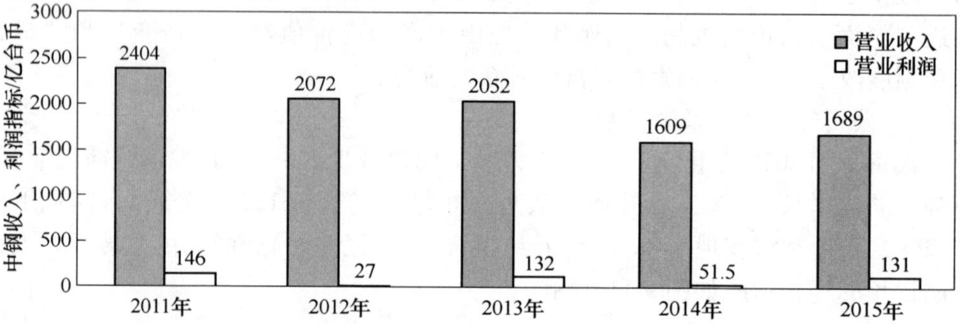

图 5-12　中钢收入、利润指标

5.2　钢铁企业竞争力比较分析

5.2.1　生产经营分析

5.2.1.1　规模及产能扩张

从经济学角度讲，生产规模扩大可以带来规模效应，具体表现为企业可以使用更有效率的设备，设备运行成本降低，企业采购量的加大，讨价还价能力增强，采购成本降低。

从 WSD 最新一期钢铁企业竞争力排名可以看出，浦项、新日铁住金和宝钢在规模和产能扩张方面得分远高于入围企业平均值，见表 5-2。

表 5-2 部分钢企规模、产能扩张得分表

项 目	浦项	新日铁住金	安米	宝钢	排名平均值
规模	9	9	10	9	6.02
产能扩张	9	6	3	10	7.07
合计	18	15	13	19	13.09

规模方面，浦项、新日铁住金、宝钢钢铁产能均在 3800 万吨以上，规模效应明显。

产能扩张方面，浦项粗钢产量从 2011 年 3907 万吨增长到 2015 年 4203 万吨，增长了 296 万吨；新日铁粗钢产量呈现波动态势，在 2013 年达到最高 4820 万吨（新日铁住金合并）；安米粗钢产量全球第一，维持在 9000 万吨左右；宝钢在 2011～2013 年间，粗钢产量均保持增长，2014 年有所回落，2015 年受市场影响大幅回落至 3611 万吨，如图 5-13 所示。

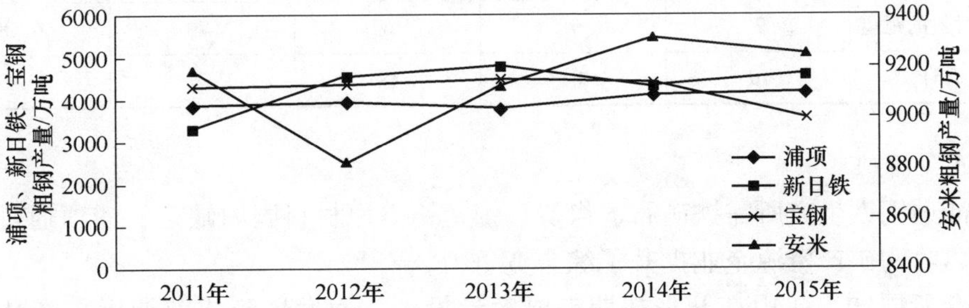

图 5-13 部分钢企粗钢产量走势（万吨）

宝钢和浦项在规模扩张方面体现出相对较高的竞争优势，主要由于二者扩张战略的选择有益于竞争力的进一步提升。

宝钢坚持“精品加规模”的战略选择，近几年形成“两角一边”的战略布局，宝钢本部位于长三角，珠三角则重组了韶钢和广钢，并在湛江建成 500 万吨钢铁精品基地，西北部则重组了新疆八钢。面对 2013 年钢铁行业的严峻形势，宝钢及时调整了战略，由“精品加规模”向综合竞争力提升转变，不再追求扩建产能为主的规模扩张，遵循钢铁发展规律，筹划跨区域兼并重组。

浦项在国内通过技术创新、工艺优化、设备改善等措施扩大产能，如 2013 年投产的第三座 Finex 厂可增加粗钢产能 200 万吨；在国外，面对规模日渐扩大的中国钢企的竞争，浦项加大海外扩张投资，进军印度、印尼和越南，布局东南亚市场（据浦项研究，东南亚市场是钢材净进口最多的市场）。印度方面，浦项一期投资 120 亿美元在奥里萨邦建设钢厂，预计 2018 年上半年投产，年产 800 万吨钢。印尼方面，位于印度尼西亚西爪哇万丹省芝勒贡地区的综合钢厂于 2013 年年底投产，产能 300 万吨；越南方面，越南不锈钢公司总产能已提高到 23.5 万吨，产品除满足越南国内市场外，还出口其他国家和地区。

到 2015 年，浦项将其全球粗钢年产能提升至 4800 万吨。其中韩国国内为 4300 万吨；韩国以外的亚洲地区为 500 万吨，包括印尼 300 万吨，中国 100 万吨，越南 100 万吨。

5.2.1.2　资源保障能力及议价能力

资源保障能力方面，浦项、安米和宝钢通过全球化资源布局提升了其综合竞争力，见表 5-3。

表 5-3　部分钢企资源保障能力得分表（WSD）

项目	浦项	新日铁住金	安米	宝钢	排名平均值
铁矿	6	4	7	5	6.53
炼焦煤矿	6	3	5	6	4.33
与原材料的距离	7	7	6	7	6.58
合计	19	14	18	18	17.44

A　浦项

浦项钢铁生产所需铁矿石、煤炭、镍、铬等原材料国内缺乏，浦项通过垂直兼并、收购矿产资源企业提升了综合竞争力。

众所周知，矿山在开采初期需要大量投入，而发展到成熟期后，产品极具竞争力。近年来，铁矿石价格不断上涨，对于资源供应量不足的钢铁企业来说，通过兼并矿山企业来保障原料供应是最好的办法。浦项钢铁公司正是通过投资成熟矿山，既保障了原料供应，同时也抵御了原料价格波动带来的成本增加。

从 20 世纪 90 年代开始，浦项通过直接参股海外矿山或与国外企业共同开发矿产资源，在澳大利亚和巴西分别设立公司，具体负责经营海外矿产资源参股项目。

铁矿方面，2002 年投资 5.5 亿美元收购澳大利亚马拉曼巴矿 20% 的股权，每年可获得 300 万吨铁矿石。2008 年与新日铁、伊藤忠等公司共同出资 31.2 亿美元，收购纳米萨铁矿 40% 的股份。2010 年收购西澳大利亚罗伊希尔铁矿 15% 股份，每年可获取 1000 万吨铁矿石。

煤矿方面，浦项在澳大利亚和加拿大拥有多处煤矿。具体见表 5-4。

表 5-4 浦项煤炭资源分布表

煤 矿	浦项股份	备 注
Mount Thorley 煤矿	20%	澳大利亚新南威尔士
Glennis Creek 煤矿	3.6%	澳大利亚新南威尔士
Camberwell 煤矿	3.6%	澳大利亚新南威尔士
Newpac 1 号煤矿	5.0%	澳大利亚新南威尔士
Foxleigh 煤矿	20%	澳大利亚昆士兰
Carborough Downs 煤矿	5.0%	澳大利亚昆士兰
Greenhills 煤矿	20%	加拿大
Elkview 煤矿	2.5%	加拿大
Cockatoo 煤公司	19.99%	澳大利亚
Sutton Forest 煤矿	70%	澳大利亚

其他资源方面，2006 年、2007 年和 2008 年，浦项分别投资 3.5 亿美元、1.7 亿美元、2 亿美元收购新喀里多尼亚镍矿、霍普山钼矿 20% 股份、卡拉哈里锰矿 13% 的股份，每年可获得 3 万吨镍铁、4536 吨钼铁和权益锰矿。2012 年 2 月，收购津巴布韦第三大铬铁生产企业 Maranatha 公司的股权，成为其最大股东，该公司每年可生产铬铁 2.8 万吨。

B 安米

安赛乐米塔尔集团采矿事业部在美洲、亚洲、欧洲以及非洲拥有 20 座矿山。在美国普林斯顿拥有 1.16 亿吨煤储量，在哈萨克斯坦卡拉干达拥有 1.73 亿吨煤储量，在俄罗斯库兹巴斯拥有 2900 万吨煤储量。2012 年，安赛乐米塔尔集团通过自有和签有战略采购协议的铁矿、煤矿累计开采了 6810 万吨铁矿石和 890 万吨煤。

C 宝钢

由于铁矿石资源匮乏，宝钢对进口铁矿石的依赖度高达 95% 以上，为此，宝钢战略性地重视海外矿产资源开发，并较早地参与海外矿产资源的开发。

2001 年 5 月，宝钢集团与淡水河谷结成战略联盟，同年 8 月各自出资 50% 成立宝华瑞矿山公司，每年可获得 600 万吨权益铁矿石。2002 年 6 月，宝钢与力拓合资成立宝瑞吉矿山公司，共同开发西澳帕拉伯杜铁矿，年产 1000 万吨成品，宝钢持股 46%，合资期限 20 年。2007 年 8 月，宝钢与 FMG 确定合作开发 10 亿吨储量的 FMG 冰河谷磁铁矿资源。2009 年 11 月，宝钢集团直接投资澳大利亚矿山企业，以 2.86 亿澳元收购 Aquila15% 的股权。

为更好进行境外矿产资源开发，2010 年，宝钢集团成立宝钢资源（国际）有限公司。宝钢资源实行双总部制运作，国内以宝钢资源有限公司为平台，负责境内资源开发；海外总部以宝钢资源（国际）有限公司为平台，负责境外资源开发。

2012 年 6 月，宝钢与 FMG 达成协议，双方将把在澳大利亚拥有的两项铁矿石采矿权益合并成立 Iron Bridge 公司，两家股东各占 88% 和 12% 的股份，这家公司拥有两个世界级的铁矿床 North Star 和 Glacier Valley，距离澳大利亚黑德兰港约 100 公里，储量达 52 亿吨，预计 2015 年初投产，最初年产量 150 万吨。

煤炭资源方面，宝钢集团与河南焦作煤业（集团）签署协议，合资成立焦作煤业（集团）新乡能源有限公司，合作开发赵固二矿综合开发项目。赵固二矿综合开发项目可采储量达 1.47 亿吨，年设计生产能力为 180 万吨。

2011 年，宝钢资源以 1.2 亿元收购 Noront Resources 矿业公司 9.9% 的股权。Noront Resources 主营镍、铬、铜、铂和钯等矿产品的勘探与开发。

5.2.1.3 产品结构及产品市场占有率

A 浦项

浦项钢铁公司为避免产品同质化竞争，锁定高端客户，加大产品结构调整力度，积极研发优质高附加值钢种，包括高强度汽车钢、高级管线钢、耐候钢、中厚板、取向硅钢、双相不锈钢等。从 2015 年国内销售结构可以看出，浦项接近 40% 的产品为冷轧产品，结构比较稳定，如图 5-14、图 5-15 所示。

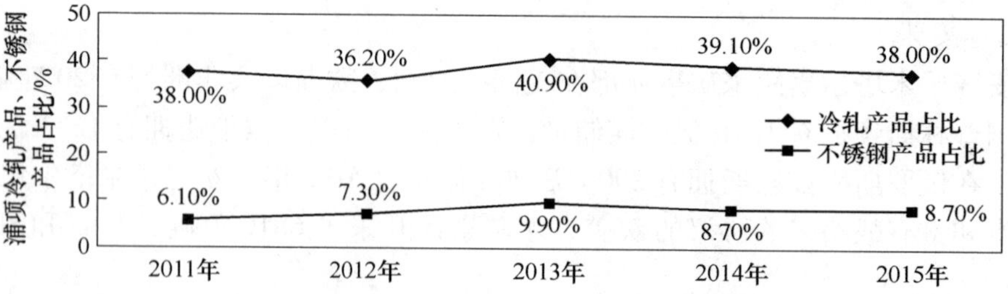

图 5-14 浦项冷轧产品、不锈钢产品占比趋势

浦项通过品种结构优化吸引了高端客户，多项品种市场占有率高居国内第一。根据其公布的 2015 年相关市场数据，冷轧产品国内市场占有率为 40%，热轧产品为 37%，不锈钢接近 40%，中厚板 39%，线材 55%，硅钢 81%。

出口产品结构中，2015 年冷轧产品占 29.1%，不锈钢产品占 24.2%，热轧产品占 18.4%，中厚板产品占 6.7%，硅钢产品占 3.7%。出口国家和地区中，2015 年中国地区销售额占 25.3%，日本地区销售额占 9.5%，其他亚洲国家和地区销售额占 28.5%，且近年成升高趋势。

为扩大浦项在亚洲地区的市场份额，浦项与沙钢合资成立张家港浦项不锈钢有限公司，生产不锈钢冷轧产品，2015 年生产 111 万吨不锈钢；青岛设立青岛浦

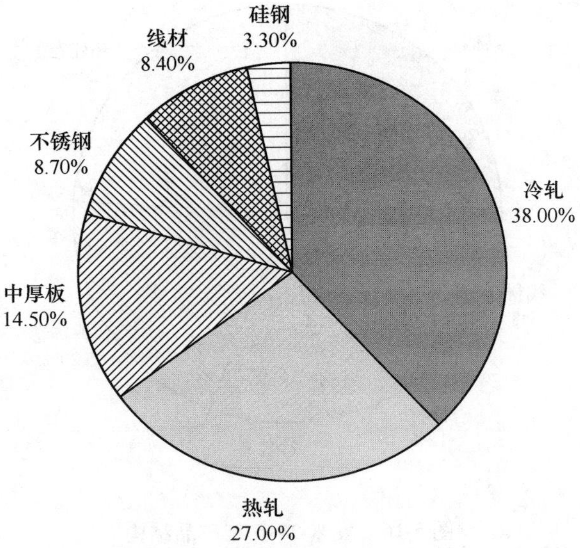

图 5-15 浦项 2015 年产品结构

项不锈钢有限公司，2015 年生产 15 万吨不锈钢冷轧产品；东北地区设立本钢浦项冷轧薄板有限公司，设计年产 190 万吨冷轧薄板，2015 年生产 180 万吨冷轧薄板。另外在印度尼西亚成立合资公司，2015 年生产 270 万吨板材。在越南成立浦项越南不锈钢公司，设计年产 120 万吨冷轧卷，2015 年实现产量 90 万吨。为扩大东南亚不锈钢冷轧卷市场份额，2011 年 9 月收购东南亚地区最大、泰国唯一的不锈钢冷轧生产商 Thainox 股权，并于 2011 年 10 月更名为浦项泰诺不锈钢公司，2015 年生产 20 万吨。

B 新日铁住金

新日铁住金公司约占全球钢材市场 30% 的市场份额，是日本唯一一家能生产火车车轮和车轴用钢的企业。在日本国内制造业中，新日铁和住友金属占据较大的市场份额，其中新日铁汽车用钢占其钢材发货量的 25%，住友金属汽车用钢发货量占其钢材发货量的 30%。两大公司合并后，对下游用户的议价能力将明显提升，有可能进一步增加新日铁住金公司的市场份额。

C 安米

安米集团主要产品包括板坯、热轧卷、冷轧卷、涂镀卷（含镀锡板）和中厚板。根据 2015 年年度报告，热轧卷占总销量的 24%，镀锌卷占总销量的 20%，如图 5-16 所示。

D 宝钢

宝钢坚持定位于高端产品，坚持差异化发展道路，主打高级汽车板、高效高

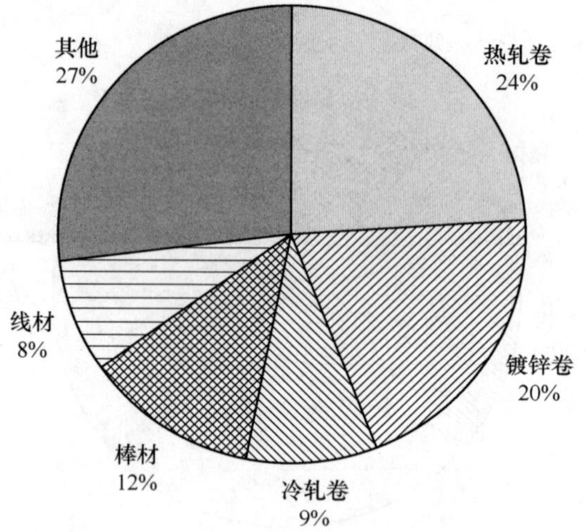

图 5-16　安米 2015 年产品结构

牌号无取向硅钢和低温高磁感取向硅钢、镀锡板包装材为代表的战略产品，同时建立了品种、规格齐全的薄板、厚板和钢管三大碳钢产品系列，在国内市场居于主导地位。

根据宝钢股份年度报告，2015 年，碳钢冷轧和热轧卷板占总销量占比 82.6%，如图 5-17 所示。

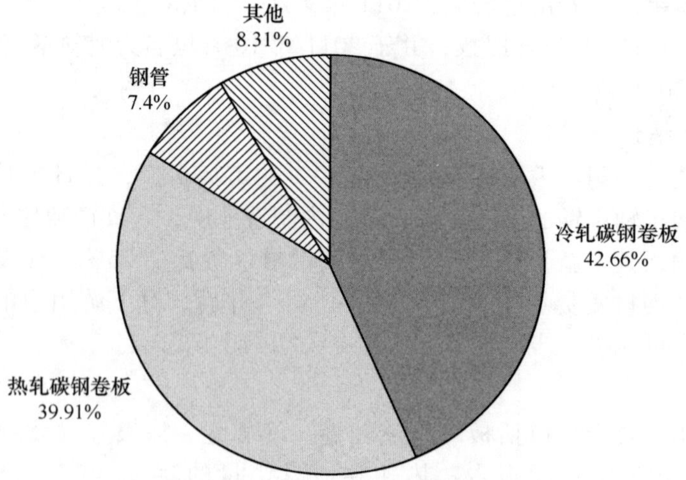

图 5-17　宝钢 2015 年产品结构

热轧产品品包括汽车用钢、管线钢、冷成型用钢、机械结构用钢、耐腐蚀结构用钢、工具钢等，广泛应用于船舶、汽车、桥梁、建筑、机械、集装箱、五金工具等行业。

冷轧产品包括普冷、热镀锌、电镀锌、彩涂、电工、电镀锡、冷轧薄板等，主要用于汽车、家电、建筑、变压器制造等行业。

钢管产品分为无缝钢管和焊管，无缝钢管产品主要包括油井管、高压锅炉管和机加工用管，焊管产品主要包括焊接套管、管线管及结构管，产品广泛应用于石油石化行业、锅炉行业、地质行业、交通行业、煤炭行业等领域。

不锈钢产品主要包含奥氏体、铁素体、马氏体、双相钢、超低碳、氮不锈钢等，广泛应用于餐饮厨具、化工设备、家电、汽车、建筑装饰、核电等领域。

宽厚板产品主要为船板用钢、管线钢、能源用钢、结构用钢等，主要应用于造船、石油平台、管线、压力容器、建筑桥梁等行业。

5.2.2 财务分析

5.2.2.1 偿债能力分析

偿债能力反应钢铁企业财务状况和经营能力，主要指标有反映长期偿债能力的资产负债率和反映短期偿债能力的流动比率。

资产负债率通过计算资产当中负债的比重来反映企业的偿债能力。一般来讲资产负债率以不高于70%为最适度。负债率过高，对于债权人来说，其债权保障能力受到削弱，影响到企业的再融资能力。负债率过低，债权人债权得到了保障，但反映出企业利用资本进行扩张经营的能力有限。

从图5-18可以看出，安米和中国宝钢负债率低于48%，但呈升高趋势，主要由于2015年盈利能力大幅下滑影响所致。韩国浦项资产负债率低于50%，呈下降趋势；新日铁合并住友金属后资产负债率升高至58.55%，但也呈下降趋势。浦项和新日铁住金负债率呈下降趋势，反映企业在严峻钢铁行业形势下“现金为王”，有利于提高企业后续盈利能力。

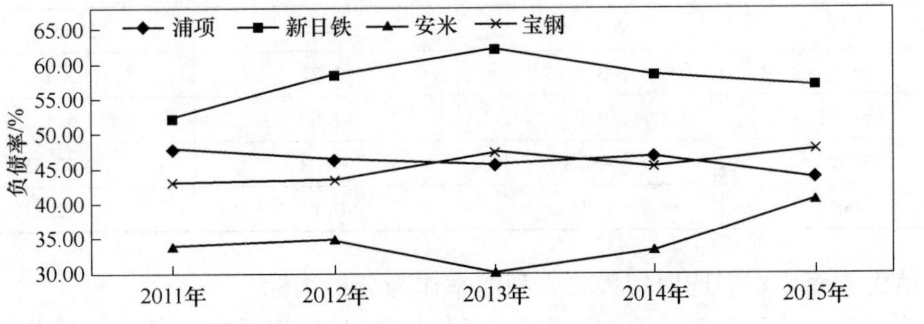

图5-18 钢铁企业资产负债率

流动比率是指流动资产总额和流动负债总额之比，比率越高，表明偿债能力越强。从图 5-19 可以看出，浦项、新日铁和安米流动比率高于 1.2，处于行业领先水平，短期偿债能力较强；宝钢流动比率低于 1，短期偿债能力相对较弱。

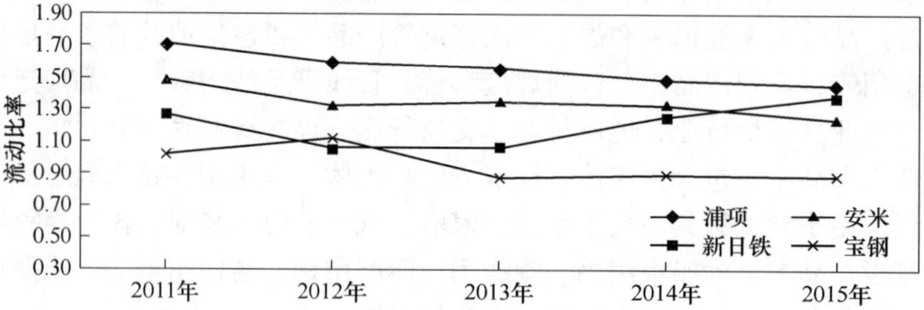

图 5-19　钢铁企业流动比率

5.2.2.2　盈利能力分析

企业的盈利能力是债权人收取本息、投资者获取投资收益的重要保障，是企业经营业绩的体现。

投资方面，本书采用净资产收益率作为分析指标。

从表 5-5 可以看出，除韩国浦项钢铁外，受全球经济低迷影响，所列钢企净资产收益率都呈下降趋势。安赛乐米塔尔 2015 年净资产收益率降幅较大，主要是受到钢材销售均价及国际市场炼钢原料价格下跌计提 48 亿美元资产减值准备的负面影响。浦项钢铁和新日铁住金在钢铁行业市场低迷情形下保持 3% 以上的净资产收益率，反映出两个企业在资产管理方面做了不少工作。如韩国浦项大刀阔斧进行结构调整，2015 年出售 34 家子公司，同时受益于高附加值 WP 产品销量增长，以及行之有效的“解决方案式”营销活动，营业利润率实现增长。新日铁住金则在存货管理方面取得成效，2015 年末存货同比减少 1104 亿元，降幅 8.53%。

表 5-5　净资产收益率比较　　（%）

项目	2013 年	2014 年	2015 年
浦项	3.2	2.7	3.1
新日铁	9.6	7.6	5.1
安米	-4.8	-2.2	-30.55
宝钢	1.31	0.1	-0.1

销售方面，本书选取销售收入利润率作为分析指标。

从表 5-6 可以发现，钢企销售收入利润率都呈下滑趋势，但新日铁住金和韩国浦项以及宝钢都保持正的销售收入利润率，安米则持续为负。

表 5-6 收入利润率比较 (%)

项目	2013 年	2014 年	2015 年
浦项	3.15	2.12	0.31
新日铁	6.5	6.2	3.4
安米	−2.9	−0.66	−11.83
宝钢	3.37	3.19	0.46

5.2.2.3 营运能力分析

企业的营运能力指企业各项资产的利用效率。实证研究表明上市公司总资产周转率和存货周转率与营运能力之间存在正相关。本书据此选取总资产周转率和存货周转率二项指标进行分析。

总资产周转率是反映企业所有资产利用效率的一个综合指标，定义为一定时期内的销售收入和平均净资产的比率。周转率越大，表明企业销售能力越强，资产经营效率越高。

从 4 家钢铁公司总资产周转率来看，宝钢高于国外先进钢铁企业，但也呈现出逐年降低的趋势，见表 5-7。

表 5-7 总资产周转率比较 (次)

项目	2013 年	2014 年	2015 年
浦项	0.81	0.76	0.72
新日铁	0.82	0.82	0.76
安米	0.82	0.80	0.83
宝钢	1.23	1.21	0.88

存货周转率是反映企业从购入存货到生产、销售整个过程的指标，定义为销售成本与平均存货余额的比率。周转率越快，存货变现或转化为应收账款能力越强，表明企业销售能力强，所生产的东西可以在短时间内实现销售。

从 4 家钢铁公司近三年存货周转率来看，国际、国内市场需求不旺，导致国内外钢铁企业存货周转率均有下降趋势，且 2015 年宝钢存货周转率均低于国外先进钢铁企业，浦项最高，为 6.28 次，见表 5-8。

表 5-8 存货周转率比较 (次)

项目	2013 年	2014 年	2015 年
浦项	5.49	5.52	6.28
新日铁	4.06	3.83	3.86
安米	4.06	4.24	4.86
宝钢	3.46	3.54	3.08

5.2.2.4　成长性分析

成长性是反映企业发展速度的重要指标。成长类指标分为两类：一类是反映资产增长率的指标，一类是反映企业运用资产获取收益增长的指标。分析一个企业的成长性，需将两类指标结合起来分析。仅有资产增长，则表明资产利用效率不高，投资收益低；仅有利润增长，说明企业增长潜力有限。

图 5-20 反映的是本书所选 4 家钢铁企业近三年资产、所有者权益、营业收入和营业利润平均增长率，为便于比较，营业利润平均增长率为实际值的 1/10。

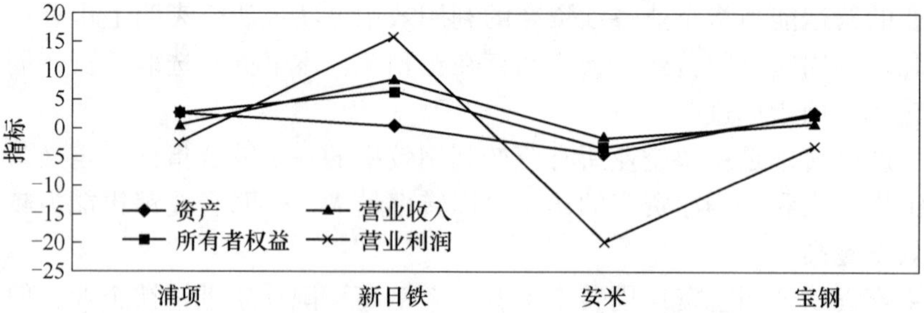

图 5-20　钢铁企业三年成长性指标走势比较

浦项资产平均增长率 2.58%，其中 2.2% 来源于所有者权益的贡献，营业收入平均增长 0.74%，利润增长率受全球钢铁行业低迷影响平均增长率为 -25.2%。新日铁住金资产平均增长率 0.32%，权益增长率 6.48%，营业收入增长率 8.52%，营业利润增长率 159%。安米资产平均增长率 -4.54%，权益增长率 -3.64%，营业收入增长率 -1.99%，营业利润增长率 204%。宝钢资产平均增长率 2.37%，权益增长率 1.66%，营业收入增长率 1.099%，营业利润增长率 -3.31%。相比较而言，新日铁住金成长能力更为突出。

5.2.3　启示

（1）适当的规模、合理的布局、国际化经营是提升竞争力的重要前提。浦项钢铁通过技术创新、工艺流程优化等措施提高现有设备产能，年产 3800 万吨粗钢左右，规模竞争力处于前列，并凭借其全球化经营和技术创新提升综合竞争力，连续七年获评全球最具竞争力钢铁企业。新日铁住金通过兼并重组成为日本第一大钢铁企业，年产粗钢 4600 万吨左右，一方面整合海外生产基地，充分发挥海外产能；一方面通过资源、技术和设备共享，提高了产能利用率，竞争力综合评比处于前列。宝钢集团沿海布局长江三角洲和珠江三角洲，内陆布局新疆，年产粗钢 4270 万吨左右，规模竞争力处于前列。

（2）价值链延伸是提升竞争力的关键环节。上游资源方面，谢维尔通过参股、控股矿山企业和竞购矿产资源开采许可证等多种方式打造具有竞争力、安全的矿业体系。浦项通过垂直兼并、收购矿产资源企业提升了综合竞争力。宝钢、太钢以投资、控股、参股等方式对铁、铬、镍、铌等重要原料资源实施保供，以新建、合资等方式建设钢材深加工中心、物流中心等，以上下游产业链、价值链延伸的方式提升企业竞争力。

下游市场方面，浦项一方面通过加大技术创新力度，开发高附加值产品吸引高端客户，一方面走出去与新兴市场开展合作，抢占外部市场。新日铁住金通过兼并重组进一步提高了议价能力，巩固并增加了市场份额。宝钢坚持差异化发展道路，主打高级汽车板、高效高牌号无取向硅钢和低温高磁感取向硅钢、镀锡板包装材为代表的战略产品，并与下游用户进行战略合作，不断维护和扩大市场份额。

(3) 创新驱动是提升竞争力的核心手段。浦项在工艺技术方面，调查和研究现有的生产工艺和生产流程配适度，优化生产工艺路线，降低成本、提高质量。宝钢在产品创新方面，培育符合公司战略、批量大、效益好、市场稳定的品牌产品。太钢对内大力倡导“鼓励创新、宽容失败、反对守成”的创新文化，不断优化创新环境，全面推进各领域的技术创新，持续提高企业运营发展的内生动力。

(4) 品种结构优化升级、产品质量稳定提升、运营效率持续提高、产品成本不断降低是企业盈利能力的基础，是提升竞争力的必要条件。浦项在高附加值产品方面、加工成本和效益方面的竞争优势在一定程度上决定了其良好的盈利能力，根本上是由其产品结构调整和成本控制决定的。谢维尔根据市场需求情况及时调整战略，将发展重心转移到需求日渐增多的俄罗斯本土，且本土矿产资源丰富，劳动力成本相对低廉，保证了其较高的盈利能力。宝钢、太钢通过市场细分，确定主打品种，持续提高产品质量，不断推进降本增效，提高企业盈利能力。

(5) 持续提高员工待遇，改善员工工作环境是提升竞争力的内在基础。

6 提升钢铁工业竞争力的战略选择

针对我国钢铁工业发展面临的诸多问题，以世界各钢铁强国的发展经验和我国钢铁工业的发展历程为鉴，在现时的经济环境下，我国钢铁工业竞争力的提升取决于“发展和调整”，发展是硬道理，调整更是硬道理。

钢铁工业的发展必须打破陈旧的发展模式，不能依靠传统的产量增长而获得暂时性的竞争优势，而应该依靠全面改革，在环保的硬约束条件下，走技术创新、产品结构提升的新型道路。

钢铁工业面临的转型调整迫在眉睫，尽管消费升级、四化同步发展、基础设施建设拓展了钢材需求空间，钢材需求在未来一段时期内仍将保持增长，但是需求增长并不能在根本上化解钢铁工业目前存在的多种矛盾，诸如产能过剩、产业结构不合理、集中度低、要素成本上升、资源环境约束加强等制约钢铁工业竞争力提升的关键问题。而且随着我国经济发展方式的转变，产业迈向中高端水平对钢铁工业有效供给水平提高将提出迫切需求，社会发展与生态文明建设对钢铁工业节能减排、提升质量将提出更新要求，企业对完善公平竞争、优胜劣汰的市场环境和机制提出了更多期盼。要解决上述问题，就要充分发挥市场在资源配置中的决定作用以及政府有效的宏观调控，通过经济体制改革，如供给侧结构性改革、金融改革、财税制度改革、产权制度及结构改革、科技体制改革措施，加快钢铁工业低端过剩产能压缩，优化产品结构，提升产业效率、提高盈利能力，在走中国特色社会主义道路、发展中国特色社会主义理论体系、坚持中国特色社会主义制度的前提下，持续推进供给侧结构性改革，实现钢铁产业结构调整和转型升级，提高钢铁工业竞争力。

6.1 产能压缩与产业集中战略

6.1.1 产能过剩

社会上普遍将生产能力大于需求作为判断产能过剩的标准。而在市场条件下，生产能力与产品需求是动态变化的，经常会出现生产能力大于产品需求的现象，对于提高资源配置效率是有利的。只有当供过于求的产能数量超过维持市场良性竞争所必要的限度、企业以低于成本价格进行恶性竞争，才能称之为产能过剩。

从 2000 ~ 2011 年，我国钢铁产能利用率按 80% 可以分为两个时期。第一段时期为 2000～2006 年，产能利用率基本都超过 80%，2002 年最高为 92.41%；2006～2011 年以后产能利用率回落到了 80% 以下，但基本维持在 75%～80% 的区间。而这 12 年正是我国钢铁工业发展最快的时期，钢铁工业已经发展成熟的国家在其钢铁工业迅速发展时期都面临过相同的问题。不同的产业特征、不同的生产组织水平，产能充分利用率是不同的，以 100% 的产能利用率来衡量一个产业是否存在产能过剩是不科学的，以钢铁工业为例，欧洲衡量其钢铁工业是否产能过剩的标准是以 75% 为分界线，日本为 78%。欧美、日本等发达国家在其钢铁工业的发展历程中都出现过产能利用率低于 60% 的时期，这个时期一般是在国内钢铁需求增长出现拐点，钢铁产量达到峰值后出现的。而我国目前钢铁表观消费量虽然增长率降低，但还未达到产量峰值，消费升级、四化同步发展、基础设施建设拓展了钢材需求空间。

在市场经济条件下不可避免的会出现产能过剩、产能不足问题。既有国家、产业和企业自身发展战略的原因，也有经济周期波动的因素。从发展战略来看，在预期市场需求长期向好的情况下，为扩大有效市场份额，提升产业竞争力，产能增加一般都适度超前于市场需求增加。当市场需求出现周期性波动的时候，波动的走向和幅度直接影响市场需求与生产能力的匹配程度，进而出现产能过剩或者产能不足现象。某些行业的产能过剩可能是结构性的，也有可能是绝对性的，结构性产能过剩往往是某些细分市场出现产能过剩，而另一些细分市场却出现产能不足，而绝对性产能过剩则往往是细分市场也出现产能过剩问题。

我国钢铁工业目前从总体来看，存在产能过剩问题，表现为粗钢产能大于粗钢产量，而粗钢产量大于粗钢表观消费量，产能利用率不断下降，产品供过于求的细分市场不断增加，在某些低端市场还存在以低于成本的价格进行恶性竞争的现象，说明我国钢铁工业已面临产能绝对过剩的问题。

但是从我国钢材产品的结构来看，虽然在多数细分市场、多数钢材品种供大于求，但也有部分品种不能完全满足市场需求，主要是低端产品生产能力及产品供应远远超出市场需求，而高技术含量、高附加值产品生产能力又不能满足经济发展转型升级的需要，说明我国钢铁工业还存在着由于过去的生产和今天的消费错位而造成的区域性、结构性产能过剩问题。

综上所述，随着我国钢铁工业的不断发展，技术水平不断提升，钢材品种日趋丰富，高技术含量和高附加值品种不断增多，不少细分市场钢材产品已经由供小于求逐步向供大于求转变，说明我国钢铁工业面临的产能过剩问题，已经由受经济周期波动影响，以及经济发展升级而产生的区域性、结构性产能过剩逐步向绝对过剩演变。

6.1.2 产业集中度

在 1997 年的全国冶金工作会议中，提高产业集中度就成为了我国钢铁工业发展和改革的重要任务。自此以后，政府对钢铁工业不断进行调控，要求提高产业集中度，在2005年7月，国务院公布了《钢铁产业发展政策》，这是第一部针对钢铁工业出台的发展政策，对我国钢铁工业的产业集中度和企业规模方面提出了明确目标，“到2010年，钢铁冶炼企业数量较大幅度减少，国内排名前十位的钢铁企业集团钢产量占全国产量的比例达到50%以上，2020年达到70%以上”；“支持和鼓励有条件的大型企业集团，进行跨地区的联合重组，到2010年，形成两个3000万吨级，若干个千万吨级的具有国际竞争力的特大型企业集团”[1]。

2005年，我国的粗钢产量为35324万吨，如果假设粗钢产量到2010年不增长，那么国内排名前十位的钢铁企业集团粗钢产量应该达到1.77亿吨，按照两个3000万吨级的大型企业集团考虑，那么剩余8家钢铁企业应达到1500万吨的年粗钢产量水平。而2010年我国的粗钢产量为63723万吨，如果按照《钢铁产业发展政策》来看，排名前十位的钢铁企业集团粗钢产量应该达到31862万吨，按照两个3000万吨级的大型企业集团考虑，那么剩余8家钢铁企业的年粗钢产量都超过了规划水平，达到3233万吨，所以规划显然难以实现。可见《钢铁产业发展政策》对产业集中度目标和企业规模目标是建立在我国钢铁工业规模不会快速增长的基础上，但从2005~2010年，我国粗钢产量已经从35324万吨增长到63723万吨，增长了80%，这显然已与该政策的前提相悖。

2009年3月，我国出台了《钢铁产业调整和振兴规划》，规划期为2009~2011年。该规划规定“2009年我国粗钢产量4.6亿吨，同比下降8%；表观消费量维持在4.3亿吨左右，同比下降5%。到2011年，粗钢产量5亿吨左右，表观消费量4.5亿吨左右，工业增加值占GDP的比重维持在4%的水平”；“形成若干个具有较强自主创新能力和国际竞争力的特大型企业，国内排名前5位钢铁企业的产能占全国产能的比例达到45%以上”；“力争到2011年，全国形成宝钢集团、鞍钢集团、武钢集团等几个产能在5000万吨以上、具有较强国际竞争力的特大型钢铁企业，形成若干个产能在1000~3000万吨级的大型钢铁企业”[2]。

与2005年的《钢铁产业发展政策》相比，《钢铁产业调整和振兴规划》更加具体、更加明确，而且更加注重近期的调控。该规划要求2009年粗钢产量要在2008年基础上进行缩减，但是2009年我国的粗钢产量为57218万吨，比2008年50306万吨增长了6912万吨。这主要由于我国经济的快速增长、基础设施的大规模投资，而大规模投资于基础设施建设势必会拉动钢材消费的增长，进而推动粗钢产量的持续增加。

从《钢铁产业发展政策》到《钢铁产业调整和振兴规划》可以看出，产业

---

[1] 中华人民共和国国家发展和改革委员会令第35号《钢铁产业发展政策》，2005年7月发布。

[2] 中华人民共和国国务院《钢铁产业调整和振兴规划》，2009年3月发布。

集中度要求被大大提高了，由2010年排名前十位的钢铁企业粗钢产量占全国粗钢产量的比重为50%，提高到了2011年排名前5位的钢铁企业粗钢产量占全国粗钢产量的比重为45%，而2011年的实际情况是排名前5位的钢铁企业粗钢产量为2.3亿吨，占全国粗钢产量的比重为33.58%。在钢铁工业快速发展的情况下，这一目标显然是不符合实际的。

政府对钢铁产业不断进行调控，要求提高产业集中度，而在我国国情下，经济运行中的钢铁产业集中度具有不断降低的趋势。这两种力量共同作用，造成了我国自1997年以来钢铁工业运行中体现出的"集中化-逆集中化"反复拉锯的现象。在这个过程中，政府制定政策更多的是以西方发达国家成熟的钢铁工业发展阶段为出发点，而忽视了我国经济发展的实际情况，忽略了我国的钢铁工业发展所处的阶段。同发达国家的钢铁工业相比，我国钢铁工业的大规模更多的是体现在同等规模下钢铁企业数量众多上，而不是体现在企业规模更大上。通过前文对各发达国家钢铁工业历程的回顾，我们发现这一过程是世界钢铁工业在发展过程中必须要经历的一段历程，是钢铁工业发展的一般规律。在不同区域的钢铁消费市场上，大型企业的规模主要集中在2000~3000万吨左右，如2011年浦项粗钢产量3910万吨，宝钢集团粗钢产量4330万吨，新日铁粗钢产量3340万吨，JFE粗钢产量2990万吨，纽柯粗钢产量1990万吨等。对于产生像类似于安赛乐米塔尔类型的特大型钢铁企业，按照中国目前的国情及钢铁产业组织结构来看，是非常有难度的。对于特大型钢铁企业的发展，是依赖于钢铁市场发展的日趋成熟，也依赖与钢铁企业在生产经营上更贴近原料产地进行低成本运营，这也是安赛乐米塔尔钢铁公司能够迅速成长，并在全球范围内布局和发展的重要原因之一❶。

我国钢铁工业目前处于快速发展时期，这正是中小企业快速产生和发展的时期，还不是大型企业和特大型钢铁进行兼并重组的时期。我国的工业化进程落后于西方发达国家，决定了我国的钢铁工业发展进程也要相应滞后于西方发达国家，目前世界钢铁行业中出现的钢铁企业兼并重组浪潮主要是发生在钢铁工业已经发展成熟的国家中，我们要综合考虑国情差异及钢铁工业所处的阶段，不能将兼并重组、规模扩大看做是世界所有地区钢铁工业的发展趋势，不能生搬硬套到处于发展阶段的我国钢铁工业中。

我国现阶段的基本国情和钢铁工业发展所处的阶段决定了中小型钢铁企业存在的合理性。首先，地方经济增长的需求推动了钢铁中小型企业的发展。地方政府为了促进本地区的经济发展，满足本地区的钢材需求，会有支持中小型钢铁企业建立的动力和意愿。其次，我国铁矿石的资源禀赋状况为中小型钢铁企业的发

❶ 王可山，白成太．中国钢铁行业产业集中度研究［M］．北京：中国财富出版社，2013.

展提供了资源条件。我国国产铁矿石产量从2002年的2.3亿吨增长到2015年的13.81亿吨，但是我国铁矿石多为贫矿，而大型钢铁企业生产大多使用进口富铁矿石，国产铁矿石多数由中小型企业消费。最后，消费结构造成的市场准入门槛低。由于我国钢铁产品中低附加值、低技术含量产品占比较高，较低的技术和设备要求决定了企业建设和投产的快捷性，造成钢铁工业投资主体呈现多元化的趋势改变了市场份额和市场格局，中小型钢铁企业对用煤、水、电等能源要求并不高，对于生产钢铁低端产品的企业来说，投资并不高，而且民营资本的参与更加灵活，这些也为中小型企业的发展提供了便利。

所以，基于我国现阶段的基本国情以及钢铁工业发展所处的阶段来说，我国钢铁工业由于庞大市场规模造成的低产业集中度状况还将持续一段时期。从长期来看，我国钢铁行业大型和特大型钢铁企业，应该是在资源配置由市场主导、行业进入/退出机制健全，钢铁工业发展成熟后才会出现。

6.1.3　建议

产能过剩是一个行业发展的必然阶段，也是产业发展的必然结果，同时也造成较低的产业集中度。我国钢铁工业产能过剩的演变状况，在钢铁工业已经发展成熟的国家中都曾经历过，不同的是由于我国钢铁工业的总量较大，相同的产能过剩率造成的庞大绝对过剩使得危害性被放大。

我国经济正从靠投资驱动和规模扩张的发展模式向以质量、效益提高和结构优化、产业升级方向转化。今后一段时间，总需求低迷和产能过剩并存的格局难以出现根本改变，经济增长不可能像以前那样，一旦回升就会持续上行并接连实现几年高增长，产能过剩已不可能通过历史上持续、高速的经济增长来消化，因此要解决目前存在的产能过剩问题，应尊重市场规律，摈弃行政手段，全力推进供给侧结构性改革，按照“扩大内需，消化一批；加快实施走出去战略，向海外转移一批；优化组织结构，兼并重组一批；严格环保安全能耗标准，淘汰一批”的方针，着力化解过剩产能，持续推进钢铁工业的规模压缩。

6.1.3.1　*产业发展层面的建议*

（1）充分发挥市场在资源配置中的决定性作用，发挥政府宏观调控的有效性，放开钢铁行业准入的行政审批限制，完善钢铁资本退出机制。

对于类似于钢铁这种准入门槛较低的行业来说，处于细分市场产能过剩的企业与市场新进入者相比，不一定具有足够的优势，因此政府应放开行业准入的行政审批限制，充分发挥市场在资源配置中的决定性作用，构建开放高效、竞争有序的市场环境，以“切实推进产能化解工作”为支点，让要素资源向有竞争力、能够承担更多社会责任的钢铁企业集中，不断增强其竞争优势，在优胜劣汰法则下，以点带面推进钢铁工业改善盈利状况，实现钢铁工业整体规模瘦身，集中度提高。

由于产业的准入限制，人为的造成了“稀缺”假象，大量民营资本想方设法进入钢铁行业，而繁冗的行政审批手续大大降低了合规资本进入钢铁行业的效率。因此应放开行业准入限制，经济性管制交给企业，社会性管制由政府管理，用节能、环保、安全等指标对钢铁工业进行约束和管理，按照市场规律优胜劣汰，提高资本效率。

解决目前产能过剩问题还必须建立并完善与资本自由进入相对应的资本自由退出体制。首当其冲的是完善国有资本的管理体制，合理调控国有资本流向。2015 年粗钢产量排名前十的钢铁企业中，除沙钢外都是国有钢铁企业，与民营钢铁企业相比国有钢铁企业规模巨大，资本流动性差，政策限制多。其次，尽快出台钢铁行业落后产能的退出评价体系和有关政策，加快淘汰落后生产能力。另外，与国外资本市场相比，我国的资本市场目前并不完善，证券市场的长期低迷造成股票换手率很低，应建立适合大宗交易的钢铁产权交易平台，为钢铁资本退出提供保障，再依靠市场的资源配置和优胜劣汰解决钢铁产能存量重组调整和增量升级替代。

（2）改革地方政府的政绩考核机制，克制地方政府投资冲动，合理界定政府职能，引导政府向公务服务转型。

以建立“公共服务型”政府为目标，建立以公共服务为主，经济建设为辅的政绩考核与评价体系，以衡量行政效率指标而不是经济效益作为考核政府的绩效标准，如考核地方政府在土地、环保和能耗上的决策和行为。强化政府对基本公共服务供给过程和结果的问责考核。

首先，建立科学合理的评价指标和评价体系，切实引导政府向公务服务转型。

其次，尊重市场经济规律，政府减少对资源配置的干预，发挥市场在资源配置中的决定性作用，为企业提供公平、公正的服务，不应针对某一类型或某个企业而提供特殊服务。

最后，合理界定财政支出范围，优化公共支出结构，最大限度发挥财政资金效率；加快税制改革，合理增加地方税收返还，解决地方政府财政支出瓶颈，消除宏观调控效果弱化的问题。

（3）深化金融改革，推进利率市场化和融资方式多元化，融资政策应以“能源消耗、环保、社会责任”等为标准向优势企业倾斜，加快优胜劣汰。

目前钢铁作为国家严控的产能过剩行业，各银行对钢铁行业实行限贷管理，钢铁企业融资难度大，融资成本高。各金融机构应采取有保有压的融资政策，促进产业结构升级和落后产能淘汰，如在制定相关融资政策时应考虑对能源消耗水平不同、环保水平不同、社会责任不等的钢铁企业，制定不同的融资政策，扶持优势企业，加快淘汰能源环保水平不达标或者其他不达标准的企业；对符合产业政策、环保和土地法律法规以及投资管理规定的项目，以及实施并购、重组、境外产业链延伸和技术改造的企业，在发行股票、企业债券、公司债和银行贷款方面给予支持。

（4）以推进供给侧结构性改革为前提，提高政策的针对性、协调性和前瞻性，完善产业政策的指导作用。

1）产业政策要与钢铁工业发展所处的阶段相协调。在钢铁工业的高速发展时期，日本和韩国政府都对钢铁工业的发展做了高度的干预，但随着成长期向成熟期的转变而不断减弱。从第 2 章的论述可以看出，日本政府对钢铁工业进行了“提高技术装备水平”的干预措施，从前期的设备引进到后期的自主研发，充分发挥了政府资金对民间资本的引导作用，为钢铁工业大规模设备投资提供了基础；韩国政府在钢铁工业发展初期，采取了重点扶持的政策，通过补助、保护等政策推动了钢铁工业的快速发展，在钢铁工业快速发展时期又将产业政策的重点转向提高技术含量和国产化率，提高钢铁工业的自主创新能力。我国钢铁工业处于高速发展期，政府应借鉴先进国家的发展经验，充分考虑本阶段钢铁工业发展特征，分步骤、有计划地完善和实施相关产业政策，推动钢铁工业健康有序发展。

2）在制定和实施产业政策的过程中，配套相关政策支持。在钢铁工业发展的各个周期中，都会遇到各种困难和问题，最常见的是资金和技术难题，产业政策在制定和实施的过程中不仅要给予解决问题的原则，更需要出台一系列相关的配套政策，引导行业协会、金融机构、国外资本或技术和企业本身来解决相关问题，而现阶段应以技术创新和管理创新为着力点，用“投资结构、产品结构和消费结构”的联动升级来推动供给端落后产能的退出，化解钢铁工业的产能过剩问题。

3）扩大国内有效需求，改善需求结构。以国家“工业化、城镇化、信息化、农业现代化”深入推进为契机，挖掘国内市场潜力，扩大国内市场需求，消化部分过剩产能。在相关产业政策方面，要推广高端钢铁产品在下游产业的应用，提高高端钢铁产品的使用比例。

制订和修订下游相关行业标准规范，强化需求升级导向，提高建筑用钢等下游行业用钢标准，推动高附加值、高技术含量、高标准和高质量的钢材产品进入下游行业，降低落后产品需求，间接缓解结构性产能过剩。

（5）加强信息的收集、发布和引导，避免“羊群效应”产生。

我国目前钢铁工业的产业组织结构特征是行业内存在着大量的小企业和为数不多的大企业，产业集中度较低。截止到 2012 年，中国统计年鉴数据中，钢铁企业共计 6742 家，而产量在 1000 万吨以上的大型钢铁企业才 17 家，粗钢产量合计为40961万吨，占全国粗钢产量的57%。这样的产业组织结构，势必造成多数钢铁企业在投资决策中的“盲从”和“跟风”，即投资中的趋同行为，在经济学上被称为“羊群效应”。“羊群效应”放大了投资需求，加剧了投资活动，间接也加剧了产能过剩。

所有的“羊群效应”的发生基础都是基于信息的不完全性。一旦市场的信息状态发生变化，羊群效应就会瓦解。由羊群效应造成的投资过度上升或者过度下降，以及在投资方向上的趋同，就会停止。因此，及时公布和传递信息是避免“羊群效应”，缓解产能过剩的重要手段。

(6) 深化所有制改革，打破所有制桎梏，在推进国有资本、集体资本、非公有资本相互融合的混合所有制经济体制基础上，鼓励市场化的减量并购重组。

传统的并购重组目的是为了在规模上实现扩张，而现行的并购重组多是为了进行更具竞争力的产业布局或获取并购对象的竞争力优势。20世纪90年代末，我国钢铁行业掀起了以“宝钢并购梅钢和上海冶金控股公司”为标志的并购重组浪潮，但是这些并购重组大多是以相邻行政区域内的并购重组为主，且是以政府为推动，市场化并购并不多，如鞍本合并、唐钢与邯钢为主组建河北钢铁集团、济钢和莱钢合并成立山东钢铁集团等。但是这种兼并重组的日的主要还是进一步扩大规模，即使有部分落后产能被淘汰也会被更多的新增产能所替代，这种增量重组使得产能过剩问题更加严重。因此，国家应出台相关政策，打破所有制桎梏，加快推进钢铁企业所有制改革，在推进国有资本与其他资本的交叉和融合基础上，鼓励和引导非公有制经济通过参股、控股、资产收购等多种方式进行参与，充分发挥各种资本的长处，共同推进钢铁企业进行市场化的减量重组。在此基础上完善和落实推进企业兼并重组的金融、财税、土地等相关政策措施，创造良好的并购环境。以“改革地方政府绩效考核机制”为契机，完善各地区绩效分配体系，建立企业跨区域兼并重组机制，提高优势企业跨地区兼并重组的积极性。对兼并重组后的企业支持其优化配置内部资源，压缩过剩产能和调整产品结构。对于行业内的优势标杆企业，充分发挥政府调控的有效作用，指导企业由大向强转变，提高钢铁产业集中度，提升产业竞争力。

(7) 建立和健全钢铁行业富余人员再就业保障机制。

据统计，2015年我国钢铁工业从业人数405.12万人，其中黑色金属矿采选业从业人数57.8万人，黑色金属冶炼及压延加工业从业人数364.9万人。低端过剩产能的淘汰，不可避免地会涉及富余人员的再就业问题，从更深层次来考虑，还会涉及社会稳定的问题。从国家层面来说，应成立钢铁行业落后产能退出专项基金，用于补偿相关企业及员工；对于淘汰企业转产其他符合国家产业政策的项目，在行政审批、土地和金融等方面给予支持。如对于可以消化吸收富余人员的钢铁企业，应按一定标准给予补贴或者对钢铁企业用以安置富余人员而成立的新公司，给予一部分税收减免或融资优惠，支持企业承担社会责任，维护社会稳定；对于脱离钢铁企业另谋职业的人员，劳动保障部门应出台相关优惠政策，引导其他企业优先吸收这部分富余人员；对于富余人员创业方面，也应该给予相关优惠政策，并提供相关咨询服务和业务培训，鼓励和支持其创业。

6.1.3.2 企业发展层面的建议

（1）以改革创新为驱动，从工艺流程、商业模式、组织结构、管理方式、制度流程变革等方面入手，推动企业增长方式的升级和增长质量的提高。

转变追求数量的发展观念，不盲目扩大产能，要按照市场需求理性安排生产。不单纯谋求规模的扩大，造成产品博而不精，多而不盈，给企业发展带来负担，削弱企业的竞争力。应该站在行业健康发展的高度统一认识，行业强则企业强，行业弱则企业弱。

以改革创新为驱动，加快自身工艺流程及生产组织的结构调整，推进钢材品种优化升级，提高高附加值及高技术含量产品比例，走精细化、专业化的发展创新驱动道路，减少低端过剩产品的生产销售，提高高端产品的质量稳定性和成本竞争力，着力推进生产方式由“设备高端化产品低端化”向“设备高端化产品高端化”转变。

创新组织结构和管理制度，用“做强钢铁主业，构建与主业协同发展的多元产业”的集团化发展理念进行组织结构的进一步调整和管理制度、管理流程的深度变革，向制度、向管理要效益，依托适应市场经济模式的企业软实力，逐步提升企业竞争力。

进行商业模式改革创新，由生产经营型向价值经营型转变，由制造型企业向服务型企业转变，走品牌质量服务效益型的发展道路。存在于同一钢材产品之间不同品牌钢材的销售价差，其深层次原因主要是质量稳定状况不同、服务到位状况不同和用户认可状况不同，所以钢铁企业要切实改变经营理念，加大技术营销和服务营销力度，敏锐捕捉市场信息，敏捷满足用户需求，为用户提供量身定制的产品、服务和全面解决方案。

利用市场机制和经济杠杆倒逼技术创新的内在动力，推动企业转型和产业升级。对内全面推进产品、工艺、质量、工程、信息与自动化控制等各领域的技术创新，持续提高运营发展的内生动力；对外加强企业间合作，创新经营模式，不断发现新领域，拓展新市场，提高公司运营发展的外围动力。强化管理创新，提高管理水平，推进精细化管理。加强创新型人才队伍建设，完善人才激励机制，推动企业增长方式的升级和增长质量的提高。

（2）以市场需求为导向，明确产品定位，推进钢材品种优化升级，提高高附加值及高技术含量产品比例，减少低端产品供给。

钢铁企业的规模效率随钢材品种的不同而不同，而且在某个钢材品种的效率规模上不需要多数人所认为的大规模，很多大型钢铁企业产品众多，而在每个钢材品种上却不能很好地实现规模效率，这就需要企业以市场需求为目标，明确产品定位，推进钢材品种优化升级，提高高附加值及高技术含量产品比例，走出“红海”进入“蓝海”，走创新驱动的特色精品之路。

钢铁企业要加大对需求领域的研究，推动产品创新升级，敏锐捕捉市场信息，敏捷满足用户需求。目前我国有一部分高端钢材产品仍然需要进口，而国内钢铁企业或因技术原因无法生产，或产品质量不合格，或因生产成本高昂等原因，产品大多集中在低端产品，造成钢铁工业低端产能严重过剩，市场恶性竞争激烈，影响整个行业的健康发展。

从下游行业需求来看，节能环保、高端装备制造、新能源等战略性新兴产业钢材需求量将进一步扩大。钢铁行业应抓住机遇，努力开拓上述战略新兴产业市场。此外，钢铁企业还要围绕用户特定需求开展相关服务，强化技术营销和服务营销，由生产制造商向经营服务商转变。

(3) 以国际化经营为目标，积极拓展对外发展空间，谋求全球性的产业布局，提高企业跨国经营水平，拓展国际发展新空间，控制国内规模扩张和产能释放。

国外钢铁企业集团是由若干个布局合理、规模适度、产品细分明确、具备地区特色、符合当地需求规模、有统一企业文化的钢铁公司共同组成。我国钢铁企业应该改变以往“冶炼集中、规模扩张”的投资方式，以国际化为视野，在全球原材料产地、钢铁消费集中区域和交通便利区域进行产能布局，加强与周边国家及新兴市场国家投资合作，采取多种形式开展对外投资，建设境外生产基地，提高企业跨国经营水平，拓展国际发展新空间，控制国内规模扩张和产量释放，解决国内钢铁产能集聚造成的产能过剩压力。

在国家相关所有制改革政策的引导下，逐步缓解钢铁企业国有背景带来的全球范围进行资源控制的政策阻力，理顺国有资本与民营资本的产权关系，切实促进钢铁企业加强与国内下游行业企业的战略合作，实施联合体“走出去”，带动钢材间接出口。与国外加强合资合作，通过海外投资建厂或工业园区转移国内过剩产能。

(4) 以价值链延伸为方法，大力拓展服务性产业，构建与主业协同发展的集群型、服务型产业结构，形成新效益增长点的同时有效解决钢铁从业人员再就业问题。

要解放思想，转变观念，高效利用内部资源，加强外部合作，创新经营模式，突破行业进入壁垒，做强做大多元业务，吸收消化钢铁主业从业人员。

6.2 质量先行战略

作为支持国民经济发展的基础，钢铁产业在任何一个发达国家都是国民经济的支柱，例如：欧洲的米塔尔公司、美国的美钢联公司、日本的新日本制铁公司、德国的蒂森克虏伯公司、韩国的浦项钢铁公司等大钢铁企业集团，在各国实体经济中占很重要的位置。近年来，我国钢铁工业取得了持续高速发展，并已经跃居全世界第一产钢大国，同时，存在的问题也比较严重。其中主要表现为：钢铁产品的实物质量水平与国外先进水平相比还存在一定的差距。为此质量管理成为诸多企业同共关注的研究课题，并以此为提升市场竞争实力的主要突破口。质量成为行业内全球共同关注的课题，它是现代企业核心竞争力最基础、最根本的要素，当前，钢铁企业正由产量型向质量效益型转变。

6.2.1　影响质量管理水平的因素

钢铁制造业其生产过程介于连续过程和离散过程之间，属于典型的半流程、半离散的混合流程行业，既有炼铁、炼钢和连铸、连轧的连续生产过程，也有热处理、表面处理等非连续生产过程。从提升行业竞争力的战略角度出发，本书主要从以下影响质量管理水平因素阐述。

（1）企业战略对质量管理水平的影响。

进入21世纪，质量优劣已成为企业生存，国家发展的战略问题。美国著名质量管理学家朱兰提出，20世纪是生产力的世纪，21世纪则是知识与质量的世纪。企业家们逐渐将质量领先提到战略决策的核心地位。世界顶尖企业较早地看到，随着知识经济时代的到来，科技与质量创新是决定竞争制胜的关键，纷纷创造“世界级质量”，不断拓展全球化市场。世界顶尖企业的实践说明，企业必须要树立全新的质量理念，从市场预测、产品设计、生产制造、售后服务等全过程实行全面质量管理；建立用户至上、市场导向、质量效益与以质量求生存等质量观念；将质量与科技紧密结合，双轮驱动，深入开展质量经营。钢铁作为典型的制造行业，更应当看到，这一战略是事关长远、持续发展的大问题，极为重要。

（2）用户需求对质量管理水平的影响。

随着质量管理内涵的变化，企业生产经营的核心因素已经逐步转化为客户。追求客户满意和忠诚，是世界顶尖企业创造“世界级质量”和创新市场的永恒力量。“企业命运在客户手中”，“客户是企业利润的最终决定者。”客户满意已上升为现代企业质量管理的核心。

追求客户满意和忠诚，是企业质量管理的理念创新。其内涵突出了客户满意是企业最高目标，客户是企业经营的主要驱动力，企业质量管理组织的中心位置是客户；产品开发与产品生产与服务必须围绕客户进行；企业采用客户关系信息系统，对其变化的需求随时进行监测，指导企业提高满足客户要求的管理水平。

客户的涵义延伸到不仅是产品购买者等外部客户，还包括内部员工即内部客户，以及由供应商、商品生产者、消费者、流通者为一体进而组成的“客户关系管理系统”。从改善客户关系中，适应全球一体化发展的市场，培养更多的忠诚客户，营造利于采购、利于制造、利于销售的客户环境。

(3) 技术创新对质量管理水平的影响。

国际先进企业普遍高度重视建立利于质量提升的技术管理创新机制，以技术进步支撑和推动质量创新，创造“世界级质量”，开拓全球化市场。

钢铁行业是一个技术已经相当成熟的老工业产业，但是随着社会的进步发展，顾客对钢材的需求也是不断提高的，当前我国在国内产能剩余的情况下，每年仍然大量进口钢材，说明我们的技术水平在很多方面是有很大的提升空间的，技术创新是我们摆脱红海进入蓝海的唯一途径，唯有建立创新机制和具有创新精神，才能不断发挥出创新技术、创新质量与创新管理的灵魂作用。

(4) 质量文化对质量管理水平的影响。

质量文化是企业文化在质量问题上的具体凝结。质量文化是企业为了取得整体和长远利益，由企业最高领导者倡导的反映企业质量宗旨和方向、质量战略目标的质量经营哲学和价值取向。

企业管理者是企业质量文化的第一设计者、第一推行者和第一保护者。他们通过自己的日常行为、身体力行强化企业价值和质量文化价值，他们的行为决定什么重要，应该去做，什么不重要甚至是错误的，不应该去做。员工的行为表现、质量控制以及对顾客的重视程度都由最高决策人、企业家决定。海尔公司张瑞敏告诉大家：有缺陷的产品就是废品。三年后，海尔人荣获我国冰箱行业的第一个国家质量金奖。2000 年海尔品牌列入欧洲名牌行列，海尔品牌已成为了世界名牌。张瑞敏用自己的行为向员工说明了企业的质量理念。

6.2.2 建议

(1) 从产业发展层面来说，政府要营造质量文化氛围，健全国家质量监管体系，加强质量监管顶层设计，逐步推动我国由国际质量标准的执行者向制定者转变。

在中国特色社会主义市场经济日趋完善的条件下，产品质量问题尤为重要。产品质量是企业的生存和发展之本，同时也是关系国家形象、人民群众切身利益的重要因素。完善质量管理的法律法规体系建设是做好质量工作的重要保障。

在健全国家质量监管体系中，政府主要扮演好两个角色：一是建立和充分发挥市场竞争机制；市场机制解决不了的方面，要根据社会需求来调整经济活动，创造一个好的环境；二是创造公平竞争的市场环境，引导企业自觉地在参与市场竞争中，努力提高质量。政府可以通过税率调整等方法鼓励企业提高产品质量，积极开发新产品，通过市场竞争来实现优胜劣汰，不保护落后企业，坚决淘汰一部分质量差、产品没有销路的企业。促使企业健康发展，促进国家质量水平全面持续提升，逐步推动我国由国际质量标准的执行者向制定者转变。

与此同时，政府的监督与制约在公平的前提下，还应该加大市场监管，依法进行强制性监督。约束质量低劣的产品流入市场，最终保护消费者的合法权益。推动建立全社会对质量的监督机制，充分发挥广大消费者保护自己的合法权益，新闻舆论发挥导向和监督的作用。

（2）从企业发展层面来说，企业要完善科学、规范的质量管理体系，以价值增值为目标，以市场关注为焦点，以质量稳定为核心，全方位对标为基础，提高质量管控能力，提升产品质量水平，建立以质量为中心的品牌体系。

目前国际先进的质量管理和质量保证体系标准是 ISO 9000 质量管理体系，ISO 9000 质量管理体系的八大原则为：以顾客为关注焦点、领导作用、全员参与、过程方法、管理的系统方法、持续改进、基于事实的决策方法和与供方互利的关系。企业应该严格贯彻切实履行这八大原则，全面提升企业质量管理水平，同时这也是提升企业竞争力的最佳途径。

对于钢铁制造业来讲，质量管理尤为重要，钢铁企业应树立以稳定为核心的质量意识，结合自身生产质量管理、产品生产流程、产品结构的特点，系统建立并实施全面质量管理体系，以提高产品质量，特别是高端产品质量为目标，加强全过程质量管控，解决高端产品质量、性能等问题，降低企业质量成本，有效满足市场需求，提升产品质量水平，夯实品牌发展基础，提高产品竞争力。

6.3　供应链成本领先战略

对于面临“高产能、高成本、低增长、低收益”的中国钢铁工业来说，特别是在资源环境硬约束和要素成本上升的不利情形下，传统的成本管理已不能满足提升行业综合竞争力的要求。供应链成本管理为核心的成本领先战略将成为中国钢铁企业与钢铁工业竞争力提升战略的重要组成部分。

6.3.1　供应链成本

供应链起源于迈克·波特发表于 1980 年的代表性著作《竞争优势》一书中提出的“价值链”的概念。

波特指出，价值链是企业用来进行设计、生产、营销、进货以及对产品起关联作用的各种活动的集合。但波特提出的价值链局限于企业内部的流程创造，后人将价值链概念进行了延伸，认为在合作竞争时代，不仅要关注企业内部的价值链，还应将价值链上的上下游企业纳入价值流程构造，提出了价值网、价值星座等概念。供应链由原材料供应商、生产商、批发经销商、零售商、运输商等一系列企业组成。对供应链进行管理，主要是通过加强供应链上各个企业之间的合作和分工，优化整个供应链的物流、信息流和资金流，从而提高整条供应链的综合竞争力。

根据波特的价值链理论，供应链上存在着一条与价值活动相对应的“成本链”，它从产品研发、生产准备、生产制造到销售以及售后服务，链条上每个节点为价值链上对应的各项活动提供支持，保证活动的持续有效开展，通过使产品不断增值来满足客户需求。成本在产品增值过程中，表现为一种“负增值”形式。供应链作为价值链的一种表现形式，它的本质是一个价值链的形成过程。供应链成本分析就是通过对价值链上的“成本链”进行分析，找出不增值环节，消除无效环节，从而降低整条链的成本。

在供应链中，研发、采购、生产、销售这四个环节涵盖了产品从原材料到交付给客户的产成品的所有活动，这些活动产生的成本加上管理费用、财务费用、物流成本构成了供应链成本的内容。

6.3.1.1 影响采购成本因素的研究

钢铁企业主要生产原料包括铁矿石、焦炭、铁合金等。原料成本占到制造成本的50%以上。近年来，以铁矿石为代表的原料成本大幅攀升，挤占了中国钢铁企业的利润空间，影响钢铁企业收入利润率使其呈下滑趋势。降低采购成本成为中国钢铁企业提升竞争力的重要环节。

传统采购已不适应时代发展的要求，战略采购是采购发展的趋势所在。战略采购不仅关注单价，更关注包括质量、库存在内的总成本；战略采购强调高度集中采购，体现规模效应，保证采购质量，获得价格优势；战略采购注重与采购商的长期合作关系，讲究与采购商的配合，竞争不是公司与公司之间的竞争，而是供应链之间的竞争；战略采购强调采购部门的专业性、主动参与性，主动参与到产品研发过程中，参与到日常业务需求的确认中。

结合实际情况，本书认为，应从如下三个方面构建采购体系，降低采购成本。

（1）供应商管理。根据采购金额和供应风险（产能保障、质量可靠、技术配套能力等），将供应商分为四类：瓶颈型、战略型、杠杆型和常规型。其中与瓶颈型供应商是依赖关系，力求降低风险，实现保供；与战略型是长期合作关系，寻求双赢；与杠杆型是交易关系，寻求价格最低；与一般型关系不紧密，需求最简单方式完成采购。针对不同的供应商采取不同的管理策略。其中重点是战略型供应商关系的管理。

针对战略型供应商，从供应链角度讲，应注重与供应商的长期合作关系，减少供应商数量，保证供应商品质量，与供应商一起改进质量、缩短周期、减少库存，最终降低成本。

（2）采购主动参与性。采购部门应充分利用专业经验，主动参与到产品研发过程中，参与到业务需求确认中。及早主动参与到产品研发过程中，可以将对技术的追求和成本的控制结合起来，最大限度降低采购成本，因为研发人员更加注重技术的完美，对成本关注较少，而采购人员对成本更为敏感。及早参与到业务需求确认中，可以争取更多采购时间，充分发挥采购经验，在满足数量的同时更好地控制质量、控制成本，从而将总成本降到最低。

（3）采购信息系统。采购信息系统的构建是为了实现电子采购。调查表明，80%以上的专业采购人士认为电子采购必将成为与供应商联系的主要途径。电子采购可以完成自动完成采购订单、电子付款、电子招标等，从而减少程序提高效率；电子采购能做到和供应商的库存信息实时共享，供应商随时可以了解采购方库存情况，进而实现自动补货；电子采购可以降低成本，通常集中采购可以节约15%～20%的成本，而在集中采购基础上实行电子采购还可以带来10%～15%的成本节约。

6.3.1.2　影响工序成本因素的研究

产品生产成本体现为不同工序成本的集成。控制好各个工序成本成为控制总成本的必要条件，但是控制各个工序成本不能各自为政，要强调成本控制的系统集成性，要以系统降成本为轴心，要以产品生命周期成本为出发点进行成本控制。

A　产品生命周期成本

产品生命周期是指产品从产生到消亡整个过程所经历的时间。从生产者角度讲，产品生命周期指从研发、设计、小批量生产到批量生产所经历的时间；从消费者角度讲，产品生命周期指从购入到消亡所经历的时间。

从战略成本管理角度讲，产品生命周期成本不仅包括产品研发、生产成本，还包括消费者售后成本。企业为提高核心竞争力，需满足顾客对质量、服务等方面的不同需求，以降低包括售后成本在内的总成本为目标。

B　研发成本

研发成本包括研究成本和开发成本，研究是为获得并理解新的科学技术知识而进行的独创性的有计划调查。开发是指在进行商业性生产或使用前，将研究成果用于设计，以生产出新的或具有实质性改进的材料、装置、产品等。

传统研发成本的控制强调如何降低材料成本、人工成本等，供应链成本管理强调企业开发新产品应以消费者需求为出发点，应主动与客户共同开发新产品，增加客户需要的性能设计，削减产品不必要的功能，避免因为质量不合要求带来质量成本上升或因为质量过剩带来的成本上升。全球最大的铌铁生产商巴西矿冶公司为提高钢铁企业的铌铁消费量，分别向日韩联合体和中国企业联合体出售15%股权，让供应链上的钢铁企业分享其成长带来的红利，并利用股东关系加强技术合作，加大研发投入，为中日韩钢铁企业提供含铌新品种钢铁的开发技术和相关费用，以期根据钢铁企业对铌产品的不同需求提供对应的产品，从而降低生产成本。

C 制造成本

制造成本是产品成本的主要构成部分，由若干工序成本集合而成。制造成本的控制表现为工序成本的控制，首先各工序成本要服从下工序需求，以下工序质量需求组织生产，其次单个工序成本控制要做到最优，本书选取标准成本法进行单工序成本管理。

(1) 工序服从。本书以大型联合钢铁企业钢材制造流程（见图6-1）为例，分析工序间关系，说明工序服从在成本控制中的重要性。

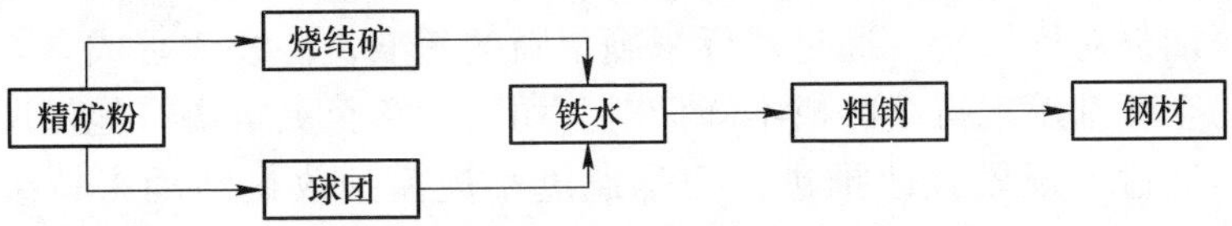

图6-1 大型联合钢铁企业钢材制造流程图

从图6-1可以看出，矿山通过采矿、选矿工序生产出精矿粉，精矿粉或通过烧结机烧结成烧结矿，或通过回转窑加工为球团，烧结矿和球团矿作为原料生产出铁水，铁水通过电炉或转炉炼成粗钢，粗钢通过轧机进一步加工为钢材。

精矿粉、烧结矿、球团、铁水、粗钢和钢材都可以作为产品进行销售，但钢铁企业对精矿粉、烧结矿和球团的需求往往大于自产供应量，铁水和粗钢主要作为初级产品，不是钢铁企业的主要销售品种，钢材是最主要的销售产品。

质量是企业生存并进一步发展的核心，好的质量可以提高产品售价，但并不意味着产品质量越好，企业利润会越大，因为客户需求的并不一定是质量最好的产品，符合客户质量需求的产品才是市场需要的产品。为此，以客户需求为出发点，从钢材到粗钢，粗钢到铁水，铁水到球团和烧结矿，最后到精矿粉，下工序对上工序提出质量要求，上工序服从下工序，这样才能提供市场需求的产品。

由于不同工序间存在利益关联，为此实际当中各工序往往各自为战，系统总成本得不到有效降低。为降低系统成本，将整条生产线捆绑为一体，通过责任制考核推进工序服从，实现系统降成本。

(2) 标准成本制度。工序间完成系统集成目标后，降低单工序成本成为最终实现系统降成本的关键。

标准成本制度将成本预算、成本控制和分析有机地结合起来，参照历史成本设定直接材料、直接人工和制造费用的标准成本，对作业工序进行梳理，减少不增值环节，不断降低产品可比成本，提高了企业预算指标的合理性、科学性，为强化企业经营管理提供强有力的保障。

随着市场竞争的加剧，流程持续改进以及对产品质量的重视正在深刻地改变制造环境，传统标准成本制度暴露出越来越多的缺陷，如过于关注直接人工，而直接人工正成为一个相对不太重要的生产因素；标准成本法成功应用的一个重要条件是生产过程比较稳定，但柔性生产系统的引入削弱了这种稳定性，在同一条生产线上许多产品经常交互转换；传统标准成本法过于强调成本最小化，对质量重视度不够。

对此，先进制造企业进行了改造：降低直接人工标准的重要性，加强对原材料成本和制造费用的关注力度，通过成分分析来控制原料成本和质量以及辅助单位成本已成为成本管理的重点；随着不增值成本环节的不断消除，动态修订标准；强化计算机系统的作用，解放管理人员，将更多时间放在成本差异分析上，提高效率；加强对标管理，通过对标来确定新的基准，持续改善成本。许多面临全球竞争的企业都发现持续的成本降低对公司的生存至关重要。他们所倡导的持续改善不是通过大规模技改推进，而是通过小规模的改良活动来持续渐进地改善。为实现持续改善，就必须建立一个年度或月度的改善目标，并随时跟踪实际成本，通过比较分析将重心集中在成本结构的特定部分。

D　售后成本

根据客户需求进行产品研发并生产出产品，但产品交付之后，客户期望是否得到了满足不得而知。这种客户实际和期望之间的差距就形成了售后成本，差距越大，售后成本越高。

降低售后成本就必须缩小差距，就必须理解客户在两个质量维度上的期望。一是产品的属性，指产品的有形和无形特征。有形特征包括产品性能、技术规格、功能等；无形特征包括声誉、品位、外观、风格等。二是售后的客户服务。主要包括销售人员对待客户的态度，产品送达的速度、售后跟踪服务、解决问题和投诉的及时准确性以及质保维修服务等。

针对两个质量维度，首先需要建立质量指标，通过数据分析鉴别潜在的质量问题，然后通过客户访问等形式，运用因果图等工具分析背后的原因，最后找出可能的解决方案，逐步满足客户的期望，降低售后成本。

6.3.1.3　影响营销成本因素的研究

作为供应链上连接企业和下游客户的纽带，销售环节更多地从客户角度出发，快速响应客户需求，通过提供深加工服务、优化物流准时交货等措施，最大限度降低客户购货成本，从而实现供应链成本总体最优。

（1）客户管理。客户，尤其是战略客户是企业的宝贵资源，因为20%的客户贡献了企业80%的利润。通过对客户信息的分析，结合市场细分情况及产品定位，明确战略客户，加强客户管理。一方面快速响应客户需求，将最优资源分配给战略客户，提高客户满意度；另一方面定期召开供应链高层研讨会，进一步稳固战略关系，从而降低企业市场开拓费用，减少交易成本。

（2）交货管理。定期走访战略客户，逐步建立信息共享机制，及时掌握其库存、品种需求等信息，按客户需求组织生产，按时交货，减少企业库存，降低供应链库存成本。

（3）物流管理。2012 年，钢铁行业物流成本占总成本的20%左右。物流管理成为钢铁企业供应链成本管理重点之一。一方面，建立第三方物流体系，加强与先进物流企业的合作，将仓库延伸至下游客户，快速响应客户需求；另一方面，推进产品运输全球定位系统工作，加强运输全过程的管控。

（4）成本效益原则。客户服务成本也构成企业成本，为此应注重成本效益原则，提供优质服务的同时应注意控制成本，企业内部定期对销售收入和成本开支进行动态平衡，按利润贡献度分配资源。

6.3.1.4　影响财务成本因素的研究

企业财务成本主要体现在举债带来的利息支出和进出口业务带来的汇兑损益。

（1）利息支出。近年来，钢铁企业为扩大规模进行投资举债，资产负债率逐年上升，2015 年末，我国重点钢铁企业资产负债率已上升到 70.73%，如图 6-2 所示。利息支出也逐渐增加。

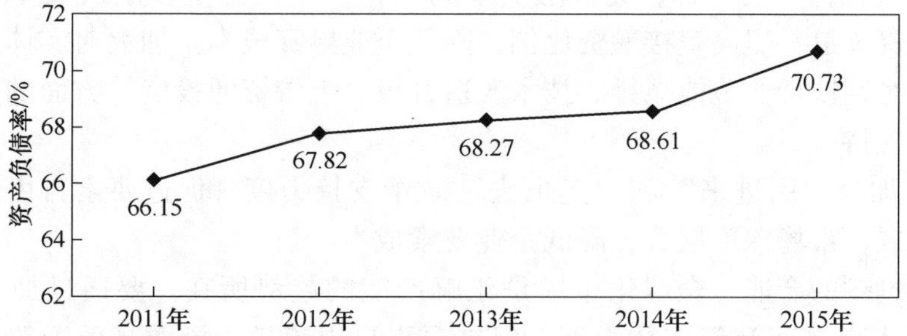

图 6-2　我国重点钢铁行业资产负债率变动情况

（2）汇兑损益。随着企业进出口业务的迅速发展，企业利用外币进行结算频率越来越高。为有效防范外汇市场汇率风险，企业需加强对金融工具的研究应用，减少汇兑损失导致的现金外流，改善现金流状况。

6.3.2　建议

面对产能严重过剩导致低收益的严峻形势，提升中国钢铁工业综合竞争力，宏观层面需要运用好政府调控这只有形的手的作用，通过完善市场环境、推进金融和财税体制改革等深化改革措施为中国钢铁工业提供政策支持，降低企业发展成本；微观层面需要发挥好市场这只无形的手的主导作用，通过市场自我调节促进企业的优胜劣汰，引导企业从降低自身成本向降低供应链成本转变，提升供应链的竞争优势，从而提升中国钢铁工业竞争力。

6.3.2.1　产业发展层面的建议

（1）深化市场和财税体制改革，营造合理公平的竞争环境，减少无序竞争带来的资源浪费，降低企业成本。

改革市场监管体系，取缔妨碍公平竞争的各项规定，反对地方保护，优化市场环境，促进要素自由流动，减少无序竞争，减少钢铁行业因无序竞争而产生的资源浪费。

深化以资源税改革和营改增试点推广为重点的财税体制改革，为钢铁企业营造公平合理的税负环境，降低企业税负成本。

（2）深化金融改革，加快推进金融资本与产业资本的融合，提高金融业服务实体经济的能力和配置金融资源的能力，降低企业融资成本。

完善资金定价机制，渐进推进利率市场化。一方面，银行通过相互竞争可以降低贷款利率，从而降低企业融资成本；另一方面，利率市场化意味着资金将流向更富有竞争力的钢铁企业，从而加速行业优胜劣汰，提高行业集中度，并通过规模效应降低融资成本。

以“去杠杆”为目标，完善融资市场结构，建立健全多层次资本市场，拓宽企业融资渠道，提高直接融资比例，降低企业融资成本。加大对实体经济的支持力度，对钢铁行业节能减排、技术改造升级、上游资源投资等方面的资金需求安排信贷支持。

（3）加大“引进来”和“走出去”政策支持力度，促进要素自由流动，资源高效配置，市场深度融合，降低企业要素成本。

面对过剩的产能，全球化布局是化解产能的趋势所在。要通过加大“引进来”和“走出去”政策支持力度，促进要素自由流动，资源高效配置，市场深度融合，培育中国钢铁企业参与国际竞争的新优势。

6.3.2.2　企业发展层面的建议

（1）加强对战略性供应商的关系维护管理，消除不增值环节，以降低企业库存成本和降低供应商供货成本为出发点，降低采购链成本。

加强对战略性供应商的关系维护管理，帮助供应商再造价值链，帮助供应商降低成本，从而节约企业采购成本；通过集中的供应商管理，减少双方不增值环节，采取无库存管理、质量免检、缩短订货周期等措施，降低企业的库存成本同时降低供应商的供货成本，从而降低整条采购链成本。

（2）加强成本源头管理，以成本设计为起点，加强全过程预算成本控制，将成本设计好，制定好，执行好，落实好，降低生产链成本。

企业在实际当中更多关注的是产品的实际成本，但产品实际成本的80%在设计阶段已经确定。要降低成本，需从产品设计阶段抓起，在设计阶段，应设计出产品使用的原辅料、生产工艺、质量标准等，结合市场情况确定企业可以接受的产品成本。产品成本确定后，完善成本预算管理制度，为成本按设计执行提供保障；发挥责任制考核机制功能，通过物质约束提高生产人员成本控制执行力，强化预算成本的落实。

（3）加强对战略型客户关系的维护管理，加强与战略型客户的合作关系，深入了解客户需求，提高客户满意度，降低营销链成本。

建立并不断完善客户信息数据库，通过数据挖掘客户信息，分类进行管理，重点加强对战略型客户关系的维护管理，加强与战略型客户的合作关系。以客户需求为导向，深入了解客户需求，使客户参与到产品研发中来，避免出现产品质量过剩或产品质量不合格，减少不增值环节，降低产品制造成本，同时缩短产品验收、交货时间，快速响应客户需求。

（4）加强投资、融资管理，充分利用国际、国内两个资本市场，直接、间接两种融资渠道，本币、外币两种融资类型。积极推进资本运作，科学、合理调整投融资结构，降低企业投融资成本。

企业应充分考虑影响投资的各种因素，严格、审慎进行投资决策；投资项目要切实解决企业生产运营的瓶颈环节，做真正有价值的投资；严格按照投资管理制度和业务流程，规范投资管理，降低企业投资成本。充分利用国际、国内两个资本市场，积极推进资本运作，科学、合理调整融资结构，降低融资成本。充分利用直接融资工具，增加直接融资额度，置换银行借款；通过境内外两个融资平台的联动机制，减少汇兑损失；加强对金融产品的研究与应用，提高资本驾驭能力，降低企业融资成本。

6.4 效率提升战略

市场经济下的经济运行是追求效率至上的市场竞争过程，如何提高效率逐渐成为经济管理的重要研究课题。近年来，经济学家在对效率不断深入研究的过程中发现，在经济运行过程和资源配置的各个环节中，有着性质特异的效率源泉，从而形成了多种多样的效率形态：组织效率、制度效率、规模效率、资源配置效率、技术研发效率、交易效率、学习效率、物流效率、外部性效率等。本书认为，在当前我国钢铁企业现状下，在战略选择层面应该关注管理效率和生产运营效率的提升。

6.4.1 影响管理效率的因素

6.4.1.1 组织结构因素

企业的组织结构是影响其管理效率的重要因素。企业的组织结构决定了企业内部的权力分配和决策模式，是企业流程运转的载体，是部门设置和职责分工的依据。其中，权力分配与决策模式对组织效率的影响最为关键。同时，组织结构的优劣也影响着组织的沟通效率，影响程度主要取决于组织层级与信息传递路径，组织机构设置的层级越多，信息传递的路径越长，组织的效率就会越低。在美日韩等发达国家，扁平化组织由于路径较短、层级较少的特点，成为企业改善自身组织效率，解决层级过多、路径过长的组织机构问题的发展趋势。例如：IBM 就对其全球的组织结构进行了扁平化再造，将以往以区域公司为主体再造为以中央事业部为主体的组织架构，全面实现了扁平化，提高了 IBM 的组织效率。

我国钢铁企业的组织结构在改革开放以来，随着市场经济的发展与现代管理方法的引进，组织机构发生过几次大的变革，并且在当时解决了一些组织机构上存在的问题。但是，随着近年来钢铁企业自身规模的扩张，市场环境的变化，国内外经济形势的变化，钢铁企业现行的组织机构已经不再适合企业的需要和环境的要求，钢铁企业必须进行组织机构的变革，否则必将在未来竞争中落后于竞争对手甚至被淘汰。

6.4.1.2　业务流程因素

企业的业务流程是影响其管理效率的另一个重要因素。在激烈残酷的市场竞争下，企业应当结合当前面对的内外环境及自身具备的优势、劣势进行大规模核心流程优化或再造，从而提高企业的核心竞争力；通过业务流程优化或再造突破自身瓶颈，进而实现在同等资源资源投入的条件下管理效率的大幅提升。以不锈钢生产为例，产品同质化明显，产品规格型号从原来的几十种变为几千种；生产组织由原来的按照年计划、季计划、月计划、周计划、日计划排产逐步转变为以客户为中心的围绕订单排产模式；产品研发加快，新品研发周期由多年定型一个新品变成一年甚至几个月；传统产品竞争愈加激烈，利润日益微薄；销售周期大幅缩短。在这样的竞争状况下，流程优化和再造成为钢铁企业在红海中拼杀，通过企业管理效率的提升获得最终胜利的必然选择。

6.4.1.3　员工的素质因素

企业员工的素质体现在两个方面：一是企业管理人员的管理水平；二是企业员工的专业技术水平和操作水平。企业员工的素质是影响企业管理效率的重要因素。很多优秀的企业提出，每位员工都是企业效率提升的责任主体和执行主体，要充分发挥每个岗位员工的主动性和智慧，全员持续发现、分析、改进日常工作中存在的效率问题实现精细化管理，将提升员工素质作为企业提升效率、提升竞争力的重要措施，保证公司整体效率的提升。

6.4.1.4　信息化因素

近年来，企业信息技术日益普及，因为其便捷高效的特点成为企业提高管理效率的重要手段之一。信息化系统为企业提高效率提供了一个基础和平台，让企业有了进一步提高管理效率的空间和可能。企业信息化系统的水平很大程度上决定了其企业的效率水平。国家倡导的企业信息化与工业化融合也为企业发展信息化提供了一个良好的契机。目前国内外竞争力强的优秀钢铁企业信息化建设水平在行业内同样也是领先的，如韩国浦项、宝钢等。

6.4.1.5 企业文化因素

企业文化是企业在长期的经营实践中积累形成的基本经营理念和行为准则。企业文化因其自身的特性对企业管理效率产生持续的影响。良好的企业文化可以使员工成长目标和企业发展目标协调一致，在员工与企业之间形成统一的价值理念。企业文化可以从多方面促进企业提升管理效率，比如，共同的价值理念比物质上的激励作用更持久、效果更显著、成本更低廉，可以降低内部管理费用、降低监督成本、实施有效激励。

企业文化对管理效率的作用体现在以下四个方面：一是良好的企业文化会使得人际关系、内部各团体间的关系更加和谐，沟通更畅通，管理关系更加合理，促进员工发挥出个人的潜在能力，提高企业的管理效率；二是企业文化可以引导员工追求与企业目标一致的价值观，有利于管理效率的提升；三是企业文化一旦为员工接受，会使员工对企业产生强烈的认同感，从而产生强大的团队精神，而团队精神又会使员工的配合更加默契，沟通更加顺畅，工作更加高效，进而促进企业管理效率的提高；四是企业文化可以潜移默化地影响员工的价值观和行为，有利于建立健全各项规章制度，企业文化还会对员工的思想行为起到自我约束的作用，从而促进企业管理效率的提升。

6.4.1.6 企业制度因素

如果仅仅从效率的角度来看，没有制度的完全集权是最高效的。但事实上，企业的经营不但不能没有制度，相反制度在企业的经营过程中起着不可或缺的作用。制度体系是否科学合理会直接影响企业的管理效率。

改革开放以来，我国企业在制度建设方面取得了长足进步，绝大多数企业都建立起了比较完整规范的制度体系，为企业管理规范化奠定了良好基础。但与此同时，在制度建设上也出现了一些问题，影响企业管理效率，制约了企业的发展。主要表现在以下五个方面：

（1）制度的执行性差。制定制度时没有考虑实际情况，执行有难度甚至根本无法执行，制度名存实亡。

（2）制度执行不严。对制度的严肃性认识不够，“人治”重于“法治”，有制度不执行，或者执行有偏差，削弱了制度的作用。

（3）制度冲突。制定制度时没有系统考虑，制度之间相互抵触，使人无所适从。

（4）制度管理定位错误。过度依赖制度，把本来应该由标准、流程、企业文化解决的问题全部由制度来解决。

（5）制度数量庞大。过多过细的制度加大了执行难度，同时也造成了制度维护的困难。

综上，影响企业管理效率的因素有很多，要提升企业管理效率，企业必须从多方面入手，改善或完善企业的组织结构、业务流程、员工培训、信息化建设、企业文化建设。

6.4.2　影响生产运营效率的因素

6.4.2.1　产权

企业的产权设置对生产效率的影响主要表现在两方面。一是企业的产权安排与企业内部人与他人之间的交易密切相关，可以通过明晰的产权安排减少或抑制，以降低交易费用，提高生产效率。二是企业内部个人行为的外部性的消除，可以通过明晰的产权安排给予各要素所有者的激励和约束来实现。

我国钢铁企业以国有企业为主，在国有产权占主导的情况下，钢铁企业普遍存在着所有者缺位的情况。这些年来，国家为解决这个问题采取了所有权和经营权相分离的形式，虽有一定效果，但却未能从本质上解决。

在国有企业中，企业不可能作为一个真正的市场主体按照市场规律进行生产经营决策。也正因为如此，在国有企业数量占绝对优势的钢铁行业内，不可能建立起积极有效的市场竞争机制。因此，国有钢铁企业的产权制度改革是从根本上解决问题的必然选择，只有将企业的管理者成为真正的人格化代表，企业才会成为真正的市场主体并完全按照市场规律进行生产经营决策。

6.4.2.2　规模

规模经济是指企业生产和销售产品时的单位成本既取决于企业的经营规模，包括使用资本和劳力的数量等，又取决于它的生产范围。企业的生产效率与企业规模有紧密的联系。

通常，大企业的技术和资金实力雄厚，人员素质、管理水平高，规模的生产使分工更加专业化，能充分利用大规模的先进设备，具有相对融资优势。但是，过大的企业规模也会带来一些问题。如组织的复杂性和规模过大带来了管理上的困难，降低了劳动和资本的生产率；工人与管理人员之间的交流变得困难，生产组织变得混乱无序。

一个适度的工业企业规模结构不仅有利于行业中每个企业最大限度地利用自身的资源，降低生产的成本，更为重要的是它能够促使行业中各种规模的企业进行协调、有序的分工协作，保证整个产业生产的顺利进行。

钢铁行业中的主要企业都是特大规模的企业集团，在近年来钢铁企业的扩张过程中表现出不同的结果，有很多企业没有充分认识到企业的大和强之间的关系，一味地追求规模的大致使企业陷入了误区，企业的效率和绩效受到了严重的挑战。有部分企业在扩展规模的同时充分考虑了产品的互补性、文化的统一性等前提条件，使得企业在规模扩张的同时企业的效率与绩效同步提升。可见当今的国内钢铁行业不能再一味地追求简单地规模，应当遵循效率、效益优先的原则。

6.4.2.3　技术创新

企业的技术进步会直接地提高生产效率。发明创造和科技创新是企业技术进步的源泉，若企业的技术水平落后必将走向死亡。企业只有在不断加大研究开发投入才能在竞争中保持自己的地位。如果一个企业在产品创新能力、技术创新能力和市场开拓能力上存在短板，就不可能在竞争中获得长期竞争优势，最终必然会失去市场空间，被市场淘汰出局。

企业技术创新，是指企业把科技成果引入生产过程所导致的生产要素的重组或生产函数的转移。无论国外还是国内的钢铁企业，都把技术创新当做企业生存和竞争的重要手段。企业通过开展技术创新获得技术进步，首先技术进步可以直接改进劳动手段和劳动对象，促进企业的发展；其次，技术进步也必然促进劳动力素质的提高，间接地起到提高劳动生产率的作用，而劳动力素质的提高也会促进企业的发展；最后，技术进步还会促进相应的生产方式和生产组织的变化，催生新生市场和新兴产业。因此，产业的技术创新是保证一个产业发展的不竭动力。钢铁产业的技术进步同样是获得竞争优势的制胜法宝，同质化产品的残酷竞争，迫使钢铁企业必须走产品创新、技术创新之路。

6.4.2.4　人力资源效率

人力资源效率指的是企业对拥有的人力资源有效利用的程度。人力资源是否得到充分利用，员工是否充分发挥了自己的能力等因素，在很大程度上决定着企业生产运营效率的高低。人力资源效率的高低取决于企业招聘员工的成本，对员工进行再教育再培训的成本，激励的成本，以及员工对企业做出的贡献。

人才激励是提高人力资源效率的主要方法，通过人才激励，企业可以留住人才，用好人才，使人才对企业产生归属感、依恋感，可以激发人才对工作的积极性、主动性、创造性。

塑造良好的企业文化，也是间接提升人力资源效率的途径。企业文化在用工管理中有着它独特且重要的作用：一是企业文化的凝聚作用有利于团队精神的培育，有利于企业团队建设，有利于形成协作互助的氛围，有利于良好人际关系的建立，有利于理顺和规范内部关系；二是企业文化中的企业精神有利于培养员工的勤奋意识和挫折意识，有利于把员工培育为更优秀的人才；三是企业文化中的制度文化有利于规范员工的行为；四是企业文化的激励作用有利于人才的激励，留住人才，用好人才。

6.4.3　建议

中国钢铁工业经济运行效率的提高必将是一个长期而艰巨的漫长过程，不可能一蹴而就。同时，也会是一项复杂的系统工程，需要从长计议，循序渐进，通过系统的思维，有计划有针对性地实施一系列综合配套改革，提供良好的制度基础与政策平台，促进钢铁工业经济运行方式的转变，改善钢铁工业经济运行效率。由此，中国钢铁工业经济的持续健康发展需要企业、行业、政府共同努力，高度重视并落实好以下措施，实现中国钢铁工业增长质的转变。

6.4.3.1　产业发展层面的建议

（1）优化钢铁工业结构，形成以大企业为主导，大中小企业合理分工、长短互补、有机联系协调发展的格局，提高整个行业运营效率。

现有钢铁工业结构不合理，导致了钢铁产品的低水平恶性竞争，钢材产品价格总体低迷、利润微薄甚至出现行业性亏损。钢铁行业结构调整中，应该要以效率为导向，通过设置严格准入和运营标准，确实关闭破产一批质量低劣、浪费资源、污染严重的钢厂。要提高钢铁行业整体素质，在政策引导上必须做大做强符合国家产业政策、有发展前景、综合实力强的重点企业。需要注意的是，做大做强重点企业必须以市场为导向，以产业政策为支撑，以资本为纽带，以优势企业为龙头，推进强强联合，绝不仅仅是简单的区域企业重组。培育若干拥有名牌产品、先进技术、竞争力强的大型企业集团，最终形成以大企业为主导，大中小企业合理分工长短互补、有机联系协调发展的格局。

（2）实施科技创新，提高自主技术创新能力，推动技术进步提高生产效率。

技术进步可以直接推动经济效率的提高，它也是影响经济效率的首要因素。我国钢铁工业的发展过程尤其是近十几年的快速增长可以表明，以科技创新为核心的技术进步是提高工业全要素生产率的动力源泉。但是大多数企业原创型的技术进步少，引进模仿技术较多，消化吸收多、自主创新少，缺乏拥有自主知识产权的技术体系，关键核心技术完全依赖国外。因此，中国钢铁行业要实现从“钢铁大国”走向“钢铁强国”，提高自主科技创新能力至关重要。科技创新是提升中国钢铁工业经济效率，并在世界工业体系中占据领先地位的根本出路。

知识的积累和技术的进步，尤其是原创技术的开发和积累是提高生产率的重要因素之一。科技创新，特别是自主技术创新，正在成为中国钢铁行业发展进程中的一个关键的战略问题。

（3）制定严格的能耗标准和环保准入标准。

节能降耗，仅靠企业与行业的自身努力是不够的，国家也要切实加强社会监管职能。针对包括钢铁在内的高耗能项目，从资源消耗、循环利用水平以及土地、环保等方面严格把好产业准入关；完善钢铁行业能耗和排放标准，通过制定标准来引导企业节能减排；加速淘汰高能耗的落后生产能力。

（4）总结试点经验，制定与供给测结构性改革相配套的“三供一业”分离移交政策，提高钢铁行业运营效率。

2015 年我国粗钢产量 80383 万吨，黑色金属冶炼及压延加工业从业人数 364.9 万人，人均产钢 220 吨/年，重点钢铁企业粗钢产量 67763 万吨，平均从业人数 175.08 万人，人均产钢 387 吨/年，而世界上先进钢铁企业人均产钢均在 1000 吨/年左右，其中浦项人均产钢 1112.9 吨/年、纽柯人均产钢 812.4 吨/年、新日铁住金人均产钢 2041.2 吨/年、JFE 人均产钢更是达到 2281 吨/年水平，我国钢铁企业人均产钢大幅落后于世界先进水平，除去由于生产设备落后、自动化程度不高造成的劳动生产率低下问题，还有很大一部分原因是由于国有企业还承担着一部分与主业发展方向不符的公共服务职能，也就是国有企业的“三供一业”问题。

国有企业“三供一业”是计划经济时期的产物，是由当时特定的历史环境和国情决定的，自我国由计划经济向市场经济转轨，国企“三供一业”问题就因效率及冗员等问题而备受关注，中央曾就此先后出台国企主辅分离、国企分离办社会职能等政策，但并未完全解决这一问题，成为历史遗留问题。2012 年以来，国务院国资委、财政部先后在黑龙江、河南、湖南、重庆、辽宁、吉林、广东、海南、四川、贵州等 10 省（市）开展了中央企业“三供一业”分离移交试点，取得了积极成效，为全面开展分离移交工作积累了经验。

中央政府及地方政府应以推进供给侧结构性改革为前提，以“三供一业”分离移交为目标，总结前期试点经验，在财政、产业及就业方面，基于各地方、各区域不同情况，综合考虑企业的性质、历史经营状况以及地方财政的承受能力，制定相应的配套政策，通过配套政策的指导以及财政、资金手段的引导，剥离国有企业承担的与主业发展方向不符的公共服务职能，切实减轻企业负担，提高企业运营效率，保障国有企业轻装上阵，公平参与市场竞争，提高竞争力。

6.4.3.2 企业发展层面的建议

（1）深化国有企业改革，完善国有资产管理体制，健全公司法人治理结构，深入推进三项制度改革；树立价值管理理念，增强价值管理意识，以“系统协同，流程服从，信息对称”为目标，优化、拉直管理流程，提高企业管理效率。

完善国有资产管理体制，合理把控国资流向。以管资本为主加强国有资产监管，改革国有资本授权经营体制，组建若干国有资本运营公司，在服务于国家战略目标的前提下，将国有资本更多投向关系国家安全、关系国民经济命脉的重要行业和关键领域，产品和服务输出要以提供公共服务、发展重要前瞻性战略性产业、生态环境保护、支持科技进步和保障国家安全为主。

完善产权保护制度和现代企业制度。经过多年的改革，我国国有企业改革取得了很大的成就，但国有企业改革的任务仍未完成，主要表现在现代企业制度尚未真正建立，国有企业并不是真正意义上的市场经济主体。造成这种情况的原因很复杂，但最主要的还是国有企业的产权问题，要完善现代企业制度，必须以产权制度改革为基础，健全归属清晰、权责明确、保护严格、流转顺畅的现代产权制度，通过股份制改造、资本市场上市等多种途径进行国有企业产权改造，才能逐步建立真正的现代企业制度，使国有企业成为市场经济主体，与其他所有制企业平等竞争优胜劣汰。

健全系统协同、流程协调的公司法人治理结构。应确立和强化内部控制机制中董事会的核心地位，配套实施完善外部董事和监事制度；逐步推行“职业经理人”等开放化、市场化的高管人员选拔聘任制度；建立健全科学规范的权力制衡机制、利益分配机制和决策机制；建立反应灵敏快捷、易操作、市场化的经营层业绩发现机制、评价机制和风险控制机制。

积极发展混合所有制经济，合理推进产权流动和重组。在推动国有企业产权流动与重组过程中，要从实际情况出发，允许并且鼓励多种形式所有制形式并存；要坚持资产规模和经济效益相统一，以“促进改制、改组、改造、强化企业管理”为原则，使资产存量和增量及各种资源向支柱产业、优势企业、名牌产品流动，使生产要素得到优化配置。

推进企业内部产权主体多元化。以合资、换股、并购、上市、债转股、基金参股等多种形式，推进产权结构多元化，使国有资本、民营资本等各种所有制资本取长补短，相互促进，共同发展，最大地发挥产权所有者的主观能动性和创造性，增强国有企业发展的动力；要在公司所有者和经营者之间形成相互制衡的机制和有效的激励监督机制，最大限度地提高公司运营效率。

全面引入市场机制，深入推进三项制度改革。促进企业的劳动、人事、分配制度与市场接轨，建立科学、公平、手段灵活多变的激励机制，实现干部能上能下，员工能进能出，收入能多能少，推动国有企业生产经营效率的提升。

（2）大力开发节能技术，推行循环经济战略，改善投入产出效率。

应当看到，中国钢铁企业在能源利用效率与国外同行相比，与世界先进水平相比，有着较大的差距。但也正因为如此，我们在节能降耗上还可以做很多工作，可以开发的潜力也很大。各钢铁企业，特别是大型企业，应该在引进、运用先进节能技术的同时加强节能减排的技术及相关工艺设备的开发，采用节能环保的新技术、新设备、新工艺、新产品，研究再生能源和替代能源的开发利用，大力发展循环经济。

循环经济是以循环利用为特征，以资源节约为目的经济运行方式。它的基本模式为“资源—生产—消费—再生资源—使用—可持续”，实质是以尽可能少的资源消耗、尽可能小的环境代价实现最大的经济效益和社会效益。循环经济强调从源头有效利用资源，减少污染物排放，达到资源和能源低消耗、经济高产出、污染低排放，实现经济、社会和环境效益的统一。可以看出，提高经济运行效率与循环经济在资源利用方面是高度统一的。

从循环经济的理论分析以及发达国家及先进企业的实践可以看到，发展工业循环经济既符合中国国情，是发展新型工业化的要求；又可以从根本上缓减资源约束矛盾和环境压力的当务之急，符合建设资源节约型和环境友好型社会的要求。由此，发展循环经济也称为提高钢铁工业经济运行效率的必然选择。

钢铁企业首先应转变生产方式，提高资源循环利用效率，简单粗放的生产方式，意味着成本的大幅提升，降低企业效率和市场竞争力，同时也是社会环境所不允许的；其次实施全方位循环经济战略，钢铁行业大量的工业和所处城市生活废弃物，其中可回收利用的再生资源十分丰富，液态、气态、固态废弃物的应用技术日趋成熟，废弃物的再生产品的应用领域不断扩展，可以说钢厂几乎所有的废弃物大多可以实现再利用；最后促进再生资源产业化，废弃物的回收再利用当然要有新技术和新装备的引进与投入，有些钢铁企业把它当成巨大的负担，认为投入远远大于回报，这就需要我们要统筹策划再生产品的产业化，变废为宝，形成良性循环，成为新的效益增长点。

（3）提高产业附加值率，推动行业良性发展。

我国大多数钢铁企业都是主打低端产品，而低端产品的一个特征就是生产过程中消耗大量资源，却只能获得微薄利润。换言之，国内钢企大都处于典型的“高投入、高消耗、高污染、低效益”的运行模式中。

我国钢铁产业经过这些年来的发展，企业之间在硬件水平上的差异越来越小，硬件投入带来的效益越来越不明显。继续加大硬件投入，一方面会让企业的负担加重，另一方面由于硬件水平的趋同，产品的同质化也会愈加严重，进而导致竞争更加激烈更加直接，利润空间进一步压缩，不利于钢铁企业的发展。在目前这种情况下，钢铁企业的发展既要有硬投入更要有软投入，硬投入保证企业正常的生产运营，软投入使企业在追求产品质量，追求服务质量，追求产品的差异化，追求产品的低成本高附加值方面获得优势，促进企业的良性发展。伴随着产业升级的过程，企业实现本质上的改变，获得核心竞争力，推动我国钢铁产业的不断进步，实现由钢铁大国向钢铁强国转变的目标。

（4）稳妥推进“三供一业”分离移交，妥善安置从业人员。

企业是“三供一业”分离移交工作的责任主体，要和接受单位根据“三供一业”的实际状况，协商确定实施方案，明确双方责任，确保工作有序衔接。

要通过内部分流、转岗，新增就业岗位等方式，实现剩余员工的内部消化工作；要与政府“三供一业”分离移交配套政策相匹配，制定相应的职工创业鼓励激励政策，营造“大众创业、万众创新”的新势态，扩大分离职工就业范围，提高职工收入。

6.5　技术创新驱动战略

技术创新一方面可以实现社会的需要，即在满足原有需要的范围上扩大社会需要，另一方面还可以使社会需要的层次得到提高，它还能够使社会需要由潜在转变为现实。

古人云“一招鲜，吃遍天”，钢铁企业尤其要具有强大的技术创新能力，它不仅要开发出满足现在及未来一段时间内客户需要的各种产品，还要通过研发与创新，不断地指导客户来使用新钢材，完善新产品和设备等，在竞争中立于不败之地。钢铁企业的技术创新既要符合钢铁市场的当前和未来的市场需求，还要能够对钢铁产业的技术发展起到导向作用。

6.5.1　影响技术创新能力的因素

6.5.1.1　影响企业技术创新的外部因素

（1）社会文化环境。社会文化环境因素是技术创新中最活跃的因素之一，影响着政府行为和企业内部创新文化和外部制度的制定。一个人、一个企业、一个国家是否具有创新精神，在很大程度上由其所处的社会文化环境所决定。

社会文化环境和技术创新也是相互影响的，在社会生活中，技术创新能够使我们的物质文化资源更加丰富，从而构建新的社会文化环境；而新的社会文化环境又反过来影响着技术创新的进步。

（2）经济体制环境。当今社会，国与国之间的竞争是“综合国力的竞争”，归根到底是体制间的竞争。在计划体制时期，企业容易权责不明，使企业技术创新受到限制；在市场经济体制时期，企业成为自主经营、自负盈亏的主体，它能够作为创新主体，自由地选择对其发展有利的技术创新项目。

（3）外部政策环境。企业技术创新也受到国家或地区法律法规制度和经济政策的影响，如税收政策、金融政策和投资政策等都会对技术创新产生影响。针对企业技术创新的宽松投资政策和金融政策，优惠的税收政策等更加有利于提高企业进行技术创新的积极性。

6.5.1.2　影响企业技术创新的内部因素

（1）企业规模。技术创新和企业规模之间并没有呈现出相关性和对应性。企业规模对技术创新的影响主要表现在资源的利用效率和人才优势上。大企业的资金、人才和技术都比较完善，能够在技术创新的过程中提供充足的资源，以保证技术创新的顺利进行。大企业在技术创新的过程中具有资源优势，但是企业的垄断地位等也会阻碍技术创新。中小企业由于当前激烈的竞争和自身体制的灵活，使得它们的创新意识更加强烈，能够很快地适应环境的变化，根据环境和市场的需求做出调整，拥有技术创新的优势，但是竞争的残酷和中小企业自身的脆弱导致技术创新很难实现。

（2）企业效益。技术创新是为了使企业在竞争中获取优势，从而实现企业的最大化利益，是企业实现持续盈利的源泉和内在动力。企业在激烈的竞争市场中打败竞争对手获得利润，必须要开拓新市场和开发新产品。企业可以通过技术创新，如使用新设备、采用新工艺、生产新产品等，提升企业盈利能力，使企业在生产过程中获取比竞争对手更多的利润。企业在技术创新的过程中可以实现收益，而技术创新收益的多少又直接影响企业的技术创新支出，所以企业效益是技术创新的重要推动力，它在企业的技术创新过程中有着重要的作用。因此，进行技术创新也是企业在正常的生产过程中提高利润水平的迫切需要。

（3）企业文化。企业文化在技术创新中起着重要的作用。创新的企业文化可以促进企业的技术创新，主要体现在：1）能够整合企业精神，让企业技术创新有坚实的基础。员工能够积极参与到企业的技术创新工作中，推动企业的技术创新目标的实现。2）融合管理理念，能够保障技术创新的进行。企业文化并不是有形的，它不但能够引导企业成员的个体行为，而且能够指导企业的整体行为，企业文化是企业的指向标，起着重要的导向作用。创新的企业文化是否融入到企业管理中，决定着创新活动的成功与否。3）融合营销理念，可以实现技术创新成果效益化。创新活动的成功都会以创新产品或技术的形式来表现出来，但最终的成功并不仅仅是指创新产品或技术的成功，还包括最终的创新成果要被社会和市场所接受。

（4）企业科技活动经费支出。用于科技活动的经费支出能够反映企业在科技投入中的具体完成情况。在企业的技术创新中，科技活动经费支出占有重要的作用，如果没有实际的科技活动支出，科技创新也只能是空谈。通过科技活动支出在主营业务收入中所占的比重，可以衡量一个企业对技术创新的重视程度，也可以间接了解技术创新对该企业生产经营的贡献程度。

（5）企业创新能力。企业创新能力是指企业在技术创新过程中，充分发挥其所拥有资源的作用，获得创新收益的实力及可能性。技术创新活动中起关键作用的是企业创新能力。如果企业有高水平的创新能力将会不断设计出新产品，为企业带来利润，使企业能够持续盈利。目前我国大多数企业中的创新是对现有的技术进行改进或模仿，是吸收和完善进一步的创新，因此加强企业的自主创新能力建设，对于推进企业技术创新尤为重要。

6.5.2 建议

6.5.2.1 产业发展层面的建议

政府应营造“鼓励创新、宽容失败”的社会创新氛围，大力倡导创新文化，不断优化创新环境，逐步推进“中国制造”向“中国创造、中国设计”转变。

（1）创造公平有效的市场环境，不断健全和完善市场体系。

健全和完善维护公平正当市场秩序的法律法规，如《反不正当竞争法》和《反垄断法》等，使企业能够在公平竞争的环境下优胜劣汰；打破“地方保护”，消除行政壁垒，公平企业竞争环境；充分发挥市场的优胜劣汰作用，利用市场倒逼机制，推进企业技术创新。

加大对知识产权的保护力度，提高技术创新工作人员和技术创新企业的积极性。进一步完善和出台与知识产权相关的法律法规；加大知识产权保护的宣传力度，提高企业对知识产权保护的认知度，让企业在竞争中合法保护自身权益；加大对侵犯知识产权的处罚力度和打击力度，下大力气保护知识产权。

完善科技人才市场和企业家市场，合理配置人才，推动建立公平竞争的市场环境。

（2）发挥政府的主导作用，构建技术创新平台，完善以企业为主体，产学研用相结合的技术创新体系。

发挥政府的主导作用，完善以市场为导向，以企业为主体，以设计单位为桥梁，以大学和科研院所为基础和先导，产学研用相结合的技术创新体系；出台相关政策，促进企业与高校、企业与科研院所建立紧密的合作关系，推进科技成果的有偿共享机制和科技要素流动机制，使科技创新成果从实验室走向工业化，从工业化进入产业化；将税收优惠政策和财政补贴政策纳入国家技术创新体系，对开展科技创新且有一定成果的企业，给予一定程度的财政补贴或税收减免；充分发挥行业协会的作用，构建行业科技创新成果交流平台，使科技创新成果应用于整个行业，实现创新引领新局面，提升行业竞争力。

（3）加大对科技创新和技术升级的支持力度，提高双高产品市场占有率。

加大对钢铁行业技改投入，建立技改专项基金，重点支持行业节能降耗、清洁生产、资源综合利用、产品升级等方面的技术改造。通过资金扶持、贷款贴息、财税政策激励、产业化示范项目建设等方式，鼓励和引导企业加大科研投入，建立研发中心，开发具有自主知识产权的技术和装备。鼓励钢材产品转型升级，逐步提高高技术含量、高附加值产品的市场占有率。

6.5.2.2　企业发展层面的建议

（1）健全人才机制，增加引进高端人才的投入，加强创新激励。

加强人才队伍建设，根据企业不同发展时期的需要，引进人才，储备人才；优化人才结构，对技术创新人才的专业、分工以及年龄等方面进行合理配置，组建素质优秀、新老结构合理、数量充足以及梯次合理的创新型人才队伍；健全激励机制、薪酬机制以及分配机制。

提供充足的科研经费、优厚的福利待遇以及良好的科研环境等一系列优惠政策，吸引国内外的技术人才，扩大企业技术创新人才队伍；加强内部培养，形成内部竞争机制，提高企业的技术创新能力；加强与科研院校合作，理论结合实际，联合培养科技人才，充实企业的人才队伍建设。

（2）实行自主创新与技术引进相结合的技术进步模式，提高技术研发能力。

自主创新能力是企业或行业竞争能力的核心指标。在自主创新之外，适当引进国外先进技术，通过技术引进、吸收、创新，达到自主开发能力的提高。技术创新既要突出原始创新，也要重视引进消化吸收再创新。只有拥有大量的自主创新成果，才能从根本上提高我国钢铁行业的竞争能力。各企业在竞争的同时要站在国家钢铁工业的角度协同发展，集中优势资源，选择少数重大技术作为突破口，突破一批具有产业共性的核心技术与配套技术，再以点带面进行扩散，彻底突破重大尖端技术的研发瓶颈，从而带动整个钢铁工业的技术进步。

（3）提高科技成果的转化能力。

强化科技创新意识，切实树立“以科技创新驱动企业发展”的经营思想，有效刺激科技成果需求；建立科技成果论证体系，要结合企业实际和产品市场变化趋势对科技成果的效益进行全面评价，确定科技创新项目的可行性；加强企业内部的产销研协同，科技部门加强与生产部门和销售部门的联系，准确把握企业生产情况和产品市场需求，提高科技成果的质量和转化成熟度。

（4）强化钢材产品技术创新，优化产品结构，实现低端产品向高端产品转变。

一方面，加强产品研发力度，以进口产品为研究重点，切实解决目前国内因技术水平低而无法生产的钢材品种问题，制定可执行性强的研发计划，使高端产品有效替代进口；另一方面加强生产工艺、技术研究，解决高端产品质量波动、性能不稳定等问题，提升高端产品市场竞争力。

6.6 绿色发展战略

钢铁行业自身能源消耗大、环境污染严重，特别是近年来国内雾霾等恶劣天气频发，国家已经出台一系列治理环境污染的法律法规，可以说环境保护问题已经成为钢铁工业生存发展需要解决的首要难题。

6.6.1 环境保护能力

（1）国内环境状况总体恶化的趋势使得钢铁工业提升环境保护能力成为必然选择。

早在“十一五”期间，国家为解决环境问题，便将主要污染物排放总量显著减少作为经济社会发展的约束性指标。钢铁工业属于高能耗、高排放行业，为了推进钢铁工业的可持续发展，2009 年发布的《钢铁产业调整和振兴规划》中提出了明确的节能减排目标“重点大中型企业吨钢综合能耗不超过620kg标煤，吨钢耗新水不超过5t；吨钢烟粉尘排放量不超过1kg，吨钢二氧化碳排放量不超过1.8kg，二次能源基本实现100%回收利用，冶金渣基本实现100%综合利用、污染物排放浓度和排放总量双达标”，在产业政策的指导下，我国钢铁工业经过“十一五”时期的高速发展，在节能减排，循环经济方面取得了明显的进步，2010年重点统计钢铁企业各项节能减排指标全面进步，吨钢综合能耗降至605kg标煤、吨钢耗新水4.1t、二氧化硫排放量1.63kg，比“十五”末分别下降12.8%、52.3%和42.4%。在“十二五”期间，以干熄焦、干法除尘、烧结脱硫、能源管控中心为代表的节能减排技术在行业广泛应用，重点大中型企业吨钢综合能耗（折合标煤）由605kg下降到572kg，吨钢二氧化硫排放量由1.63kg下降到0.85kg，吨钢烟粉尘排放量由1.19kg下降到0.81kg，吨钢耗新水量由4.10t下降到3.25t，达到“十二五”规划目标。尽管大中型钢铁企业的节能减排措施到位，效果明显，但与国际先进水平仍有差距，而工艺装备落后、节能环保设施缺乏的中小企业能耗指标和污染物排放指标远远高于国际先进水平，钢铁工业节能减排、发展循环经济仍有很长的路要走。

当前，以“雾霾”为代表的恶劣天气现象愈加严重，以可吸入颗粒物（PM10）、细颗粒物（PM2.5）为特征污染物的区域性大气环境问题日益突出，严重影响人民的身体健康和社会的和谐稳定，治理大气污染已刻不容缓，迫在眉睫。面对日益强化的资源环境约束，树立绿色、低碳、文明的经济发展理念，以节能减排为重点，健全激励与约束机制，加快构建资源节约、环境友好的生产方式和消费模式，增强可持续发展能力，提高生态文明水平，已成为当前社会大众的普遍共识。因此，中国钢铁工业发展低碳经济不仅成为长远健康发展的必然选择，更成为了生存和发展的必要前提。

（2）钢铁工业“十三五”规划将环境保护列为行业发展的主要指标。

《钢铁工业调整升级规划（2016～2020年）》中制定的“十三五”时期钢铁工业发展主要指标中有6项为节能减排方面的环保指标，考虑到我国钢铁工业节能减排已处于较为先进的水平，与其他工业行业相比潜力相对较小，提出到2020年钢铁工业能源消耗总量下降10%以上，吨钢综合能耗降低12千克标煤以上，吨钢耗新水量降低0.05m^3以上，污染物排放总量降低15%以上，吨钢二氧化硫排放量降低0.17kg以上，钢铁冶炼渣综合利用率提升11个百分点以上。要达到上述指标必须依靠体制改革，全方位、深层次地推进才能实现。

（3）各级政府正不断出台政策措施加大钢铁工业的环境保护压力。

2013年以来，国家在大气污染防治方面出台了大量的政策措施，其中钢铁行业已被列入实施大气污染防治的重点行业之中。2013年9月12日，国务院下发《国务院关于印发大气污染防治行动计划的通知》（国发〔2013〕37号），此后国家环境保护部、国家发展和改革委员会等六部委联合下发了《京津冀及周边地区落实大气污染防治行动计划实施细则》，随着中央政府、各部委相关政策的出台，各省市也不断出台具体措施落实大气污染防治政策、措施。

从钢铁工业的节能减排现状和持续增大的环保压力看，结合国家提出的“十三五”时期钢铁行业能耗、二氧化碳排放、主要污染物排放总量等约束性目标分析，未来钢铁行业的环保形势必将更加严峻，实施节能减排的步伐必将加快。

6.6.2 建议

6.6.2.1 产业发展层面的建议

从产业发展层面来说，政府要从以下方面加强环境保护工作能力。

（1）严格能源环保标准和总量限制、加大政策的执行力度。

《大气污染防治行动计划》、《京津冀及周边地区落实大气污染防治行动计划实施细则》、《关于化解产能严重过剩矛盾的指导意见》等政策文件陆续出台，但只有政策而没有执行，将很难解决当前国内严峻的环境形势，建议政府各级部门要严格能源环保标准和总量限制、加大政策的执行力度，彻底改变过去的“唯GDP论”而忽视了环境的做法。

（2）大力推进节能减排，提供政策、资金、技术等方面支持。

“十一五”、“十二五”期间，财政部会同相关部门出台了多项支持低碳经济和节能减排的财政政策和措施，积极促进低碳经济发展已成为财政政策着力点的重要内容之一。财政政策应进一步支持钢铁行业节能减排的关键和共性技术，支持节能降耗的重大及示范项目，并在更广范围内加以应用。各级地方政府还可以通过为钢铁企业的节能改造项目提供银行贷款和财政贴息，来引导更多的社会资金投入到节能技术的应用中来。

随着国家财力总规模的增长，把每年增加的一部分财政收入用于节能环保投入，并且通过调整财政支出结构，压缩或削减其他支出，加大节能资金投入。在政府支出预算中应增设节能环保支出科目，安排相应的节能环保支出预算。

进行财政制度改革，通过贷款贴息、投资补助、以奖代补等多种方式鼓励钢铁工业进一步改造现有的生产设备，建立完善节能减排长效投入机制。在现行财政体制内，整合预算内投资和国债投资，将涉及节能环保的投资由财政部转移到发改委或工信部统筹管理，加强钢铁行业的工业节能投资力度，提升节能环保水平。

为企业搭建一个技术支持的平台，促进相关技术进步，并使技术产业化。主要包括：以政府为主导加强国际间技术的交流合作；组织行业间的技术交流与世界合作；组织国内外技术方面的专家为企业循环经济项目进行技术指导等。

（3）大力推广和开发节能技术，实施绿色改造升级。

全面推广烧结系统高效除尘，出铁场无组织烟气综合治理，转炉煤气干法（半干法）除尘或新型湿法除尘，转炉（电炉）二次、三次除尘、烧结矿余热回收、能源管控中心等技术；重点推广原料场棚化、仓化，烧结烟气循环，烧结烟气多种污染物协同治理，高温高压干熄焦，超高压煤气锅炉发电，中低温烟气余热回收与利用，能源优化调控技术，城市中水再生回用等技术；研发和关注炉渣余热回收和资源化利用，复合铁焦新技术，钢铁厂物质流、能源流和信息流（大数据）协同优化技术，二氧化碳捕集、利用和储存技术。

6.6.2.2　企业发展层面的建议

从企业发展层面来说，节能环保不仅关系到企业的成本、质量，更关系到企业的品牌、形象，决定着企业的市场竞争力。钢铁企业应以技术创新和管理创新为支撑，构建以循环经济为基础的钢铁产业链，走低碳、循环发展的道路，实现企业与社会的和谐发展，使循环经济和绿色经济成为企业新的发展方式、新的效益增长点和竞争力。

（1）以“低能耗、无污染、不排放”为目标，采用先进的工艺装备和节能减排技术，建立能源循环利用体系和污染物回收利用体系，实现钢铁生产全流程的绿色生产。

（2）开展生态设计，制造绿色产品，降低环境危害。如全面实施烧结机烟气脱硫，推进二氧化硫排放总量控制；加强工艺全过程的高效除尘设施建设；以铁矿石烧结、电弧炉炼钢等行业为重点，加强二噁英污染防治。

（3）以国家环保力度加大为契机，推进和整合与钢铁制造相关的节能环保技术，形成与钢铁工业相配套的节能环保产业，进行商业化运作，实现商业价值。

（4）拓展能源转换功能。尽管我国钢铁行业在余热余压、煤气利用等方面取得了不小的成就，但随着环保、能源成本压力的增大，循环经济在余热回收、能源高效利用、避免能源浪费等方面对钢铁行业能源转换提出了更高要求。

（5）拓展废弃物消化处理功能。生产钢铁过程中会产生副产煤气、除尘灰、粉煤灰、铁皮、铁屑、废酸等物质。钢铁企业顺应循环经济发展要求，需提高对除尘灰、铁皮、废酸、废水等物质的技术处理能力，既可以返回工序循环使用降低成本，也可以作为建材水泥等行业的生产原料。

6.7　资源控制战略

资源供给在很大程度上制约着钢铁工业的发展。在我国，由于受国内铁矿石资源禀赋差、需求高，主焦煤和肥煤储量不足、分布不均，水资源严重短缺等因素的影响，资源控制能力明显不足，严重制约我国钢铁工业竞争力的提升。

6.7.1 资源控制能力

6.7.1.1 铁矿石

2012 年美国地质调查局对全球范围内的铁资源分布进行了详尽调查，据其报告，在铁矿石资源品质，中国铁矿地质品位平均为31%，铁矿石品位低，含铁量不突出，比世界平均品位低 11%；在铁矿石储量方面，世界铁矿石基础储量为3700 亿吨，储量为1700 亿吨，其中澳大利亚、巴西和俄罗斯是世界铁矿资源最丰富的国家，三国铁矿石储量占世界总储量超过 50%，我国铁矿石储量仅占总储量的13%左右，加之铁矿石品位低、多元素共生的复合矿石较多、暂难利用铁矿多等因素影响，使得我国铁矿石需求严重依赖进口，中国钢铁工业协会数据显示，近年来，中国铁矿石对外依存度呈现上升趋势，截至2015 年，我国铁矿石的对外依存度已超过 80%。此外，我国钢铁企业所拥有的矿山自产铁矿石占全国铁矿石产量的比重不到 30%，而国内铁矿石自给率不到 50%，即中国钢铁企业自产铁矿石占其铁矿石需求总量应不超过 15%。我国钢铁企业的资源控制能力不足与日本、韩国、德国、英国等钢铁生产大国形成鲜明对比，并进一步削弱了我国钢铁企业的竞争力。

6.7.1.2 焦煤

在炼铁生产过程中，需要消耗大量的焦炭以提供熔化铁矿石所需要的热量，同时焦炭还担负着把铁矿石（铁氧化物）还原成铁的还原剂作用，中国钢铁工业协会提供的资料显示，钢铁工业约占全国焦炭总消费量的62%～66%，进而也成为国内的焦煤消耗大户。此外，在炼铁、制钢、轧钢成材的工序中还要消耗大量的电力，这又构成了对煤炭的巨大间接需求。

钢铁产业生产中需求量最大的两个煤种为主焦煤和肥煤，在我国已探明的焦煤可采储量为400 亿吨左右，其中主焦煤占比仅仅为20%左右约为 84 亿吨，肥煤占比仅仅为13%左右约为51 亿吨。此外，在已探明的全国各省市焦煤储量分布中，山西省焦煤约占全国的54.5%，超过全国储量一半以上，而钢铁产业发展较快的沿海各省资源却很少，我国炼焦煤分布地域不均、局部地区相对集中特点明显。

近几年，由于钢铁产业高速增长，煤炭供应不足，价格持续上涨，加大了钢铁企业成本的压力，钢铁企业被迫采购一些低质量的焦煤，造成焦炭质量下降。

6.7.1.3 水资源

钢铁工业不仅是高耗水行业，同时也是产生水污染的产业。作为自然基础资源，水污染已经成为了生态环境保护的重要监测和控制对象。目前我国工业取水量约占全国取水总量的1/5，而钢铁工业年耗水量又占全国工业用水总量的 1/5以上，随着钢铁工业规模的不断扩大，年耗水量逐年上升。特别是在水资源缺乏的华北和东北地区，钢铁工业用水愈加紧张。例如，河北省近年来地下水超采严重，有20多个县缺水，有400万~500万人饮用水困难。

6.7.1.4　铁路运输和港口接卸能力

钢铁工业属于资源密集型产业，在目前的产业布局情况下，大宗原料和钢材产品的运输对铁路、水路运输能力是极大的考验。一般而言，钢铁企业每生产1t钢，需要5t的运力相配套。在目前的技术经济条件下，钢铁工业的大宗运输主要依靠铁路和港口。近年来，我国铁路运输能力和铁路货运量的年平均增长率分别为10%和2%，远远低于我国粗钢产量增长速度，铁路运输的发展水平大幅滞后于国民经济和社会发展的需要，铁路运力矛盾十分突出。和铁路运力类似，港口、码头等水运基础设施与目前国民经济发展水平也不匹配，铁矿石滞港、压港的现象严重，影响钢铁企业正常生产的同时，原料采购成本大幅升高。

6.7.2　建议

长期以来，我国钢铁工业饱受铁矿资源品位低、禀赋差、开采成本高，资源控制能力差的问题所困扰。在如何提高我国钢铁工业资源保障方面一直存在多种意见，归结起来看主要有两种：一是加强研究贫铁矿规模经济开发模式和工艺技术，充分利用国内矿产资源，提高自给率，减少依赖性，提高定价话语权；二是实施“走出去”战略，以多种方式参与国外矿产资源开发，并获取性价比高的矿石资源。在现时的国际、国内环境下，提高我国钢铁工业的资源保障能力不能简单的就保障而谈保障，而应该将建立我国铁矿石资源保障体系与钢铁工业发展紧密结合起来。

6.7.2.1　产业发展层面的建议

从产业发展层面来说，政府部门应重点做好以下工作。

（1）以服务和指导矿山投资为目标，组建机构并建立相关制度。

矿山投资具有投入大、风险高、投资回收期和生产运营期长的特点，而在海外投资则面临更高的风险，首先是外部环境风险，当地的社会环境、政治环境、人文环境、法律环境和市场环境等，都是企业在进行海外投资必须要考虑的因素，没有安全稳定的投资环境，海外投资无异于自掘坟墓。其次是项目运营风险，资源状况是项目投资的基础，是决定项目投资成败的关键因素，技术风险、文化融合、经营方式、运营成本等都对项目投资的效果有着重大的影响。尽管面临着各种风险，但由于“稀缺性”特征，资源依然是世界各国争夺的重要对象，欧美日等发达国家政府历来重视对世界范围内的资源拥有与控制，例如对于重要的石油生产国，欧美日等发达国家都与其保持着十分亲密的政治经济关系。借鉴欧美日等发达经济体国家在资源控制方面的做法并考虑海外矿业投资的风险，建议我国政府成立由商务部、海关总署、外交部、中国钢铁工业协会等政府部门组成的专门机构，帮助企业有效应对在境外投资矿业项目时面临的法律、财务、环境、技术等方面的风险，引导企业正确、合理投资。

（2）建立国家矿产资源海外风险勘探基金。

在2005~2010年间，央企海外矿产投资较多，如中冶、中钢、中信等，但大规模的投资却鲜有成功：中冶在阿根廷投资的铁矿连年亏损，在巴布亚新几内亚的镍矿停滞时间长；中钢在澳大利亚投资的铁矿难以生产运营；中信泰富在澳大利亚投资的铁矿迟迟不见效益。中国矿业联合会常务副会长王家华在“2013中国国际矿业大会”上表示，中国企业海外矿业投资八成失败。失败的原因包括诸多方面，如政治环境不稳定，安全、社会问题多造成的生产运营难以开展的因素；勘察成功率低，收购对象性价比差的因素；因国外环境差异，准入门槛高造成的投资超支因素；文化理念不同造成的管理效率低，执行力差的因素等。尽管矿产投资失败比例高、风险大，但随着国内钢铁工业的快速发展，我国铁矿石资源已经形成了全球化配置的趋势。数据显示，2010年，我国铁矿石进口来源国达到40家（2011年已扩展到63家），进口量6.18亿吨，约占铁矿石消费总量的67%，比10年前提高了近32个百分点。建议建立国家境外风险勘探基金，帮助企业实现资源的有效控制。

（3）适当调整矿产开发涉及的法律法规，多措并举解决铁矿石资源对外依存度过高的问题。

建议国家从“开源节流”两方面入手，适当调整矿产开发涉及的法律法规，多措并举解决铁矿石资源对外依存度过高的问题。如一方面加大国内铁矿资源的勘探力度，提高尾矿回收综合利用水平，推动现有矿山的资源整合；另一方面加强和改善进口铁矿石管理，依托“铁矿石期货、现货平台”，依靠市场的资源配置功能，引导建立符合市场的、上下游可长期协调发展的铁矿石价格形成体系。

6.7.2.2 企业发展层面的建议

（1）开发利用国际资源，在具有资源优势的国家和地区以及周边国家建立稳定、可靠的铁矿石、铬矿、锰矿、焦煤等原燃料供应基地和运输保障体系。

（2）实施“走出去”战略，在境外投资建设钢铁厂，投资参股国外钢铁企业，在投资中要做到投资对象多元化、投资区域广泛化，同时要保证投资策略的灵活机动、投资手段的多样实用。

（3）适应市场需求，通过技术创新，优化产品结构、开发高等级钢材，提高钢材利用效率，间接降低资源消耗。

（4）加大废钢回收利用体系建设，完善加工回收配送产业链，加强废钢铁回收，提高废钢的使用量，进一步降低铁钢比，降低矿石资源消耗。

6.8 服务化转型升级战略

6.8.1 服务化转型升级

服务化转型，广义上统称为生产性服务，又称生产者服务，但狭义上又可分为“服务型生产”和“生产性服务”。

“服务型生产”是以客户为中心，在生产中时刻要有服务意识，以提升客户满意度和忠诚度为主线，为客户提供全员、全方位、全过程增值服务型生产、经营模式，还要勇于承担环境责任和社会责任，回馈社会，造福于人民，做社会主义的建设者，致力于社会总福利的增长，要给社会提供正能量。

“生产性服务”是以产品为中心的生产制造向服务增值转变，不再是单一的产品提供者，而是集成服务提供商。从经济学的基本原理来说，就是将传统生产制造环节向“微笑曲线”的两端延伸，围绕钢铁生产制造过程中的前端和后端业务，开展专业服务活动。

因此，钢铁工业的服务化转型可以从根本上实现“以客户为中心”的转变，实现企业经营理念、管理模式、管理方法的巨大跃升，大幅提升企业各项服务性能，全方位推进企业管理水平的提高。向客户提供所需的多元化、差异化的优质钢材产品及深加工制品，并提供优质的服务，提高客户的满意度，做到与客户双赢。只有这样才能避免钢铁企业盲目生产、产能过剩的局面。

此外，钢铁工业在生产优质产品的过程中，要注意资源、能源的节约及合理利用，对生产过程中的废弃物进行综合利用和无害化处理，真正做到节能减排、绿色生产，实现钢铁工业可持续发展。同时，钢铁工业还要承担社会责任，把回报社会、扶危济困、支持地方经济建设看成是自身的使命和责任，自觉地融入到和谐社会建设中，特别是钢铁工业应积极投入环境保护等社会公益事业中，以增强企业的社会责任感，造福一方百姓，真正做到德赢天下，将“德”融入企业文化之中，“德”是服务型生产的理念和内涵，是生产、服务、文化创新与发展的集中体现。

中国钢铁工业在自身竞争越来越激烈以及下游行业要求越来越高的双重因素推动下，要走出目前所面临的困境，提高中国钢铁工业的国际竞争力，单纯在生产规模和成本上做文章的潜力已经非常小，迫切需要依赖其高级生产要素——生产性服务的投入，即从传统的以生产经营型产业向生产服务型产业转型。

6.8.2 建议

钢铁工业服务化转型，既是市场自然演进的产物，又需要各种组织尤其是政府的精心培育。由于我国钢铁工业过去长期处于以生产为中心的模式进行生产，在加快推进钢铁工业服务化转型过程中，尚存在一些体制制约、政策障碍。因此，要扭转以往产业政策制定过程中“重生产、轻服务”的倾向，需要国家的支持、法律的保障、政策的激励、政府的推动与促进。政府应运用经济手段、行政手段、文化引导手段等，搭建政府帮扶发展平台，对钢铁工业服务化转型发挥其积极扶持作用。

6.8.2.1　*产业发展层面的建议*

从产业发展层面来说，国家及地方政府应研究制定一整套促进钢铁工业服务化转型的政策制度体系。

（1）营造服务化转型环境，建立和健全服务化转型机制，鼓励和引导钢铁企业由“生产经营型”向“价值经营型”、“价值服务型”转变。

（2）加强顶层设计，做好战略规划。

国家及地方政府应高度认识钢铁工业服务化转型在国家经济发展中的战略地位，在国家实现经济转型中的重要作用。要深入研究钢铁工业服务化转型的发展规律，深入研究钢铁工业对于服务化转型需求的状况，制定系统、详细的生产性服务业发展的战略与规划。或者可以专门成立服务化转型发展促进机构，从战略高度指导和协调服务化转型发展，及时监测和解决发展中存在的问题，并通过一系列的产业政策和扶持行为引导和强化服务化转型发展。

（3）加强财政扶持政策。

国家应安排财政资金支持和引导钢铁工业服务化转型发展，安排中央财政专项资金，采取补助、贴息、奖励等方式，支持钢铁工业服务化转型重点项目和重点工程。进一步完善促进服务化转型发展的财政、税收、金融、人才引进等方面的扶持政策，如加大现有财政资金对服务化转型技术创新的支持力度，重点支持产业急需的重大技术研发、产业关键和共性技术研究，以及鼓励技术创新成果的产业化，引导地方财政、企业加大研发投入；安排中央预算内投资或其他中央财政专项资金，加大对钢铁工业节能环保的支持力度。同时在财政预算中安排一定比例的引导资金，用于钢铁工业服务化转型和公共技术平台的建设、补贴服务标准的制定等。

（4）加大税收扶持力度。

在国家税法允许范围内，实行鼓励服务化转型企业的技术创新、支持生产性服务业重点领域发展的扶持政策，对生产性服务业适当降低其营业税率等相关税收比例。建议国家设立钢铁工业服务化转型基金，政府可以把每年所缴纳的资源税、补偿费、矿业权租金等收入按一定比例纳入转型基金，保证企业转型的资金来源。建议国家给予国有大型冶金矿山企业优惠政策，减缴、缓缴矿业权价款，减轻冶金矿山企业资金压力；建议将采矿权价款、矿山资源税、矿山资源补偿费等理顺合并，对资源税的减征率恢复到40%～60%，取消矿山资源补偿费；建议制订关联政策，做好尾期矿山转型工作。

（5）拓宽投融资服务体系。

鼓励银行业金融机构在满足监管前提下，积极开展金融创新，加大对钢铁工业服务化转型的支持力度。完善多渠道投融资机制，鼓励和引导银行机构转变信贷经营思路，在独立审贷基础上，简化贷款手续，扩大信贷领域，积极向钢铁工业服务化转型项目发放贷款；通过股票上市、发行企业债券、建立产业投资基金、风险投资、项目融资、股权置换等方式放开钢铁工业生产性服务业的资本市场；积极发展中小金融机构，组建多层次生产性服务业贷款担保基金和担保机构，完善以政府投入为引导，企业投入为主体，民间资本和外资共同参与的多渠道、多层次、多方位的生产服务业金融支持体系。

（6）强化技术支撑。

一是加强技术创新能力建设，围绕钢铁工业升级和传统产业改造需要，整合优势资源，建设一批行业重点实验室和产业技术创新平台。二是建立引导基金，用于重大科技服务机构建设项目的拨款、贷款贴息。三是建立现代服务业科技创新体系。通过科技创新体系建设，促进钢铁工业现代物流、电子、商务、工业设计等重点服务业的技术创新水平大幅提升，达到国内领先；提升大型服务业企业科技创新能力，培育一批技术实力雄厚的高端服务企业。

（7）完善法律法规体系。

针对钢铁工业的行业特点，尽快出台或落实鼓励钢铁工业服务化转型的各种法律法规，力求做到依法行政管理，各项工作有法可依。建立企业服务化发展政策体系，完善各种配套的法律法规建设，推动经济增长方式的转变，利于提高钢铁工业服务水平和引进相关设备、人才、资金，为服务化转型营造良好的外部环境。加大政策的执行力度，使各项扶持措施落到实处，营造有利于钢铁工业服务化转型的政策环境。

（8）实施人才战略。

政府应强化开放意识，建立起人才引进、开发和共享的国内外通道，以缓解当前关键性生产服务人才紧缺的状况；要制定提高服务业人才地位与待遇的政策，建立基本的人力资本自我积累机制；构建校企合作渠道，建立多渠道竞争的人才培养机制，加快培养服务化转型所需的高层次应用型、智力型服务人才，为钢铁工业服务化转型的发展打下良好的基础。注重从国家科技重大专项的实施过程中培养一批创新型科技人才。

6.8.2.2 企业发展层面的建议

从企业发展层面来说，归根到底，钢铁工业服务化转型需要通过企业自身的改造来加以解决。因而，来自企业自身的制约因素将决定转型的成功与否，企业应从以下方面加快自身服务化转型。

(1) 调整生产模式和销售模式。

钢铁企业需要从根本上实现经营理念由“以生产为中心”向以“以客户为中心”转变。以客户为中心，以提升客户满意度和忠诚度为目标，按照客户的需求组织企业生产经营活动。从以产品为核心转向以人为中心，实现个性化生产和服务，梳理企业上下游业务流程，全面、深入地了解客户需求，通过建立深层次的合作关系，推动信息资源共享，为客户提供一揽子的技术和服务配套解决方案，在帮助客户解决问题、创造价值中实现增值，塑造企业品牌，切实引导企业由“生产经营型”向“价值经营型”、“服务经营型”转变。

(2) 完善基础设施。

从发达国家促进生产性服务业发展的经验看，基础配套设施建设是产业结构升级的基础，同时也是生产性服务业健康、快速发展的重要支撑。在促进信息服务业发展方面，美国政府先后提出了“国家信息基础设施（NII）”行动计划和“建设全球信息基础设施（GII）”的倡议，旨在建立完备的信息基础设施，并通过卫星通信和信息平台促进生产性服务业技术创新和发展。良好的发展环境、充足的人力资源、完善的基础配套，加速了生产性服务业与钢铁工业服务化转型的互动融合，促进了市场体制机制的完善，推动了企业核心竞争力的形成与发展。德国政府通过应用新的通信技术来帮助改善物流并促进装卸，促进货运代理和运输商之间的合作。在企业相关的认证体系方面，美国现有55种认证体系，日本有25种认证体系。在技术标准方面，英、法、德等采用国际标准已达80%，日本已达90%以上。

高效率的现代信息通信基础设施是生产性服务业加快发展的前提条件。如前所述，生产性服务业的主要特征是信息和技术密集型的，因而就需要有发达的信息技术作为支撑。良好的现代信息通信基础设施可以提高传统服务业如广告业和银行业等的效率和质量，而且还能推动产品数据管理（PDM）、协同产品商务（CPC）、机械设计（CAD）、工程分析（CAE）等新兴服务业的诞生。

(3) 完善服务体系，突破人力资源“瓶颈”。

服务化转型，科技是支撑、人才是根本。转型的服务业具有知识性、专业性和创新性等特征，是知识密集、智力密集的行业，其发展需要高智力人力资本投资。钢铁工业服务化转型更多地依赖先进技术、知识技能、信息手段在服务过程中的应用，更需要既懂专业技术，又懂生产流程、市场开拓、服务沟通的复合型人才。而钢铁工业生产性服务业高级人才匮乏，特别是金融保险、现代物流、法律、管理咨询、国际资本运营等方面的人才。企业应拓宽人才招聘渠道，创新人才激励政策，为企业服务化转型进行有效的人才储备，保障企业服务化转型的顺利进行。

（4）完善服务模式，加强信息化在服务化转型中的作用。

信息化的普及改变了传统产业的业务模式、商业模式，是我国加快实现服务化转型的必然选择。信息化在钢铁工业生产的应用多为解决产销灵活转换、质量和合同上线、订单执行跟踪等问题，而转型后的服务型企业在原来“产销一体化”的基础上，进一步拓展 IT 系统的边界，重点发展电子商务、企业间供应链整合、客户管理系统、PLM、门户平台等系统，强化与用户的交流和互动，打造以用户为中心，全方位、全过程、一站式用户服务信息化平台。信息技术实现生产性服务业的虚拟化、网络化发展模式，强化产业体系的整合，信息技术也是有色金属工业的技术更新手段。

因此，需要充分利用钢铁工业科技、人才的优势，以及充分发挥现有信息技术势力，建立信息平台，如现有的钢铁金融服务平台、物流公共信息平台，加快建设钢铁产品的交易、科技信息、技术产权交易服务等专业平台，提升钢材产品优势，促进服务化转型，实现钢铁工业服务化转型和生产性服务业的信息互动。

参考文献

[1] 戴伯勋，沈宏达. 现代产业经济学 [M]. 北京：经济管理出版社，2001.
[2] 中国钢铁工业协会. 中国钢铁工业生产指标统计体系——指标目录 [M]. 北京：冶金工业出版社，2003.
[3] 谭英平. 中国钢铁工业国际竞争力研究 [M]. 北京：中国标准出版社，2007.
[4] 周维富. 我国钢铁工业60年发展的回顾与展望 [J]. 中国钢铁业，2009.
[5] "重工业化"时代的到来与钢铁行业的应对措施 [EB/OL]. 2012. 9. 23. http：//www.doc88. com/p-570321117469. html.
[6] 徐二明，高怀. 中国钢铁企业竞争力评价及其动态演变规律分析 [J]. 中国工业经济，2004 (11).
[7] 杨丽梅. 铁矿石资源约束下的中国钢铁工业可持续发展研究 [M]. 北京：冶金工业出版社，2010.
[8] 迈克·波特，李明轩. 国家竞争优势 [M]. 邱如美，译. 北京：中信出版社，2007.
[9] 赵国鸿. 论中国新型工业化道路 [M]. 北京：人民出版社，2005.
[10] 马林. 六西格玛管理 [M]. 北京：中国人民大学出版社，2004.
[11] 黄书雅，王宇露. 论新经济金融时代下钢材价格波动与钢铁企业核心能力再造 [J]. 兰州学刊，2009 (11).
[12] 平川. 危机管理 [M]. 北京：当代世界出版社，2005.
[13] 窦彬，汤国生. 钢铁行业投资过度、产能过剩原因及对策 [M]. 北京：经济科学出版社，2009.
[14] 茅于轼. 经济学的智慧 [M]. 天津：天津社会科学院出版社，2004.
[15] 刘光明. 企业文化 [M]. 北京：经济管理出版社，2001.
[16] 金碚. 中国工业国际竞争力——理论、方法与实证研究 [M]. 北京：经济管理出版社，1997.
[17] 金碚. 竞争力经济学 [M]. 广州：广东经济出版社，2003.
[18] 裴长洪. 利用外资与企业竞争力 [M]. 北京：社会科学文献出版社，1998.
[19] 金碚. 中国工业国际竞争力—理论、方法与实证研究 [M]. 北京：经济管理出版社，1997.
[20] 盛世豪. 产业竞争论 [M]. 杭州：杭州大学出版社，1999.
[21] 张超. 提升产业竞争力的理论与对策探微 [J]. 宏观经济研究，2002 (5).
[22] 郭京福. 产业竞争力研究 [J]. 经济论坛，2004 (14).
[23] 陈红儿，陈刚. 区域产业竞争力评价模型与案例分析 [J]. 中国软科学，2002 (1).
[24] 胡本田. 产业集群：提升安徽省产业竞争力的战略选择 [J]. 安徽大学学报，2006 (2).
[25] 狄照昂，吴明录. 国际竞争力 [M]. 北京：改革出版社，1992.
[26] 刘桂萍. 中国钢铁产业差距的国际比较 [J]. 技术经济，2000 (6).
[27] 李鹏. 中国钢铁产业国际竞争力分析 [J]. 经济纵横，2002 (11).
[28] 高铁梅，刘玉，胡玲. 中国钢铁工业供给与需求影响因素的动态分析 [J]. 管理世界，

2004 (6).
[29] 赵东成(韩). 基于"ser－M模型"的竞争力研究 [M]. 崔勋,张义明,等译. 天津:南开大学出版社,2008.
[30] 张铁男,罗晓梅. 对产业国际竞争力分析框架的理论研究 [J]. 工业技术经济,2005 (7).
[31] 马歇尔. 经济学原理(中文版) [M]. 北京:商务印书馆,1965.
[32] 斯蒂格勒. 产业组织与政府管制 [M]. 潘振民,译. 上海:上海三联书店,1989.
[33] 于淞楠. 中国重点钢铁企业的规模经济分析 [J]. 哈尔滨商业大学学报,2004 (5).
[34] 陈仲亿. 中国钢铁工业企业规模结构发展研究 [D]. 北京:中国科学技术信息研究所,2004.
[35] 黄洪斌. 对中国钢铁产业集中度的分析 [J]. 中国经贸导刊,2005 (1).
[36] 王岳平. 我国产能过剩行业的特征分析及对策 [J]. 宏观经济管理,2006 (6).
[37] 王可山,白成太. 中国钢铁行业产业集中度研究 [M]. 北京:中国财富出版社,2013.
[38] 李凯,代丽华,韩爽. 产业生命周期与中国钢铁产业极值点 [J]. 产业经济研究,2005 (4).
[39] 任静波. 中国钢铁大趋势 [M]. 北京:经济日报出版社,2009.
[40] 徐二明,高怀. 中国钢铁企业竞争力评价及其动态演变规律分析 [J]. 中国工业经济,2004 (11).
[41] 孙保全. 基于DEA模型的11家钢铁企业铁路运输效率的实证研究 [J]. 冶金丛刊,2006 (1).
[42] 泰勒. 科学管理原理 [M]. 北京:机械工业出版社,2007.
[43] 迈克·波特. 竞争战略 [M]. 陈小悦,译. 北京:华夏出版社,2005.
[44] 焦跃华. 现代企业成本控制战略研究 [M]. 北京:经济科学出版社,2001.
[45] 刘红霞. 产品生命周期成本管理理念及策略 [J]. 中央财经大学学报,2002 (1).
[46] 殷俊明,王平心,吴清华. 成本控制战略之演进逻辑:基于产品寿命周期的视角 [J]. 会计研究,2005 (3).
[47] 徐凤菊. 基于ABCM的企业成本管理集成系统的概念架构研究 [J]. 武汉大学学报:哲学社会科学版,2006 (1).
[48] 俞明南,丁正平. 质量管理 [M]. 大连:大连理工大学出版社,2005.
[49] 约瑟夫·M·朱兰,A·布兰顿·戈弗雷,朱兰质量手册(第5版) [M]. 焦叔斌,译. 北京:中国人民大学出版社,2003.
[50] 菲根堡姆. 全面质量管理 [M]. 杨文士,译. 北京:机械工业出版社,1991.
[51] 苏万新. 中国质量管理模式选择存在的问题及解决方式 [J]. 中国质量,2000 (9).
[52] 曹国华. 论质量管理与管理质量 [J]. 铁道工程企业管理,2004 (3).
[53] 姚玉玲,张君,郭宇红. 我国企业质量管理模式研究 [J]. 商场现代化,2006 (2).
[54] 杨辉. 新形势下化工企业的质量管理战略 [J]. 西部煤化工,2006 (2).
[55] 王虹. 钢铁企业质量管理的影响因素分析 [J]. 黑龙江科技信息,2009 (1).
[56] 张丹华. 技术创新战略的理性思考与模式选择 [D]. 上海:华东师范大学,2005.
[57] Chris. Freeman and Luc. Soete. 工业创新经济学 [M]. 北京:北京大学出版社,2004.

[58] 邵云飞，谭劲松. 区域技术创新能力形成机理探析 [J]. 管理科学学报，2006 (4).
[59] 陈通，李广海，王新立. 钢铁企业技术创新研究. [J]. 工业工程，2006 (4).
[60] 王世权，王丽敏，张凤武. 企业技术能力成长轨迹研究 [J]. 科技管理研究，2007 (12).
[61] 王庆喜，秦辉. 技术创新能力与民营企业竞争优势的实证分析 [J]. 科学学研究，2007 (25).
[62] 陈溪. 论技术创新对钢铁产业的推动作用——以 70 ~ 90 年代浦项钢铁厂为例 [J]. 冶金经济与管理，2009 (2).
[63] 约瑟夫·熊彼特. 经济发展理论——对于利润资本、信贷、利息和经济周期的考察 [M]. 北京：商务印书馆，1990.
[64] 魏中龙. 技术创新工程 [M]. 北京：经济科学出版社，1996.
[65] 弗里曼. 工业创新经济学 (第 3 版)[M]. 柳卸林，译. 北京：北京大学出版社，2004.
[66] 包德坚. 技术经济学 [M]. 北京：学术期刊出版社，1989.
[67] 俞仁龙. 中小企业技术创新：适者生存 [M]. 长沙：湖南大学出版社，2001.
[68] 傅家骥. 技术创新学 [M]. 北京：清华大学出版社，1998.
[69] 宋凡. 技术创新理论与实践 [M]. 武汉：中国地质大学出版社，2001.
[70] 汪应洛，贾理群. 技术创新 [M]. 西安：西安交通大学出版社，1993.
[71] 贾蔚文. 关于国家创新系统的几个问题 [J]. 中国软科学，1999 (2).
[72] 柳卸林. 技术创新经济学 [M]. 北京：中国经济出版社，1993.
[73] 彭玉冰，白国红. 谈企业技术创新与政府行为 [J]. 经济问题，1999.
[74] 李小宁，张竹均. 中国技术创新活动的体制分析 [J]. 中国科技论坛，1999.
[75] 雷大刚. 技术创新投资融资风险防范机制的探讨 [J]. 中国投资管理，1997 (8).
[76] 吴士续. 技术创新的运行机制和动力机制 [J]. 未来与发展，1991 (5).
[77] 吕军，庄小丽，曹休宁. 论企业技术创新的性质及内部动力因素 [J]. 科技进步与对策，2000，17 (7).
[78] 陈功玉，黄望荞. 企业技术创新的内源动力因素及其机制 [J]. 中国科技论坛，1998 (5).
[79] 盛亚. 企业文化与技术创新 [J]. 科学管理研究，1995，21 (5).
[80] 安立仁，张建申. 企业技术创新的动力分析 [J]. 西北大学学报：自然科学版，1995 (2).
[81] 李志，杨清明，胡自力. 企业科技人员的需要特征与积极性调动研究 [J]. 中国科技论坛，2002 (2).
[82] 柴丽俊. 工业企业技术创新动力和能力的研究 [J]. 内蒙古科技与经济，2000 (4).
[83] 王伟光. 基于新政府范式的技术创新政策 [J]. 学习与探索，2002 (2).
[84] 陈发传. 推进企业技术创新的对策思考 [J]. 科技管理研究，2000 (2).
[85] 马歇尔. 经济学原理 (中文版) [M]. 陈良壁，译. 北京：商务印书馆，1965.
[86] 亚瑟·塞斯尔·庇古. 福利经济学 [M]. 何玉长，丁晓钦，译. 上海：上海财经大学出版社，2009.
[87] 科斯. 社会成本问题 - 现代制度经济学 [M]. 龚柏华，张乃根，译. 北京：北京大学出

版社，2003.
[88] 哈尔·R·范里安. 微观经济学：现代观点（第6版）［M］. 上海：上海人民出版社，2006.
[89] 李旭亚. 论资源环境约束下钢铁企业竞争力的提升［J］. 当代经济，2012（23）.
[90] 王建军. 资源环境约束下的钢铁产业整合研究［M］. 成都：西南财经大学出版社，2009.
[91] 张寿荣. 我国钢铁工业发展循环经济的若干问题［J］. 宏观经济研究，2006（5）.
[92] 冶金管理编辑部. 占领技术制高点布局海外市场——新日铁公司竞争力点评［J］. 冶金管理，2010（6）.
[93] 冶金管理编辑部. 走全球化道路为未来发展打基础——浦项钢铁公司竞争力点评［J］. 冶金管理，2010（6）.
[94] 唐先觉. 我国烧结行业的技术进步［J］. 烧结球团，2008（2）.
[95] 冶金工业规划研究院. 我国钢铁工业发展循环经济"十一五"回顾与"十二五"展望［J］. 冶金经济与管理，2012（2）.
[96] 中国钢铁工业协会. 纪念中国钢铁工业60年［J］. 中国钢铁业，2009（10）.
[97] 傅杰. 电弧炉炼钢技术发展历史"分期"问题［J］. 钢铁研究学报，2006，18（5）.
[98] 中国社科院工经所. 中国产业发展报告［M］. 北京：经济管理出版社，2005.
[99] 吕阳，杨云超. 我国钢铁工业发展低碳经济的路径与政策研究［J］. 财政研究，2011（10）.
[100] 苏涛永. 供应链战略成本管理体系研究［D］. 上海：同济大学，2007.
[101] 罗纳德 W. 希尔顿，迈克尔 W. 马厄，弗兰克 H. 塞尔托. 成本管理［M］. 罗飞，温倩，等译. 北京：机械工业出版社，2010.
[102] 周云. 采购成本控制与供应商管理［M］. 北京：机械工业出版社，2009.
[103] 宋玉卿. 钢铁行业采购与供应链管理研究［J］. 物流技术，2008（10）.
[104] 陈玉洁. 企业成本核算与费用控制全书［M］. 北京：经济科学出版社，2013.
[105] 王坚，胡星，等. 武钢标准成本管理系统的研究与应用［J］. 冶金自动化，2011（1）.
[106] 王棣华. 宝钢战略成本管理案例分析［J］. 2008年度中国总会计师优秀论文选，2009.
[107] World Steel Association. Sustainability. Report of the World Steel Industry 2008［R/OL］. 2008［2009-01-20］. http：//www. worldsteel. org/.
[108] Mankiw NG. Principles of Economics［M］. 2nd. USA：Harcourt College Publishers，2001：206-284.
[109] Natalie Ferres，Julia Connell，Anthony Travaglione. The Effect of Future Redeployment on Organizational Trust［J］. Strategic Change，2005，14（2）：77-91.
[110] Raymond Vernon. International Investment and International Trade in the Product Cycle［J］. Quarterly Journal of Economics，May 1966.
[111] William J. Baumol，John C. Panzar，Robert D. Willing. Contestable Markets and the Theory of Industry Structure［M］. New Youk：Harcourt Brace Jovanovic HLtd，1982.
[112] Jung Woo Kim，Jeong Yeon Lee. Technical efficiency in the iron and steel industry：A Stochastic Frontier Approach［J］. East-West Center for Working Papers，2005.

[113] James Oscar McKinsey. Budgetary Control [M]. New York: Ronald Press, 1923.

[114] Robin. Cooper, Robert. S. Kaplan. How cost accounting distorts product costs [J]. Management Accounting, 1988.

[115] Shewhart. Economic Control of Quality of Manufactured Product [M]. D. Van Nostrand Company, Inc, 1931.

[116] Porter, M. A. America's Green Strategy [J]. Scientific American, 1991, 168.

[117] Porter, M. A. , Vander Linde, C. Towards a New Conception of the Environment Competitiveness Relationship [J]. Journal of Economics Erspectives, 1995 (9) .

[118] World Steel Association. A Handbook of World Steel Statistics 1978 [J/OL]. http: //www.worldsteel. org/.

[119] World Steel Association. Steel Statistical Year Book 1980 ~ 2012 [J/OL]. http://www. worldsteel. org/.